城市轨道交通工程设计与实践

胡有宝　李卫超　李潇　主编

中国石化出版社

图书在版编目(CIP)数据

城市轨道交通工程设计与实践 / 胡有宝，李卫超，李潇主编．—北京：中国石化出版社，2022.10
ISBN 978-7-5114-6869-7

Ⅰ．①城… Ⅱ．①胡… ②李… ③李… Ⅲ．①城市铁路-轨道交通-工程设计 Ⅳ．①U239.5

中国版本图书馆 CIP 数据核字(2022)第 169188 号

中国石化出版社出版发行
地址：北京市东城区安定门外大街 58 号
邮编：100011　电话：(010)57512500
发行部电话：(010)57512575
http://www.sinopec-press.com
E-mail：press@sinopec.com
北京力信诚印刷有限公司印刷
全国各地新华书店经销
*
787×1092 毫米 16 开本 14 印张 350 千字
2022 年 10 月第 1 版　2022 年 10 月第 1 次印刷
定价：98.00 元

《城市轨道交通工程设计与实践》编委会

主　编　胡有宝　龙元建设集团股份有限公司

　　　　李卫超　中铁第六勘察设计院集团有限公司

　　　　李　潇　广州地铁设计研究院股份有限公司深圳分院

副主编　姬小勇　中铁第六勘察设计院集团有限公司

　　　　曾祥裕　佛山轨道交通设计研究院有限公司

　　　　郑非艺　广州地铁设计研究院股份有限公司

编　委　卢望宝　深圳市利德行投资建设顾问有限公司

　　　　杨　清　中国水利水电第十二工程局有限公司

　　　　刘欣语　合肥工业大学

　　　　柳岸焘　广州地铁设计研究院股份有限公司

　　　　李　威　长沙市轨道交通集团有限公司

PREFACE

前 言

随着我国城市化进程的加快，为了缓解城市日益突出的交通拥堵和环境恶化问题，多年来国内一些大城市开展了大规模的城市轨道交通建设，目前已进入健康、有序、快速发展的阶段，取得了令人瞩目的成就。截至2021年12月31日，内地共有51个城市开通运营城市轨道交通，线路达269条，运营里程8708km，不少城市实现了网络化运营。在城市轨道交通规划、设计、施工建设以及车辆、机电设备制造国产化方面取得了辉煌成绩。如此大规模高速地建设城市轨道交通在世界上也是史无前例的。全面、系统地总结设计领域的经验教训，对指导今后城市轨道交通规划、设计和管理，为城市轨道交通建设提供借鉴经验，具有十分重要意义。

本书共十二个章节，内容涵盖了城市轨道路网设计、车站建筑与结构工程、区间隧道工程、交通设备系统以及交通工程建设管理等相关知识，同时通过西安地铁和苏州轨道的两个案例，对城市轨道交通工程的设计与管理进行分析。

全书专业覆盖广、理论联系实践、内容丰富、结构严谨，适用于从事城市轨道交通工程设计的广大专业技术人员阅读和借鉴，也适用于大专院校相关专业师生以及对城市轨道交通工程设计感兴趣的初学者阅读参考。

本书各篇作者虽然皆尽所能，但因水平及知识面所限，缺点错误在所难免，还望广大读者给予批评指正。

CONTENT

目录

第五章　城市轨道交通结构工程

第六章　区间隧道工程

第七章　高架结构工程

第八章　结构防水

第九章　城市轨道交通设备

第一章
绪　论

第一节　城市发展与城市交通

交通运输对社会发展的影响人们已有共识。交通运输对社会的影响改变着整个人类的生活方式。随着人类生产、生活方式的演变，城市交通的内涵也在发生变化。城市交通随着城市的发展日益引起人们的重视，尤其是现代化城市的交通，方式多元、内容丰富。

一、城市发展

城市是人类便于进行商业、行政、文化、政治及宗教等活动而形成的聚居地。因此，城市的规模、空间结构、居住分布形态等取决于人们在较短时间内（通常为当日）的出行距离和活动范围，而出行距离又取决于当时的交通方式。因此交通方式的发展是改变城市空间结构和土地利用形态的重要因素。按照交通方式的演变过程，城市的发展大致可以分为步行时代、马车时代、有轨电车时代、汽车时代和综合交通等不同发展时期。城市规模的发展在很大程度上应归功于交通运输手段的发展。一个城市无论是集中型布局还是分散型布局，客观上都有一个中心。在人们可以容忍的出行范围内，由市中心出发的径向交通距离，通常取决于建城区的用地半径。

在步行、人力车或马车时代，人们的活动半径很小，城市一般呈现以 CBD（中心商务区）为中心、相对密集居住的同心圆形状，其半径一般不超过从居住地到工作场所或商店及娱乐场所的步行距离，城市规模小，人口居住密度高，如 1850 年的波士顿，从市中心出发最大的出行距离为 3.2~4km。人类这种比较原始的出行方式一直到 19 世纪末没有根本的改变。

19 世纪末，欧洲资本主义大工业的诞生促使人口向大城市集中，有轨电车在欧美等国迅速普及，极大地提高了人们出行的方便性。乘坐有轨电车，人们可以快速、省力地到达城市中心区。与有轨电车车站的距离取代了与市中心区的距离，成为制约人们选择居住地的重要因素。有轨电车交通形式的出现，大大刺激了城市外围地区的发展，尤其是有轨电车两侧的步行范围，住宅建设、土地开发利用等活动变得非常活跃。但是有轨电车基础建设投资大、周期长，初期不可能形成非常密集的线网，人们较集中地居住在线路的两侧，一些旅馆、商厦等城市设施也尽量建在有轨电车沿线，以达到通畅、便利的目的。因此，城市的形状在原来的同心圆形态基础上发展为以轨道线路为分支的星形状态，使城市的范围扩大，但只是沿有轨电车线路向外扩展，呈现比较分散的形态。

20世纪初，美国率先进入小汽车时代。小汽车的出现，极大地提高了人们出行的灵活性、方便性，使有轨电车干线之间、郊区之间的交通手段得到加强，轨道线路分支之间的土地开发也活跃起来，原来轨道线路两侧的狭长走廊型交通通道被拓宽，较分散的居住格局和星形形态被打破。随着城市快速路、高速公路的修建和小汽车的普及，城区与郊区、郊区与郊区之间的联系更加方便。围绕城市中心区，形成多个副中心，在城市四周产生多个卫星城，形成以轨道交通线路和汽车快速路为干线骨架、城市整体上比较均衡的向外扩展的形态。交通方式不同，人们的活动方式和可到达的范围有很大差别，因此导致城市结构与土地利用形态的不同。

经济发展到一定程度后，将加快城市化的进程，世界各国的城市区域逐渐扩大，城市经济日益发展，导致城市人口越来越多，城市的交通问题日益突出，严重制约了城市经济的发展，同时也影响了城市居民的生活质量。为此，寻求合理的交通方式已是大城市所面临的重要课题之一。特别是，由于流动人口及道路车辆的猛增，城市交通量呈急骤增长的态势，机动车辆增长尤快。城市道路的相对有限性与汽车生产的相对无限性产生了尖锐的矛盾。汽车带来了交通堵塞、车速下降、事故频繁、能源过度消耗、尾气与噪声污染等一系列社会问题。行车难、乘车难，不仅成为市民工作和生活的一个突出问题，而且制约着城市经济的发展。另外，道路上汽车排放废气、噪声等环境污染问题也愈来愈引起人们的重视。在这样的背景下，世界各国纷纷开始采用立体化的快速轨道交通来解决日益恶化的城市交通问题。大城市逐步形成了以地下铁道为主体、多种轨道交通类型并存的现代城市轨道交通新格局。目前，世界上地下铁道运营线路超过100km的城市已有数十个。

对每一辆进入伦敦市中心的车辆征收5英镑交通拥挤费。该措施将使伦敦交通拥挤程度减轻至少30%，还能在10年内创收22亿英镑用于改善城市公共交通。德国从2003年1月1日起对汽油增收“生态税”。英国牛津等城市早在20年前就开始实行“停下(小汽车)乘坐(公共交通)”(Park &Ride)的政策，在市郊修建大型免费停车场，要求小汽车拥有者进入市区必须乘坐公共交通工具。新加坡在市中心设有电子扫描系统，利用智能卡技术对进入市区的小汽车自动扣款，以缓解市中心的交通压力。

随着可持续发展战略的实施，人们对修建城市轨道交通的意义有了新的认识：一是认识到城市轨道交通规划对城市规划的导向作用；二是认识到修建城市轨道交通有利于环境建设和能源安全。

对比轨道交通和小汽车交通对城市结构及形态的影响，轨道交通在节约利用土地、维持城市中心活力以及促使城市呈组团式发展等方面较为有利；小汽车交通灵活、方便、机动性强，容易形成较密集的交通网络，有利于城市各部位均衡发展和降低城区居住密度，但是小汽车交通带来了环境污染、能源消耗、交通事故增加等一系列社会问题。因此，美国在小汽车交通兴起、轨道交通一度衰落之后，又重新开始重视轨道交通。

今天的城市轨道交通不再是100多年前的有轨电车，而是速度更快、运力更强的地铁和城市快速轨道交通。轨道交通具有运载量大、速度快、污染小、安全正点等优点，在美国、欧洲、日本等发达国家的大城市地区，已成为通勤及一般出行的主要交通手段。例如在日本的东京圈，3000 万人口、60km 的居住圈，每天通勤交通量的 90%以上是依赖十几条地铁线路、二十几条地面轨道交通来承担的。进入 21 世纪，发展中国家随着经济水平的提高和城市规模的扩大，也大力发展轨道交通。目前，我国许多大城市出现了“轨道交通热”。

由于国土面积和国家政策的制约，在交通方式和城市发展形态等方面，美国及欧洲与我国的发展趋势有所不同。在美国，原来的轨道交通逐渐萎缩，到 1939 年，美国有轨线路长度已经由 20 世纪初的 32180km 缩减为 4344km。轨道交通的萎缩促使人们更加依赖小汽车，在 20 世纪后半期，美国以小汽车为主要交通工具，城市多数呈现分散蔓延的形态。

相对来说，欧洲的城市土地资源较为缺乏，土地价格较高，居民住房依靠政府公房的现象较多。长期以来，政府非常重视公共交通的发展，因此城市格局大部分还保持传统的形式。

当资源面临枯竭时，我们必须谈到轨道交通的发展。过去数十年来，轨道交通技术在三个领域内取得较好发展：第一，技术上较为复杂的高速铁路系统在全世界范围内取得较好的认可与发展，西欧建设了 14000km 的高速铁路网络，我国也建设了 2.2 万余公里的高速铁路(到 2016 年底)，正在修建的还有 0.4 万余公里的高速铁路；第二，各个城市均将市中心到机场的交通建设成轨道交通，这表明政府认识到建设这类快速、大容量的轨道交通的重要性；第三，城市地铁与轻轨交通系统的发展，很大程度上缓解了城市交通拥挤问题，尤其是上下班高峰时期。

二、城市交通

历史上最早的城市公共交通可以追溯到罗马时代，那时就建立了地区性的车辆出租系统。欧洲在 16 世纪就出现了两个城镇间定期开行的车辆，17 世纪引入了马车，纽约 1831 年也引入这种车辆。后来它迅速增长，但它缓慢颠簸、不舒适，且容易造成街道的车辆拥挤及阻塞。

现代意义上的城市大容量公共交通是 1819 年开始于巴黎的一条运行线，美国的第一条公交线路是 1827 年在纽约城产生的可载 12 人的改良马车。

现代城市交通的目标可以从以下 6 个方面来理解：

(1) 使人与货物到商业区、学校、工作地等地点的可达性最大化，即实现客、货的位移需要，它也是交通运输的最基本目标。

(2) 减少交通事故。事故除了直接损失外，还存在许多难以估计的外部费用。因此，降低交通事故成为所有发达国家与发展中国家关心的重要问题。

(3) 使交通对环境的不利影响最小化。随着城市人口密度的增加，交通引起的环境问题也越来越尖锐。

(4) 有助于规划目标的实现。规划一般考虑了城市或地区的长期效益，具有较好的可持续性，遵循科学的发展规划是避免随意发展、无序管理从而造成不良后果的重要措施。

(5) 保存稀缺资源，尤其是土地和石油。要考虑人类生存和发展的长期后果。

(6) 在实现上述目标时使公众的代价最小化。这一目标反映了优化的观点，它也是所有城市问题应当考虑的目标。

城市交通是保持城市活力最主要的基础设施，也是城市正常运行和生产、生活发展的动脉，它制约着城市经济的发展。随着世界经济的快速发展，城市交通日趋紧张。虽然小汽车交通容易形成较密集的交通网络，能降低城区居住密度，在灵活性、方便性、机动性方面具有特殊的优势，但是依靠地面常规交通已经很难解决城市交通中的拥挤、环境污染等问题；而城市轨道交通具有运量大、速度快、安全、准点、保护环境、节约能源和用地等特点，轨道交通系统在维持城市中心活力以及促使城市呈组团式发展等方面比较有利。展望21世纪的城市交通事业，给我们提出了更高要求。发展多层次、立体化、智能化的交通体系，将是城市建设发展中普遍追求的目标。根据国外大城市交通发展的经验，解决大城市交通问题的根本出路在于以轨道交通为骨干，优先发展城市轨道交通，以快速公交与道路公交为主体，继续发挥自行车在短距离出行中的作用，有限制地使用小汽车，共同组成多元化的交通系统。而发展大、中、低客运量相互匹配的多种形式相结合的客运交通工具，将是实现上述远景目标的一项重大技术决策措施。

城市发展和轨道交通的发展相互促进，相互作用。一方面，城市进一步的发展需要轨道交通的快速发展。随着经济发展，城市化进程加快，城市人口增加，城市范围扩大，其中心城规模进一步扩大，城市形态由单中心、块聚式发展成为多中心、分散组团式。卫星城镇的发展以及在中心城市发展到城镇群、城市发展到其高级阶段城市带过程中，城市轨道交通由于速度快、容量大、安全、准时等优点，在城市地域结构变化中起到巨大作用。中心城市对周围的辐射作用得到强化，维持中心城区的活力，单中心城市向多中心城市发展，都得益于轨道交通的发展；另一方面，城市发展也促进了轨道交通在城市客运交通体系中发挥更大的作用。大城市迫切需要建立多层次、立体化综合公共交通体系来满足交通需求。由于受机动车过度发展的影响，单一的常规公共交通车速下降，服务质量下降，不适应长距离、大客流量的运输任务，不能适应城市的发展。因此，需要建立以公共交通为主体、轨道交通为主导的城市综合交通体系。

解决城市交通拥堵是城市轨道交通的基础性功能，而引导城市布局的优化则是其先导性功能。轨道交通对城市发展的导向作用源于有轨电车的发明。1882年，西班牙工程师马塔(Arturo Soria Y. Mata)提出“带形城市”(Linear City)理论，主张在40m宽的干道上设置有轨电车，两旁为方格状街坊和绿地。快速轨道交通的建设对城市形态的转变以及其可持续发展进程起到了巨大的推动作用，其主要表现在以下方面：

第一，建设城市中心组团与边缘组团的快速轨道交通线，有助于那些居住和工作在中心组团的居民将居住或工作地点转移到边缘组团，从而降低城市中心区的人口密度，改善城市的空间布局。

第二，城市中心区地下铁道的开通，能降低城市中心区因为交通拥堵而带来的成本，提高城市中心区通行能力，有助于中心区作为生产服务中心的功能完善和发挥。

第三，城市边缘地带居住区与工业区之间的快速轨道交通，更是有助于城市向边缘的扩展和辐射，促进边缘区与中心区的均衡发展，边缘区更大的人均土地面积、更广的活动空间、更低的居住和停车费用，有助于居民扩大住房消费，增加对汽车的购买欲望，从而促进城市消费结构的升级并带动相关工业及服务业的发展。

上述只是从经济方面显示了城市轨道交通系统对城市发展的贡献。而另一个方面，城市轨道交通的建设对城市居民的出行方式产生了根本性的影响，减少了依赖小汽车等污染性比较大的交通方式出行，对城市环境是一巨大的改善。总而言之，城市轨道交通系统已经成为城市可持续发展的关键。

第二节 国内外城市轨道交通发展概况

一、世界城市轨道交通发展概况

轨道交通是到目前为止城市最重要的基础设施之一。随着城市化进程的加快，以地铁为代表的轨道交通建设被提上了世界各国议事日程。地铁由于不影响城市初始道路使其在城市轨道交通中占有重要地位。由于地铁建设难度大，前期投入大等特性使其成为一个城市乃至国家工程建设的经济实力证明，所以分析地铁的建设历程同样具有代表性。

国际公共交通协会（UITP）发布的《世界地铁数据》报告中对地铁的定义是“拥有独家经营权的高容量城市轨道系统”且每节车厢至少容纳 100 名乘客。该报告指出，在 20 世纪末，新开通的轨道交通线路数量激增，同时在 21 世纪初期，更是出现了爆发式增长。截至 2019 年底，全球共有 75 个国家和地区的 520 座城市开通城市轨道交通，运营里程超过 28198km。其中，59 个国家和地区的 167 个城市开通地铁，总里程达 15622.61km。

截至 2019 年，全球地铁繁忙干线以发展中国家为主，其中地铁和轻轨主要分布在以中国为代表的亚洲国家。

二、我国城市轨道交通发展概况

截至 2019 年底，我国大陆地区（不含港澳台）建设并开始管理运营轨道交通的城市共有 40 个，已建成 208 条轨道交通线路，总运营里程达到 6736.2 公里。其中地铁总运营里程达到 5180.6 公里，占整体的 76.9%。2019 年新建轨道交通线路 974.8 公里，共计 19 个城市实现轨道交通运营网络化，其规模达到 4 条及以上运营线路，换乘站也达到 3 座及以上，在已开通轨道交通城市总数中占比 47.5%。2019 年全年完成客运量累计达 237.1 亿人次，比上一年增加 12.5%，总客运周转量为 2003.1 亿人次/公里，同比增长 13.8%，运营规模增长势头保持高涨。

我国得到城市轨道交通线路建设批复的城市有 65 个，已经有 63 个城市开始进行规划建设。除去已经开始管理运营的线路，开始实施规划建设的线路总里程数达到 7339.4 公里。待所有城市轨道交通建设全部完工后，未来将有超过 30 个城市轨道交通迈入网络化运营。

从线网规模看，共计 18 个城市的轨道交通线网规模达到 100 公里以上。其中，上海 809.9 公里，北京 771.8 公里，两市运营规模在全国遥遥领先，已经逐步形成超大线网规模。进入“十三五”四年来，共新增运营线路长度为 3118.2 公里，年均新增运营线路长度 779.6 公里。2016 年至 2019 年历年城市轨道交通运营线路长度和年度新增情况如图 1-1 所示。

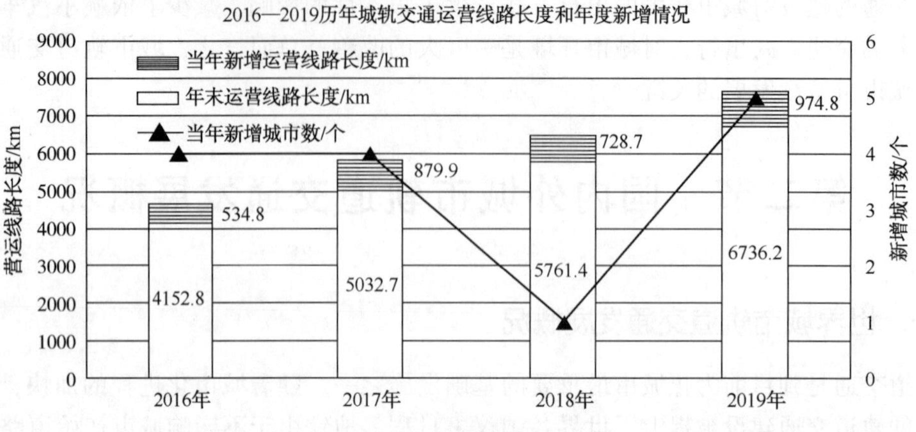

图 1-1　2016—2019 历年城轨交通运营线路长度和年度增长情况

注：摘自城市轨道交通 2019 年度统计和分析报告。

我国目前城市轨道交通运营线路中存在 7 种制式，其中，地铁 5180.6 公里，占比 76.8%；轻轨 217.6 公里，占比 3.2%；单轨 98.5 公里，占比 1.5%；市域快轨 754.6 公里，占比 11.2%；现代有轨电车 417 公里，占比 6.2%；磁悬浮交通 57.7 公里，占比 0.9%；APM10.2 公里，占比 0.2%。2019 年我国城市轨道交通线路制式结构如图 1-2 所示。

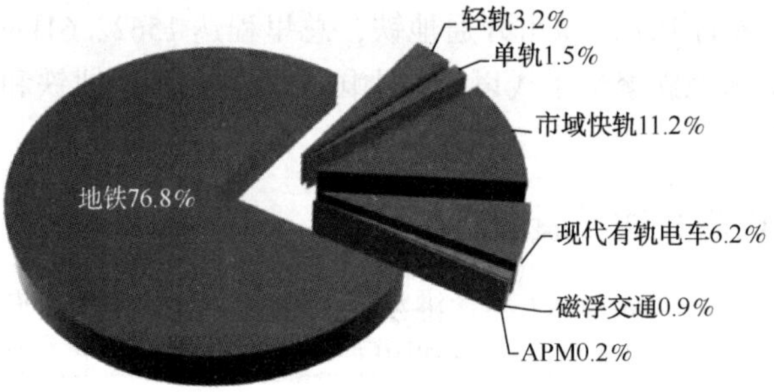

图 1-2　2019 年城市轨道交通运营线路制式结构

注：摘自城市轨道交通 2019 年度统计和分析报告。

从图 1-2 中可以看出，地铁仍然是我国城市轨道交通的重要力量，占据很大比重。中国目前正高速推进城镇化建设，每年新增城市人口约有 2000 万，这给现有城市交通基础设施带来了巨大的挑战，使得城市轨道交通建设成为了城市交通发展的首选。随着我国城镇化规模不断扩大，2040 年我国城镇化率将达 78.6%，约 0.74 亿新增城镇人口来自乡城迁移。随着城市范围的扩大、小汽车数量的增加，交通拥堵已成为制约城市发展的重要问题。城市轨道交通由于具备快捷方便等诸多优势，是解决城市交通拥堵问题的必然渠道。我国政府也将加大投资力度提供更便利的工程项目建设服务。

建国初期，由于我国在经济投资和技术能力上投入有限，我国的城市轨道交通形成了一种相对独特的发展模式即大多是中外合资，从而导致建设速度较快、制式多元化等特点。在 2000 年之前只有北京、上海、广州、天津有城市轨道交通施设，在这之后南京、重庆等城市才开始陆续建设轨道交通。我国城市轨道交通建设大致可分为以下三个阶段：

(1) 起步阶段。我国于 1965 年在北京开始建设城市轨道交通线路，之后上海等城市开始陆续建设。由于正值建国初期国家财力薄弱，又是起步阶段相关技术匮乏，城市轨道建设资金很大程度上依赖于外国政府的贷款，这使得上海地铁 1 号线、2 号线及广州地铁 1 号线在建设过程中成本极高，这给财政支出带来巨大困难。所以国务院在 1995 年颁发了《关于暂停审批城市地下快速轨道交通项目的通知》(国办发〔1995〕60 号)，紧急叫停了除北上广现有的线路以外的城市轨道交通项目审批。由于各种因素制约，在 2000 年以前我国城市轨道交通建设停滞不前，平均每年建设运营的线路仅有 4km。

(2) 高速发展阶段。国务院办公厅颁发的《关于城市轨道交通设备国产化实施意见的通知》(国办发〔1999〕20 号)，其中明确指出，所有的轨道车辆和机电设备应大于 70%进行国产化量产，从此我国城市轨道交通一直在国家相关政策指引下平稳有序地建设发展。同年，国务院开始陆续批准重庆、深圳、武汉等 10 个城市轨道交通项目的建设请求，并投入 40 亿元国债用于相关建设。从此，我国城市轨道交通进入了高速发展阶段。

(3) 爆发式阶段。“十三五”期间，我国城市轨道交通新增运营里程超过 4000 公里，发展迅速，根据城市轨道交通协会数据，2021 年，我国城轨交通运营线路长度为 7969. 7 公里，其中地铁线路长度 6280. 8 公里。截至 2021 年 9 月 30 日，我国城轨交通运行线路长度增长至 8553. 4 公里，国内共有 4 座城市城轨交通运营线路长度超过 500 公里，分别是上海 875. 93 公里、北京 799. 10 公里、成都 652. 00 公里和广州 589. 90 公里。运营线路长度前 10 城市线路总长度达 6312. 76 公里，占国内 49 座城市运营总长度的 73. 8%。

2021 年 3 月发布的《中华人民共和国国民经济和社会发展第十四个五年规划和 2035 年远景目标纲要》提出，新增城市轨道交通运营里程 3000 公里，推动市内市外交通有效衔接和轨道交通“四网融合”。预计“十四五”累计客运量将突破千亿人次，累计完成投资额有望达到 18188 亿元。

第三节 城市轨道交通的分类与主要形式

一、城市轨道交通的定义

在城市的区域内利用车辆在固定导轨上运行，主要为客运服务的交通系统称为城市轨道交通。截至 2020 年年末，全球已经有 77 个国家和地区的 538 座城市开通了城市轨道交通，形成很多种类。世界各国根据线路敷设方式、运营范围、路权、车辆特征、系统运能等，提出了不同的分类，并赋予了各种名称。

二、城市轨道交通的分类

轨道交通基本类型通常包括地铁系统、轻轨系统、市郊铁路、单轨系统、新交通系统、有轨电车等六类。为了能够在不同的目标下合理地选择轨道交通系统形式，可以依据不同的标准对城市轨道交通基本类型进行分类。

1. 按交通容量分类

交通容量即运送能力，指单方向每小时的断面乘客通过量。按照不同的交通容量范围，轨道交通可分为特大、大、中、小容量四种系统。

特大容量系统一般指市郊铁路，其单向小时断面流量可达到6万~8万人。大容量轨道交通通常指常规地铁。中容量轨道交通包括轻轨、单轨、小型地铁和新交通系统。小容量轨道交通系统则多指有轨电车。

2. 按敷设方式分类

根据不同的敷设方式，轨道交通系统可分为隧道(包括地下、水下)、高架和地面三种形式。交通系统一般采用地面形式，可与机动车混行，运输效率较低，相对于普通公交优势并不明显。

3. 按路权分类

路权是指轨道交通系统运行线路与其他交通的隔离程度。以此为依据，轨道交通系统可分为A、B、C三种基本类型。C类，即开放式系统，代表地面混合交通，不具有实体分隔，轨道交通与其他交通混合出行，在路口按照交通信号规定驶停，也可享有一定的优先权，诸如用道路标线或特殊信号等保留车道，有轨电车通常使用此形式；B类，即半封闭系统，沿行车方向采用绕石、隔离栅、高差等措施与其他交通实体隔离，但在交叉路口仍与横向的人车平交混行，受信号系统控制，一般用于1.6万人/h以下的中等容量轨道交通系统；A类，即全封闭系统，与其他交通完全隔离，不受平交道和人车的干扰，一般用于高、大容量及1.6万人/h以上的中等容量轨道交通系统。

4. 按导向方式分类

根据不同的导向方式，轨道交通系统可分为轮轨导向及导向轮导向，一般钢轨钢轮系统(地铁、轻轨、有轨电车)属于前一类型，其启动较快；单轨及新交通系统等胶轮车辆属于后一类型。

5. 按轮轨支撑形式分类

轮轨支撑形式，即车辆与转移车重的行驶表面之间的垂直接触与运行方式。从这一标准出发，轨道交通系统可分为钢轮钢轨系统、胶轮混凝土轨系统以及特殊系统。钢轮钢轨系统包括市郊铁路、地铁、轻轨、有轨电车，胶轮混凝土轨系统主要指单轨新交通系统，而特殊系统则包括支撑面置于车辆之上的悬挂式单轨系统、磁悬浮式轨道系统等。

三、城市轨道交通的系统制式

从目前国内外城市轨道交通的发展状况来看，城市轨道交通的系统制式主要有地铁、轻轨、独轨、自动导轨、城市铁路、磁悬浮交通等。大部分城市主要还是以地铁和轻轨两种轨道交通为主要的轨道交通制式。各种制式的主要特征如下：

1. 地铁

地铁是各国大城市市区公共交通系统的最佳选择，最近30年发展尤快，成为城市活动的命脉。有些城市地铁在客流高峰时占了全市客流量的40%以上，如果地铁停运，整个城市将陷入瘫痪状态。

地铁作为特大城市快速轨道交通的主要形式，其发展必然对城市的发展产生巨大影响。主要表现在以下方面，可缓解地面交通的堵塞；可充分利用城市的地下空间，可提高沿线土地的实用价值，加速城市中心区的改造，使城市布局更加合理；可促进公共事业、商业等服务业的发展。

地铁是一种独立的有轨交通系统，不受地面道路情况的影响，能够按照设计的方式正常运行。地铁通常要与其他轨道交通完全隔离，站间距在0.5～1.0km(市中心)之间，在郊区可达2km左右，一般可延伸到离市中心24km左右。地铁是一种大运量的、快速的、全封闭的、线路全部或大部分位于市区内的城市轨道交通系统，在市中心区全部或大部分位于地下隧道内，大运量、快速、安全、舒适地运送乘客是其本质特征，其效率高，无污染，能够实现大运量的要求，具有良好的社会效益。但建设成本高，一般认为，人口超过100万的大城市就应考虑修建地铁。地铁的车体较宽(2.8～3.0m)，速度较快(80km/h及以上)，轴重普遍大于13t，线路的平面曲线半径不小于300m，每列车的编组数也比较多(4～10节车厢)，在高峰小时内，其单向运输能力可以达到3万～7万人次。

地铁在许多城市交通中已担负起主要的客运任务。莫斯科地铁是世界上最繁忙的地铁之一，莫斯科市民平均每人每天要乘一次地铁，地铁担负了该市客运总量的44%；东京地铁的营运里程和客运量与莫斯科地铁十分接近；巴黎地铁的日客运量已经超过1000万人次；纽约地铁的营运线路总长居世界首位，日客运总量已达到2000万人次，占该市各种交通工具运量的60%；香港地铁总长虽然只有43.2km，但日客运量高达220万人次，最高时达到280万人次。

地铁中还有一种线性地铁，即小断面地铁。它的特点是断面较一般地铁要小，可降低建设成本。此外，它可以采用较小的曲线半径和较大的坡道，也可高架，维护较易。在北美，与地铁类似的轨道交通系统也被称为重型轨道交通。重轨最初的含义是指在市中心提供运输服务，尽管新系统常常延伸到郊区。重轨系统的车站间距比较紧密，平均间距大概为1.6km。重轨线路或在地下，或在街道之上，现在常见的场合是将它们放在地面，尤其是在高速公路的中间地带。“重轨”一词的应用是相对于轻轨而言的，因为“重轨”的设备本身还是轻于一般的城市间铁路与市郊铁路的，有时也称其为快速轨道运输系统，欧洲则普遍采用“Metro”。

地铁是有轨交通，其运输组织、功能实现、安全保证均应遵循有轨交通的客观规律。在运输组织上要实行集中调度、统一指挥、按运行图组织行车；在功能实现方面，各有关专业如隧道、线路、供电、车辆、通信、信号、车站机电设备及消防系统均应保证状态良好，运行正常；在安全保证方面，主要依靠行车组织和设备正常运行来保证必要的行车间隔和正确的行车径路。

为了保证地铁列车运行安全、正点，在集中调度、统一指挥的原则下，行车组织、设备、车辆检修、设备运行管理、安全保证等均由一系列规章制度来规范。地铁是一个多专业多工种配合工作、围绕安全行车这一中心而组成的有序联动、时效性极强的系统。

地铁中采用了以电子计算机处理技术为核心的各种自动化设备，从而代替人工的、机械的、电气的行车组织、设备运行和安全保证系统。如ATC(列车自动控制)系统可以实现列车自动驾驶、自动跟踪、自动调度；SCADA(供电系统管理自动化)系统可以实现主变电所、牵引变电所、降压变电所设备系统的遥控、遥信、遥测；BAS(环境监控系统)和FAS(火灾报警系统)可以实现车站环境控制的自动化和消防、报警系统的自动化；AFC(自动售检票系统)可以实现自动售票、检票、分类等功能。这些系统全线各自形成网络，均在 OCC (控制中心)设中心计算机，实行统一指挥、分级控制。

地铁路网的基本形式有：单线式、单环线式、多线式、蛛网式。每一条地铁线路都是由区间隧道(地面上为地面线路或高架线路)、车站及附属建筑物组成。车站按其功能分为四种：

(1) 中间站：只供乘客乘降用，此类车站数量最多。

(2) 折返站：在中间站设有折返线路设备即称为折返站，一般在市区客流量大的区段设立，可以满足乘客需要，同时节省运营开支。

(3) 换乘站：既用于乘客乘降，又为乘客提供换乘的车站。

(4) 点站：地铁线路两端的车站，除了供乘客上下或换乘外，通常还供列车停留、折返、临修及检修使用。

2. 轻轨系统(Light Rail Transit 或 Light Rapid Transit)

城市轻轨运输系统是城市轨道建设的一种重要形式，它是一个范围较宽的概念，是在有轨电车的基础上发展起来的城市轨道交通系统，也是当今世界上发展最为迅猛的轨道交通形式，是对传统的有轨电车系统利用现代科技进行改造后各类有轨电车系统的总称。一般地，轻轨要求有至少 40%的轨道与道路完全隔离，以避免拥挤，这也是它不同于有轨电车之处。与地铁相比，其运量比地铁小，一般为 1 万~3 万人次/h，轴重普遍小于 13t，施加在轨道上的荷载相对于城市铁路和地铁的荷载来说比较轻，因而称之为轻轨。其线路的平面半径一般在 100~200m 之间，每列车的编组数也比较少(2~4 节车厢)，在高峰小时内，其单向运输能力仅仅只有 0.6 万~2 万人次。站台标准有高低之分，路权形式也有多种。快速轻轨交通是指具有专用路权的轻轨系统，其可分为旧车改造型、新线建设型及新交通系统型三种。

按车辆走行部分的不同，轻轨交通可分为两大类：一类是在原有的有轨电车基础上发展起来的钢轮、钢轨轻轨交通系统；另一类是采用橡胶轮的单轨和新交通系统。目前世界上绝大多数还是采用钢轮、钢轨轻轨系统，其造价只有地铁的 1/7~1/5。

钢轮、钢轨轻轨系统，这种系统吸取了地铁在车辆和信号等方面的技术，但由于它是在有轨电车基础上发展起来的，所以在许多方面与有轨电车系统相似。但在采用一系列高新技术后，其运输能力、技术性能、环保水平、便捷程度等方面已远非老式有轨电车所及，深受各城市欢迎。

线路可分为地面、地下和高架三种形式，在欧洲大多为地面形式。速度要求较高的，采用专用道路；在交通繁忙的交叉路口采用半地下或简易高架线路，专用车道。为降低噪声和造价，一般采用与路面相平的整体道床结构，便于轨道车辆和汽车同时使用。为降低噪声，轨道结构均采用焊接长钢轨。与地铁不同的是，轻轨铁路可以满足城市道路的需要，做成 50m 的小半径曲线，个别在降低速度运行的条件下可实现 25m 的小半径曲线。

车辆可由 4 轴或 6 轴甚至 8 轴铰接车单节运行，也可由 2 辆至 4 辆组成列车方式运行。为了适应小曲线半径的需要，降低小曲线半径通过时产生的磨耗和尖叫声，采用较小的定距和轴距，并采用径向转向架、独立轮对转向架和具有阻尼性的橡胶车轮。与地铁车辆不同的是增设了磁轨制动装置，紧急制动减速度大，能达到 3m/s。轻轨车辆的供电电压一般为 DC600~750V。为方便乘客上下车和老人、儿童、残疾人乘用，广泛采用低地板车辆，地板高度为 300~350mm。

轻轨系统有好几种类型：一种是德国的轻轨系统，基本上是从有轨电车改造而成；第二种轻轨是大部分新建的，如道克兰轻轨；第三种是利用原有城市间铁路或市郊铁路线路。轻轨系统的优点主要有：比重轨安全；在建设上比重轨更灵活；更适合低运量场合；大部分线路按隔离设计，在混合交通条件下的平均速度可以更高，从而比巴士更具吸引力；轻轨铁路技术成熟，并已有丰富经验，无机械风险或费用大问题。

轻轨(LRT)系统从 20 世纪 80 年代中期开始，在西欧、北美已成为新一轮城市公共交通投资的主流。它的最大特点在于成本低廉。一般而言，行驶于专用车道的轻轨系统拥有 90%以上地铁的速度和可靠度，却只需要 1/3 以下的建设成本和运营成本。其施工容易，工期较短，运量也不低。许多人还认为它是最尊重集体利益、最公平的交通形式。

近年来，随着我国城市化步伐的加快，重庆、上海、北京等城市纷纷兴建城市轻轨。一时间，轻轨成为都市人的时髦话题。城市轻轨具有运量大、速度快、污染小、能耗少、准点运行、安全性高等优点。城市轻轨与地下铁道、城市铁路及其他轨道交通形式构成城市快速轨道交通体系，它可以有效缓解人口与交通资源，汽车与交通设施之间的紧张关系。轻轨作为改善城市交通现状的有效载体，成为现代化大都市的重要选择，在极大程度上方便了乘客出行，使居民享受更高品质的生活。轻轨也更符合绿色交通的标准，轨道延伸之处的大规模市政配套设施建设，更有利于环境综合治理。

3. 独轨交通

独轨交通是车辆在一条轨道上运行的轨道交通系统，也称单轨交通。单轨系统与传统的钢轮、钢轨系统是完全不相同的交通工具，它由特制车辆与专用的轨道组合而成，其轨道梁不仅是车辆承载结构，而且是车辆走行的导向轨道。单轨系统通常有两种类型：一种是跨座式车辆系统，其轨道梁通常用混凝土做成；另一种是悬挂式车辆系统，其轨道通常用钢材制成。两种形式的单轨车辆都采用橡胶轮胎来承载，而且配置了相应的橡胶轮系，实现车辆的平衡和稳定。因此，车辆的转向架结构较为复杂，一个跨座式车辆的二轴转向架，在很小的空间内就要配置 10 个橡胶轮胎。一般采用跨座式，运输能力为 5000~20000 人次/h，轨道梁、转辙机、转向架是独轨系统的关键技术。单轨铁路一般使用道路上部空间，故土地占用较少。大多数单轨系统采用橡胶轮胎，因而车体结构必须轻量化，轨道梁和支座材料的耐温、耐潮湿、耐酸性要求也较高，可以适应急弯及大坡度，对复杂地形有较好的适应性，从而减少拆迁量。同时，单轨系统建设工期较短，投资也小于地铁系统。单轨系统的不足是运营费用偏高，而且目前已投产的单轨系统的运量很少能达到设计运能。重庆市轨道交通采用的就是这种制式。该系统目前一般多用于运动会、体育场、机场和大型展览会等场所与市区的短途联系，单轨车辆是在专用的高架线路上运行的车辆，与其他交通方式互不干扰，可以达到安全、准点、快速和舒适的服务目标。但是单轨系统属中等客运量交通工具，尤其是悬挂单轨车辆，客运能力很低，在考虑作为公共交通时，应慎重分析和充分做好技术经济比较。除日本外，大多数国家均将其作为游览观光用。跨座式单轨系统属于中等运量范畴，最大高峰运量每小时 1 万~2.5 万人次，运输能力和灵活性不及地面轻轨系统，但对于经济实力强大、土地资源贫乏的城市，也不失为一种可以考虑采纳的方案。

4. 自动导向系统(Automatic Guideway Transit, AGT)

自动导向系统是一种通过非驱动的专用轨道引导列车运行的轨道交通，一般是指带小型轻量橡胶轮的车辆沿导轨行驶在专用混凝土轨道上的客运系统。典型的 AGT 系统由计算机进行全自动控制，因此可以实现无人驾驶的高密度列车运营。按照专用轨的位置，AGT 系统可以分为两种形式：一是轨道中央引导方式；二是侧向引导方式。AGT 一般采用 ATS/ATC 单人驾驶或 ATO 无人驾驶，单线或复线线路，平均站间距为 650~1400m，采用直流 750V 或三相交流 600V 供电方式，最小曲线半径为 25~60m，最大坡度为 4.5%~6.9%。AGT 列车一般编组为 2~6 节，最高速度为 50~63km/h，运行间隔为 3~8min。

5. 直线电机列车轻轨系统

直线电机列车轨道运输系统是加拿大在 20 世纪 80 年代研制开发而成的。直线电机是根据传统的电动机传动原理，将电动机的转子和定子的转动半径设计为无穷大(转子和定子相当于两个平行的水平面)，然后将展平的定子安装在车辆底部，再把转子安装在两根钢轨之间的枕木上，并沿轨道长度全线铺设，通电后即可驱动列车。

由于车辆底部转向架上不再安装传统的牵引电机，因而可缩小车轮，降低车辆高度，车辆自重也大大减轻。将常规的地铁车辆与直线电机列车相比，当车厢的有效容积相当时，直线电机列车占用的隧道建筑面积要比常规地铁隧道断面小 25%~30%。直线电机列车爬坡能力强，最大允许坡道可达 60%~80%，而最小允许曲线半径可达 50m。

直线电机列车系统仍为钢轮、钢轨系统，列车编组与行车密度可根据城市容量的需要来确定。其最大单向高峰客运能力目前可达到每小时 4 万人次。

加拿大的温哥华、多伦多市修建了高架轨道的直线电机列车，而日本专家看到了其用于修建地下铁路的优点，在大阪、东京、福冈修建了直线电机列车系统(大阪在 1990 年修建了 7 号地铁线，长 15km；东京建成的 12 号环线地铁线，长 41km，就是采用直线电机系统)。

6. 有轨电车

1881 年在德国柏林工业博览会期间，在 400m 长的轨道上展示了一列三辆编组的有轨电车，只能乘坐 6 人。世界上第一个投入商业运行的是 1888 年美国弗吉尼亚州里士满市的有轨电车系统。到 20 世纪 20 年代，美国有轨电车线路总长达 25000km。

1908 年我国第一辆有轨电车在上海建成通车，1909 年大连市也建成了有轨电车，随后北京、天津、沈阳、哈尔滨、长春等城市都相继修建了有轨电车线路，在当时的城市公共交通中发挥了骨干作用。

随着汽车工业的迅速发展，大量汽车拥上街头，城市道路面积明显不够用，因此从 20 世纪 50 年代开始，世界上各大城市都纷纷拆除有轨电车线路，这股风也波及中国。到 50 年代末，仅剩下大连、长春个别城市没有拆光，并一直保留至今。

7. 城市铁路

在城市区域内承担城市交通功能、线路大多位于地上的铁路系统，又称市郊铁路。与城市间铁路相比，其最高运行速度比干线铁路要低，一般为 120km/h(平均运行速度在 40km/h 以上)；但其启动、制动加速度远高于干线列车，站间距离也比干线铁路低，一般为 1~3km。其主要特征是全部或绝大部分位于地面以上，这样可以使其建设成本及运营成本比地铁小得多。城市铁路的站间距：市区一般为 1km，郊区一般为 3~5km。

8. 磁悬浮交通

与轮轨列车的区别：由于不受轮轨黏着极限速度的限制，其运行速度可以达到500km/h以上；由于不存在轮轨间的摩擦与冲击振动，因此不会带来滚动和冲击噪声，当磁悬浮列车以每小时300km行驶时，其噪声是普通火车每小时行驶160km所发出噪声的一半；磁悬浮列车也无废气污染，至于电磁污染，采用磁屏蔽的方法能使车内磁场强度降低到接近地球磁场水平，人体健康不会受到影响；磁悬浮列车的爬坡能力允许10%的坡度，而铁路的允许坡度为4%；磁悬浮列车的加速能力强，可以在2min内行驶5km，将速度从零上升到每小时300km；由于磁浮运输系统采用导轨结构，所以不会发生脱轨、颠覆事故，安全性好。

磁悬浮列车没有钢轨、车轮、接触导线、受流器等摩擦部件，可免除这方面的维修工作；由于无磨损，其运营和维修成本可降低，并可实现完全自动化运行；由于磁悬浮线路是分段供电，在相同运行速度条件下，磁悬浮列车每个座席、每公里所消耗的能源为飞机的1/3，高速火车的2/3。

磁悬浮技术分为常导和超导两种。德国的TR型和日本的HSST型采用的是常导磁悬浮技术；日本的MLU型则是利用浸入低温(-268.8℃)槽内的超导材料制成电磁线圈，由于此时电阻为零，可产生更大磁场，然后依靠两大电磁铁之间的斥力使列车浮起，所以称为超导磁悬浮技术。美国有专家在研究相对高温超导的新技术，这种超导磁悬浮技术有可能在若干年后进入实用化阶段。

磁悬浮车辆的推进原理与线性电机相同，都是采用线性电机驱动车辆前进，只是线性电机车没有离开轨道，而磁悬浮车辆距离轨道有一定的间隙，实现了无接触运行。用于城市交通的磁悬浮系统大多为中低速，速度一般在100km/h左右，如长沙的磁悬浮系统、英国伯明翰的Maglev系统、日本的HSST-100；也有少数的高速磁悬浮系统，如上海浦东机场磁悬浮专用线，运行速度在350km/h左右。

9. 橡胶轮胎铁路(Rubber Tyred Metro)

除了上述基于钢轮钢轨的铁路系统外，现代城市交通中还有一种采用轮胎车辆的铁路系统，即橡胶轮胎铁路。橡胶轮胎铁路中，线路可以采用钢轨，也可以采用混凝土路面。线路与街道的交叉可通过地下或高架方式。橡胶轮胎铁路可以分为3种类型：轮胎地铁、轮胎单轨、轮胎高架铁路。这3种方式的共同特点是多节轮胎电车铰接在一起形成列车，就像钢轨形式的城市快速铁路一样。一般情况下，车辆都是由电力驱动的。轮胎铁路系统能力可以通过增加列车编组来提高，但由于其车辆承重有限，折返能力也难以提高，其最终能力一般小于钢轨铁路系统。一般来说，橡胶轮胎铁路输送能力为钢轨铁路的1/3~1/2，单向小时能力最大在20000~30000人左右。

10. 市郊铁路

如美国科学史学者J. Trefil所述，蒸汽火车出现的时候城市的规模都不大，城市半径不超过5km，火车联系着相邻的市镇，火车站都建于当时的城市边缘。如巴黎共有6个车站(Gare de l'Est、Gare du Nord、Gare de Lyon、Gare de St. Lazare、Gare Montparnasse、Gare d'Austerliz)，这些车站目前已是地道的“Downtown”，大巴黎区内各市镇或居民点的市民乘市郊铁路到巴黎，而且这些站也是地铁网中重要的换乘站，高速铁路(TGV)也直接进入这些车站。法国国铁(SNCF)所属的铁路网均纳入巴黎市郊铁路网。市郊铁路一般站距较长、时间间隔较大。由市郊铁路联系的较重要的城镇，则将市郊铁路升级为市域快速铁路(RER)。城市扩大了以后，新旧市镇与downtown之间的联系很多就采用了以前铁路大发展时代留下来的铁路用作市郊铁路，如旧金山、洛杉矶、芝加哥等城市。

市郊铁路在铁路运输发达的国家，是沟通城市边缘与远郊区的手段，也是旅游运输的主要形式，它与城市间的长距离铁路相同。欧洲、日本铁路旅客运输的平均距离仅30~60km。中国铁路失去了市郊铁路发展的历史机遇，主要是中长途运输，旅客平均运输距离达440km。

市郊铁路主要为通勤者提供运输服务，故有时也称通勤铁路(Commuter Rail)或地区铁路(Regional Rail)。由于市郊铁路服务于人口密度相对稀疏的郊区，站间距比较大，它使得列车的运行速度可以提高许多。目前城市间高速铁路的商业速度已达到250km/h以上，一般地，市郊铁路线路的最高速度可以达到120km/h以上，比干线铁路要低，但其启动、制动加速度远高于干线列车。

市郊铁路编组灵活，可适应通勤出行的时间集中性和方向性，根据客流大小调整编组数及发车间隔，有较高的加减性能和较好的运行秩序，能实现高效运输。在高峰期，市郊铁路可按10~12辆编组，单向每小时最大运送能力可达6万~8万人，属于城市轨道交通中的高容量系统。

与地铁、轻轨等轨道交通形式相比，市郊铁路具有大站高速的特点，市区内站间距1.5~3km，郊区5~10km，运营速度可达到80km/h以上，因而可大大缩短中远途出行时间。市郊铁路一般与干线铁路相接，采用干线铁路的技术标准修建。市郊铁路多采用电力机车牵引，轮轨导向，启动快，对环境没有毒废气排放，空气污染少，噪声小。同时市郊铁路的能耗也较低，与环境的协调性较好。市郊铁路的车辆类型、线路特征均接近大铁路，往往与之有便利的联络线或设备共用。在郊区建设时，还可利用既有铁路设施稍加改进成为全封闭的地面轨道，同时站间距长。车站结构简单，因而投资少，工程费用仅为地铁工程费用的1/5或高架铁路费用的1/2。市郊铁路的特点是装备重型化，最高速度较大，加、减速度较低，线路长度一般在40~80km。虽然市郊铁路的终点站可引入市中心区，但大多数车站仍在郊区。这种方式的一个显著特点是高质量的服务。

市郊铁路还有两种情况：一种是连接市中心与城市边缘及20km左右居民区的铁路，其站间距离为1000~1500m；另一种是连接市中心与卫星城市的铁路，距离可长达40~50km，其站间距离较长(3000~4000m)。市郊铁路是居民区合理分布、建立卫星城镇、调整产业结构的一种重要手段，是深受市民欢迎的一种交通方式。

此外，市郊铁路的建设对城市形态合理发展也具有良好的作用。一方面，市郊铁路运量大、运距长、准点率高，可有效缓解目前城区向外扩展过程中新开发区与市中心区的道路交通拥挤，解决卫星城居民的通勤通学问题，提高新开发居住区、工业区吸引力，刺激市郊进一步开发，有利于卫星城的形成；另一方面，市郊铁路的建设加快了城市中心区向新建城区和郊区疏散，减少了市中心区人口，为旧城改造减少了拆迁工作量，有利于中心区改建。

11. 新交通系统

所谓新交通系统，目前还没有统一和严格的定义。从广义来讲，是那些与现有运输模式不同的各种短距离新交通方式的总称。但狭义上，通常把由电气牵引，计算机控制，具有特殊导向，自动驾驶功能的胶轮车辆单车或数辆车编组运行在专用轨道梁上的中、小运量运输系统称为新交通系统。

新交通系统与其他交通方式立体交叉，故对其他交通方式不产生影响。它有特殊的专用车道，采用橡胶轮，电力牵引，特殊的车下侧受电方式，无人自动驾驶，其运行速度一般在 30km/h 左右。

四、系统制式选择研究

陆梁(1999)提出系统制式选择应从容量、经济、目的、环境等几方面统筹考虑、科学决策，并提出了系统制式选择的一般步骤：确定线路的走向，确定线路的规模，确定线路的封闭程度，确定线路的敷设方式，确定线路的特殊要求，进而选定合适的系统制式和车辆制式。

周树民(2001)在分析了各种系统制式特点的基础上，从平均运行速度、最小行车间隔、编组数、线路形式、平均站间距、运输能力等方面归纳出各种系统制式的技术参数，为系统选型提供了参考。此外，还总结出各种系统制式的适用车型。

岳渠德、马超、张晓东(2001)将城市分为特大城市、大城市和中等城市、山城和沿海城市三大类，然后从不同类型城市特征出发，结合各系统制式的特点选择适宜各类城市的系统制式：特大城市应以地铁为主，轻轨为辅；大城市和中等城市适宜轻轨系统或者是单轨系统；山城和沿海城市适宜单轨系统。

李海川(2003)通过介绍重庆单轨交通系统的结构形式和特点，分析了选用单轨交通的依据，并将单轨交通与其他城市轨道交通如地铁、轻轨、磁悬浮等的性能进行了比较。

施翊、魏庆朝(2004)通过对日本现有系统制式的分析，对我国系统制式的选择提出如下建议：系统制式结合城市自身的地形、地貌和地质点，城市客流特点和经济实力进行合理的选择，并满足总体规划和资源共享的要求。

孔令洋(2009)从总结国内外城市轨道交通发展状况和系统选型研究入手，分析了我国城市轨道交通选型普遍存在的问题，并提出了城市轨道交通多层次选型理念，提出通过“轨道交通模式—系统模式—车辆制式”三级选型理论体系选择出适合特定城市的轨道交通模式。

代冲(2013)对城市轨道交通的制式进行了分类，对其发展状况和适用性进行分析，并对模糊综合评价法和层次分析法结合利用，建立了一套独特的轨道交通车辆选型的评价模型，并且利用该模型对石家庄城市轨道交通一号线进行实证分析，得到较为理想效果。

许莹(2014)提出我国轨道交通系统规划中存在着模式单一、线网层次不明，中低运量系统的层次缺失等一系列问题。与国外类似，也存在着没有科学系统的中低运量城市轨道交通系统制式选择方法和理论。建议使用层次分析法与灰色关联度分析法来解决问题。

岳晓东(2018)针对中小城市交通拥堵状况，提出建设大运能、准时、安全的城市轨道交通系统，并指出系统制式的选择应结合城市规模、政府财力、建设运营成本、技术安全可靠性等方面综合考虑，宜采用高架敷设为主、环境适应性优、中运量的轻轨(钢轮钢轨/单轨)，并需考虑与城市规划发展相协调，减少对城市发展的分割效应。

徐吉、庆周勇、陈明亮(2022)结合国内外中、低运能城市轨道交通的规划发展情况，分析我国中、低运能城市轨道交通系统的发展现状、制式特点与适应性，提出了大中城市发展中运能轨道交通系统的思考和相关建议遵循“依法合规、规划引领、量力而行、持续发展、以人为本、效益优先”的基本原则。

五、城市轨道交通系统具体形式

城市轨道交通包括市郊铁路、地铁、轻轨交通、单轨(独轨)运输、新交通系统、直线电机牵引运输系统、有轨电车系统等形式，其主技术参数见表1-1。

表1-1　城市轨道交通系统分类及主要技术参数

类型	运行速度/(km/h)	最短行车间隔/min	编组辆数/辆	线路形式	平均站距/m	运输能力/(万人次/h)
市郊铁路系统	35~40	2	4~10	全封闭	1000~3000	5~8
地铁系统	25~40	15	4~10	全封闭	800~1000	4~6
轻轨系统	25~35	2	2~3	专用道	500~800	1~4
单轨系统	25~30	1	4~6	高架	500~1000	1~1.5
新交通系统	20~30	2	4~6	高架	500~1000	0.8~1.5
直线电机牵引系统	25~35	15	4~6	全封闭	800~1000	1~3
有轨电车系统	15~20	1	1~2	混合交通	400~800	0.8~1

第四节　城市轨道交通系统的构成及优势

一、城市轨道交通系统的构成

1. 线路

轨道交通运营线路由区间结构、车站、轨道等共同组成。轨道交通线路按其在运营中的作用，分为正线、辅助线和车场线三种。

正线是指供载客列车运行的线路，包括区间正线、支线、车站正线及站线。正线是独立运行的线路，一般按双线设计采用右侧行车制，大多数线路为全封闭，与其他线路相交处一般采用立体交叉。

辅助线是为空载列车提供折返、停放、检查、转线及出入段作业所需的线路。它包括折返线、临时停车线、渡线、车辆段出入线、联络线等。

车场线是车辆基地内的各种作业线。

2. 车辆与车辆段

在轨道交通系统中，车辆是最重要的组成部分之一，是直接为乘客提供服务的设备。车辆一般可按有无动力分为动车、拖车两类，也可按有无驾驶室分为带司机室和不带司机室两类。

为提高效率，现代车辆大多按动车组(单元)设计，在一组动车组内，动车、拖车与驾驶室的分布是一个有机的整体，不能随意拆卸。轻轨车辆的动车一般有3种型式：四轴动车、六轴单铰接车和八轴双铰接车。

车辆段是城市轨道交通系统中对车辆进行运营管理、停放及维修保养的场所。一般地，1条线路可设置1个车辆段；线路长度超过20km时，可以考虑设1个车辆段、1个停车场。车辆段主要承担的任务有列车的运营及定期检修作业。车辆修程可根据车辆的质量及管理水平确定。

3. 限界

限界是指列车沿固定的轨道安全运行时所需要的空间尺寸。限界一般是按平直线路的条件进行制定。曲线和道岔区的限界，一般应在直线地段限界的基础上根据车辆的有关尺寸以及不同的曲线半径、超高、道岔类型，再分别考虑适当的加宽和加高量。根据轨道交通系统的构成和设备运营要求，限界可以分为车辆限界、设备限界、建筑限界、接触轨或接触网限界。

4. 轨道

轨道是列车运行的基础，它直接承受列车荷载，并引导列车运行。轨道结构是城市轨道交通系统的重要组成部分，一般由钢轨、扣件、轨枕、道床、道岔及其他附属设备组成。

轨道交通在土质路基上一般宜采用混凝土枕碎石道床，并尽可能敷设无缝线路。在隧道内使用道砟将增加隧道的开挖断面，轨道维修工作量也较大，故一般新建城市轨道交通系统采用的不多。无轨道结构较多，采用最普遍的结构为混凝土整体道床。这种无砟轨道通过钢轨扣件把钢轨直接与混凝土基础连接起来。高架桥上的轨道结构也可分为有砟轨道和无砟轨道两种。有砟轨道和土质路基轨道结构相同。无砟轨道与有砟轨道相比，可减少桥梁恒载，降低梁的刚度和造价，同时可大大减少轨道维修工作量，但由于整体道床轨道调整量有限，所以对桥梁徐变及桥墩的不均匀沉降提出了更高的要求。

5. 车站建筑

在轨道交通系统中，车站是轨道交通系统运行的主要设施，也是系统运营中不可缺少的组成部分。轨道交通系统车站的选址、布置、规模等对运营效果具有决定性的意义。轨道交通系统车站按结构形式可分为地面站、高架站和地下站；根据运营性质，可分为中间站、换乘站、中间折返站和尽端折返站；按站台形式，可分为岛式站台、侧式站台和岛侧混合站台。

6. 结构工程

轨道交通的结构工程包括地下工程和高架工程。地下工程的结构类型及施工方法应根据区间隧道及车站的规模、工程地质及水文地质条件和周围环境条件进行技术经济比较确定。一般常用的结构类型和施工方法有明挖法和暗挖法两种，其中暗挖法又分为盾构法和矿山法。特殊情况可采用其他方法。

传统高架铁路与道路网络平行设置，站间距相对较短。不过大多数高架铁路应建得低些，以节省造价。高架铁路可以分为两类：地面筑堤和高架桥。

7. 供电

城市轨道交通的供电系统负责提供车辆及设备运行的动力能源，一般包括高压供电源系统、牵引供电系统和动力照明供电系统。

高压供电源系统即是城市电网对轨道交通系统内部的变电所的供电方式，一般视各城市的情况而定。牵引供电系统供给电动车辆运行的电能，它是由牵引变电所和牵引网组成的。

动力照明供电系统提供车站和区间各类照明、扶梯、风机、水泵等动力机械设备电源和通信、信号、自动化等设备电源，它是由降压变电所和动力照明配电线路组成的。

8. 通信

轨道交通的通信系统是指挥列车运行、组织运输生产及进行公务联络的重要手段。轨道交通的通信系统包括光纤数字传输系统、电话交换系统、闭路电视监控系统、无线通信系统及车站广播系统等部分。

9. 信号

城市轨道交通的信号系统是确保行车安全，提高运输效率，改善行车有关人员的劳动条件的重要手段。城市轨道交通信号系统通常由列车自动控制系统(Automatic Train Control，简称ATC)组成。ATC系统包括三个子系统：列车自动监控系统(Automatic Train Supervision，简称ATS)、列车自动防护子系统(Automatic Train Protection，简称ATP)、列车自动运行系统(Automatic Train Operation，简称ATO)。

10. 环控系统

城市轨道交通的地下车站和地下区间隧道除出入口等极少部分与外界相连外，基本上与外界隔绝，只有用人工气候环境才能满足乘客的需求，因此环控系统在城市轨道交通系统中是十分必要且重要的。环控系统包括通风与空调系统、防排烟系统、环境监控系统。

11. 给水与排水

按照我国《地铁设计规范》(GB 50157—2013)的规定，城市轨道交通宜采用生产、生活和消防共用的给水系统。根据目前我国修建的城市轨道给水系统，大致可分为下列几类：生产、生活和消防共用的给水系统；生产及生活给水系统；消火栓给水系统。

二、城市轨道交通的优势

轨道交通可以缓解大城市交通拥堵的状况，而且从可持续发展的角度来看，轨道交通的优势也显而易见。

1. 运量大

运量是决定建设规模的基本要求。对综合轨道交通系统来说，运量是运输能力的重要指标。大城市客运量特别大，常规的公共交通已远远不能满足需要，而无限制地增加车辆会使本来就拥挤不堪的城市交通变得更加拥堵。参照国外经验，结合我国城市的特点，并控制一定的规模，系统的适应运能为高峰小时单向断面流量1万~3万人次。3万人/h，这就意味着每列车最大载客量(定员)为1000人，行车最小间隔为2min。一辆公共汽车的载客量为40~80人，轻轨一节车辆为60~150人，地铁为150~200人；轻轨一般编组2~6辆，地铁为4~10辆；公共汽车每小时单向输送能力一般为2000~5000人，最多10000人，小轿车为1000~2000人，轻轨为2万~5万人次，地铁达4万~6万人次，轨道交通的运量至少是公共汽车的2~12倍。日本统计一条高速列车一年客运量已达到1亿5千万人次。

2. 速度快、准点性强

人类客运交通发展是一个不断提速的过程，每一种新型交通工具的出现和重大技术的突破都伴随着速度的显著提高。一般情况下，由于城市轨道交通系统具有固定的轨道导向和封闭的交通走廊，不受行人和道路交通拥挤的干扰。公共汽车平均时速仅仅为10~20km，轻轨时速为20~40km，地铁时速为40~50km，最高达70~80km，轻轨和地铁的速度是公共汽车的2~4倍，大大缩短了人们乘车时间。如乘公交车1.5h的路程，乘地铁可能只需0.5h。城市轨道交通方式不会造成交通拥堵，旅客消耗的旅行时间价值可与出租汽车媲美。以上海地铁为例，人民广场至莘庄站开通前出行时间要1~1.5h，开通之后只需要40min，缩短了1倍多。

3. 能耗小、污染少

在节能环保方面，城市轨道交通系统以电力作为动力，是一种清洁的、绿色的运输方式，对环境的污染远远低于公路和航空，能耗仅是公共汽车的40%，小汽车的10%；另一方面，城市轨道交通人均碳排放量只是公共汽车的50%，小汽车的14%。

4. 占地面积少

每小时输送5万人时，各交通方式所需道路宽度：小汽车为180m，公共汽车为9m。轨道交通综合占地仅为道路交通方式的1/3左右，而地铁和高架式轻轨几乎不占土地。

5. 交通事故少

在安全可靠性方面，城市轨道交通系统比公路交通的安全性高很多，在恶劣气候条件下更加明显，具有全天候运营能力。有专家曾针对巴黎交通工具死亡事故的安全率进行比较，地铁的安全率为100%，自行车为1.7%，市内摩托车为0.5%，私人小汽车为2%，市内公共汽车、无轨车和有轨电车各为8%。城市轨道交通工具的交通事故损失成本大大低于道路交通工具。

6. 效益高

日本东海道新干线总投资为3800亿日元，由于投入运营后客流迅速增长，而运输成本只有飞机的1/5，正式投入运营的第7年便全部收回了投资。1985年以来，每年创利都在2000亿日元以上。

第五节 城际快速轨道交通

一、国外城际轨道交通

在运输领域里，每一种运输方式均有其技术特色以及最佳适用范围。这个范围的界定，与运输工具本身的营运绩效及运输距离有关。例如，航空飞机的时速大约在500~800km之间，它能提供快速便捷的服务，由于这个特色，使它在“长距离”的城际运输中具有无可取代的优势地位。但是另一方面，在“长距离”条件之外，这种快速特色及优势地位则无从发挥，而这个在“长距离”之外所留下的“空间”(一般称为“Transportation Gap”)，则让地面运输系统得以继续存在，城际高速运输系统因而得以不断改进与发展。城际地面运输传统上以钢轮行驶在钢轨上的铁路运输系统为主，因此城际高速运输系统的发展仍从列车高速化的研究开始，经过多年的研究与发展，以法国、日本与德国最具成效，分别发展了TGV、新干线及ICE等高速铁路系统，日本与德国更进而发展磁浮运输系统，使城际高速运输系统技术的发展呈现了相当可观的局面。

1. 法国TGV

TGV(法文Train à Grande Vitesse，意为“高速列车”)的发展，代表了法国列车高速化及高速铁路演化的整个过程。法国国铁(SNCF)自1950年即开始进行提高列车运行速度的研究工作。1955年的一次机车头车的试验，创造了当时世界最高纪录331km/h，奠定了法国进一步发展高速运输系统技术的基础。

法国自1967年开始时速200km的高速列车营运(日本已先行于1964年开通时速210km的东海道新干线)，正式进入高速铁路时代。1972年ALSTHOM完成编号TGV001的原型车组做更进一步的超高速行驶测试，其间曾达到318km/h的纪录。1981年2月26日，一列由七车组成的TGV列车在一百多位媒体记者的见证下，创造了380km/h的世界新纪录(当时的世界纪录为1979年日本新干线961型列车试验的319km/h)。1990年5月18日，一列由两节动力车厢及三节无动力车厢组成的第二代TGV试验列车，搭载着法国交通部长及SNCF的各部门工程人员，于法国高速铁路TGV大西洋线南段166km里程点附近，在众多记者见证下，再度以515.3km/h的超高速刷新世界列车行车纪录，使传统的钢轨钢轮铁路系统技术迈向超高速化的新境界。

2. 德国ICE

ICE是德国高速铁路的名称，在1985年至1990年的试验期间，它是“Inter City Experimental”的缩称，1990年以后进入营运阶段，则是“Inter City Express”的代号。ICE列车由分别位于列车首尾的两部高性能机车头及十四节中间车厢组成，共提供约800个座位。车上的基本设备包括餐室、会议车厢、无线电话及传真、资料处理通信设备等。

德国高速铁路ICE具有抗压的特性，可减除列车在隧道中交会时因高速行驶而产生的气压冲击，列车的编组采用机动式，随着旅客数量加挂车厢，连接器上的电源连线可自动接上，通信资料控制系统经由光波导线执行，营运时速200km左右，系以飞机的设计理念来制造，故有“在地上跑的飞机”之称。

3. 日本新干线

世界高速铁路发源于日本，1959年4月，日本国铁开始兴建东京至大阪的高速铁路，于1964年10月1日开通，全长515km，时速210km，称为东海道新干线。随后向西延伸，于1972年3月15日开通至风山，再于1975年3月15日通达终点站博多，自大阪至博多路段称为山阳新干线。自东京至博多全长1069km。1982年6月23日大宫至盛冈465km的东北新干线开通，同年11月15日大宫至新潟269.5km的上越新干线亦开始营运。大宫至东京都内的上野间的28km连接线则于1985年3月完成，同时使新干线的最高营运速度提升至240km/h。

二、国内城际轨道交通

我国城际轨道交通的建设主要为具有较强联系的主要城市间密切的人流往来提供便利，以带动区域经济增长，通常也是依托城市群建设。全国建成和在建的城际轨道交通主要有京津城际、武汉都市圈城际、昌九城际、津保城际、柳南城际、沪宁城际、宁杭城际、长株潭城际、郑开城际、成绵乐城际、广珠城际等。目前，国内部分都市圈逐渐形成了较为完善的城际轨道交通线网规划。京津冀城际轨道交通线网的规划目标是以“京津、京保石、京唐秦”三大通道为主轴，到 2020 年，与既有路网共同连接区域所有地级及以上城市，基本实现京津石中心城区与周边城镇 0.5～1h 通勤圈，京津保 0.5～1h 交通圈，有效支撑和引导区域空间布局调整和产业转型升级，远期到 2030 年基本形成以“四纵四横一环”为骨架的城际铁路网络。珠三角地区城镇连绵，城镇间平均距离不到 10km，故而其城际轨道交通线网与国家铁路网、城市轨道交通网“三张网”紧密衔接成一体，目标为建设形成“三环八射”路网，规划线路 16 条，线网总长度 1430km。成渝地区在包含了四川省成都、绵阳、自贡等 17 市和重庆市全域范围内，以成渝双核为中心，按“骨架网”和“辅助线和市域线”两个层次布局，形成了“5 骨架 18 辅助”的城际轨道交通线网规划。长三角地区、贵州省、广西省等亦在其主要城市群范围内分期规划了城际轨道交通线网。

三、城际快速轨道交通的定义

经济发展到一定程度后，某些城市紧密地联系在一起，形成经济区，我国目前已经形成的经济区主要有长江三角洲经济区、珠江三角洲经济区和环渤海湾经济区。在这些经济区内，城市与城市之间的联系非常紧密，产业结构的整体性较强，城市化水平较高。随着城市间客运需求的进一步增长，仅仅依靠公路难以很好地解决城市之间的交通问题。

由于交通发展和城市空间可达性的改善，现代城市发展呈现聚散双向运动的特征。“散”表现在城市居住人口为了追求更好的生活环境向郊区扩散，城市结构趋向于多中心发展，形成以分流人口为基本作用的卫星城或郊区副中心；“聚”表现在市中心集约开发和高强度利用使城市工作人口向市中心区凝聚，中心区建设趋向立体化。聚散并存构成矛盾运动，造成大量人口在郊区或卫星城居住而在市中心工作，产生流向集中且时间性差异明显的大量客流，于是运能大、速度快、污染轻的市郊铁路便应运而生，把市区与郊区连成一体，提供郊区副中心与市区间、卫星城与城市间的通勤服务。随着郊区副中心的形成与扩展，市郊铁路也可不局限于市区、郊区的连接，而以市中心为核心，覆盖周围地区，承担市中心与郊区及郊区与郊区间长距离大运量的运输，成为城市快速铁路。

轨道交通具有用地省、运能大、污染少、快速、准时、安全和舒适的特点，可以用较少的资源完成大量的客流输送任务，是城市之间较为理想的交通工具。目前，关于城际快速轨道交通的理解有很多种。城际快速轨道交通的定义应从其服务范围来把握，按照轨道交通的服务范围划分，可以分为铁路干线、城际快速轨道交通、城市轨道交通三个层次。铁路干线是指为国家铁路网服务的轨道交通线路，包括普通铁路干线、长大客运专线、铁路支线等，其主要功能是承担全国范围内的客货运输，以中长途运输为主。城际快速轨道交通是指为某一经济区（城市群）内各个城市和重要城镇服务的轨道交通线路。城市轨道交通则是为某一城市内部的旅客出行服务的轨道交通线路。城际快速轨道交通中的“快速”应该具有两个方面的含义：一方面，是指城际轨道交通本身的运行速度快；另一方面，是指城际轨道交通应具有快速的客户服务反应系统，能够迅速、高效地完成客流输送的任务。

城际轨道交通(又称城际铁路)系统在国外又称区域性轨道交通系统(Regional Rail System)，是指服务于城市客运的交通，通常以电力为动力，轮轨运行方式为特征的车辆或列车与轨道等各种设施的总和。它具有运能大、速度快、安全准时、成本低、节约能源以及能缓解地面交通拥挤和有利于环境保护等优点。

城际轨道交通，是指在中心城市辐射经济圈中的便捷、快速、大运量、衔接合理的客运轨道交通系统。以澳大利亚的墨尔本为例，作为高度有序的、开放的城市交通中心，墨尔本拥有4600km的城际轨道交通网，这一覆盖墨尔本市和维多利亚省的发达的交通网，可持续服务于21世纪该地区不断增长的交通需求。《区域中心周围的快速轨道交通》(Fast Rail to Regional)指出，根据美国、日本以及澳大利亚等国家和地区的经验，区域性城际轨道交通具有显著的社会和经济效益：能使土地增值，增强高科技产业和金融保险业的吸引力，促使商业、工业、建筑业、旅游业的快速增长。总之，区域性城际轨道交通有利于提升经济区域的整体实力，使其在世界级的竞争中处于比较有利的地位。

四、城际快速轨道交通的特点

现代城市规划发展了带形城市理论，出现了沿主要交通轴线的带状发展理论。现代带状城市理论的具体应用是经济带，如日本东京—大阪经济带等。在经济带上的各城市间除了有高速铁路联络之外，还建有公交型城市轨道交通网，使各城市间大大缩短了时空距离，这样有利于突破行政区划的羁绊，实现资源配置的最优化；调整产业结构，使各城市间优势互补，实现整体经济利益的最大化。长江三角洲的南京—上海—杭州—宁波城市带，如果通过过江大桥上的轨道交通线路，与长江以北的扬州—泰州—南通城市带相连接，形成一个“乏”字形的公交型城际轨道交通网。

由于城市化进程的加快，城市群、城市带频频出现，城际轨道交通应运而生。实际上这是城市轨道交通的延伸和扩展，如珠江三角洲、长江三角洲、环渤海湾地区等，经济的发展必然对物流、人流提出新的要求，于是城际区域快速轨道交通的建设也正在兴起。城际区域性快速轨道交通的类型包括高速铁路、地铁、轻轨等形式。珠江三角洲经济区在全国率先完成了城际区域快速轨道交通的发展规划。它以广州为中心，连接周边主要城市，以广深(圳)、广珠(海)经济带为主轴，以广惠(州)、广开(平)、广肇(庆)、广从(化)为发展轴，近期规划轨道线路595km，远期衔接港澳，规划线路近900km。列车运行的最高速度分为4个层次：近郊线120km/h；城际线160km/h；城际快线200km/h；直达快速线300km/h。作为珠江三角洲城际区域快速轨道交通规划的第一条线路的广州—佛山地铁，早已开工建设(全长约33km，广州段由沥村至芳村，佛山段由芳村至魁奇路)，从而揭开了我国城际轨道交通建设的序幕。

城际轨道交通有以下特点：城际轨道交通沿途所经区域既有城市的建成区，也有非建成区或未完全城市化的区域。首先，它不仅承担着城际间的旅客运输任务，同时也服务于城市内部的居民出行需求。城际轨道交通不仅对满足城际间巨大的交通需求起着重要作用，同时它对城市群区域经济结构的改变、城镇体系的形成以及城市群产业结构的调整均有着重要影响。对缺少大运量交通系统的中等城市来说，城际轨道交通穿越其客运主通道，也将对解决城市内部交通拥挤问题起着积极的作用。其次，城际轨道交通与城市内部的轨道交通系统、公共交通系统以及城市群区域的公路、铁路、水运网络甚至航空网络紧密联系在一起，使得城际间客流利用城际轨道交通的方式有更多的选择可能性。同时，城际轨道交通系统和区域以及城市内部的其他交通系统一起构成了区域综合交通运输网络。城际轨道交通系统和其他交通系统存在着一定的竞争关系，但更重要的是相互衔接、相互补充的关系。只有多种交通方式相互补充、有效衔接，才能充分发挥综合交通运输系统的综合效益。这其中城际轨道交通起着骨干的、快速便捷的交通通道作用。另外，由于城际轨道交通系统与城市内部的轨道交通相互衔接，而城市轨道交通系统隶属于各个城市，城际轨道交通系统又隶属于其他部门，在线路上统一运营管理存在着相当大的困难。为兼顾城际间客流快速通过和城市内部客流的需求，需要同时开通大站快车和一般快车。由于城际轨道交通线路可能较长，旅客服务需求也较城市轨道交通的旅客服务需求复杂。

城际轨道交通作为介于干线铁路和城市轨道交通之间的一种新型交通运行方式，从客流性质上看，客流存在明显的日波动、周波动，客流成分以往返客流为主，列车编组数少于干线铁路；从运输任务上看，城际轨道交通基本上不承担货物运输，以客运为主；从经营方式上看，城际轨道交通可以与房地产开发捆绑经营。

相对铁路干线而言，城际快速轨道交通具有更多的公交化特点，其运营组织与城市公共交通有类似之处。由于是为经济区内的客流服务，因此城际快速轨道交通除应与公交系统有机衔接外，还应有一定的社会停车场配套，以满足旅客选用多种交通工具完成出行的要求。城际轨道交通的乘距比干线铁路短。干线铁路承担的是中长距离的客货运输，而城际轨道交通主要为城市带或都市群中的居民提供公务、商务服务(工作圈中)和通勤、通学服务(生活圈中)，距离一般不超过400km，一般一次出行不超过2h即可到达目的地。与城市轨道交通相比，城际轨道交通突破了一个城市的行政区划，甚至跨越几个省市，如“长三角”跨越两省一市，京津冀北经济区则跨越一省两市。

城际轨道交通的发车频率比干线铁路高，比城市轨道交通低，一般15~60min发一趟车，具有“公交型”的功能。城际轨道交通的站间距离比干线铁路短，比城市轨道交通长，一般为5~20km。城际轨道交通的列车速度比高速铁路低，比城市轨道交通高，一般最高运行速度为100~200km/h。城际轨道交通一般与干线铁路相接，其技术制式一般采用干线铁路的技术标准。

干线铁路、城际轨道交通与城市轨道交通三者之间也需要协调配合，包括车站的设置、站间距的确定以及留有换乘接口等。根据欧洲及经济发达国家的经验，利用国家铁路资源推进区域性城际客运交通建设，是一种有效的方法，这种做法在中国同样具有可行性。

第二章

城市轨道交通路网

第一节　路网基本结构

所谓路网，即根据城市规划现状与规划情况编制的路网中各条线路所组成的几何图形。其有以下几个要求：一般与城市道路网的结构形式相适应；在确定时应首先考虑客流主方向；需要考虑结构形式的合理性。

从几何形状区分，城市轨道交通路网的结构形式有：

(1) 放射形(星形)。指路网所有线路只有一个交点的结构，如图 2-1(a)所示。其唯一换乘站通常位于市中心的客流集散中心。如布拉格地铁网络系统图、俄罗斯圣彼得堡地铁网络图。放射形(星形)结构形式的优点有：所有线路均可直接换乘；郊区与市中心联系方便；一次换乘即可到达目的地。缺点是：换乘站客流量大，客流干扰严重；换乘站设计施工难度大，建设费用高；各副都中心之间联系不便，需到市中心换乘。

(2) 放射形网状。指线路(至少 3 条)多为径向线且线路交叉所成的网络多为三角形的路网结构，如图 2-1(b)所示。放射网状结构形式的优点有：市中心区路线和换乘站密集而均匀，网络连通性好乘客换乘方便；郊区到市中心的出行方便，市中心区对市郊经济辐射距离较远。缺点是：市郊区之间发生联系时，必须到中心区换乘站换乘，导致乘客走弯路。

(3) 放射形环状结构。是在放射网状的基础上增加环行线而成的路网结构，其环线一般与所有的径线交叉，例如莫斯科地铁网、成都地铁网，如图 2-1(c)所示。放射形环状结构形式的优点有：整个路网连通性好；有效的缩短市郊间乘客利用轨道交通出行的里程和时间；起到疏散市中心客流的作用。

(4) 棋盘式(栅格网状结构)。指由若干条线路(至少四条)大多呈平行四边形交叉，所构成的网络多为四边形路网结构，例如墨西哥地铁网，其形状如图 2-1(d)所示。棋盘式(栅格网状结构)形式的优点有：在内城区分布比较均匀；存在回路，结构连通性好，乘客换乘选择多；能提供很大的运输能力，客流分布比较均匀。缺点是：二次换乘多；无到市中心的径向路线，市郊到市中心出行不便。

(5) 棋盘加环线形式。例如北京地铁网，广州地铁网，如图 2-1(e)所示。优点有：提高环线上乘客的直达性和减少换乘次数；改善环外平行线间乘客的换乘条件，缩短了出行时间；减轻了市中心的线路负荷起到疏散客流作用。

（6）对角线形(混合型)。在棋盘加环线的基础上，增加对角线走向线路，如图 2-1(f)所示。这种形式可弥补棋盘形非直线系数大的缺点。只有对角线方向的客流确实较大，并且有布置线路的适宜条件时，才能采用这种形式的路网。

（7）条带形(树状)结构。指几条线路有 n-1 个交点(换乘站)，且在网络中没有网格结构，形如树枝状，如图 2-1(g)所示。适用于沿江或沿山谷条带状发展的城市地域。缺点是：结构连通性差，换乘不方便；客流分布不均，给行车组织带来困难。

（8）其他形状。国内外许多规模不大的城市，或城市地理位置特殊等原因，客流流向较为集中单一，也就形成了如图 2-1(h)～(n)所示的几何图形。

（9）混合形。结合城市的具体情况将上述几何图形的两种或多种有机地结合在一起，成为一个完整的路网结构形式。

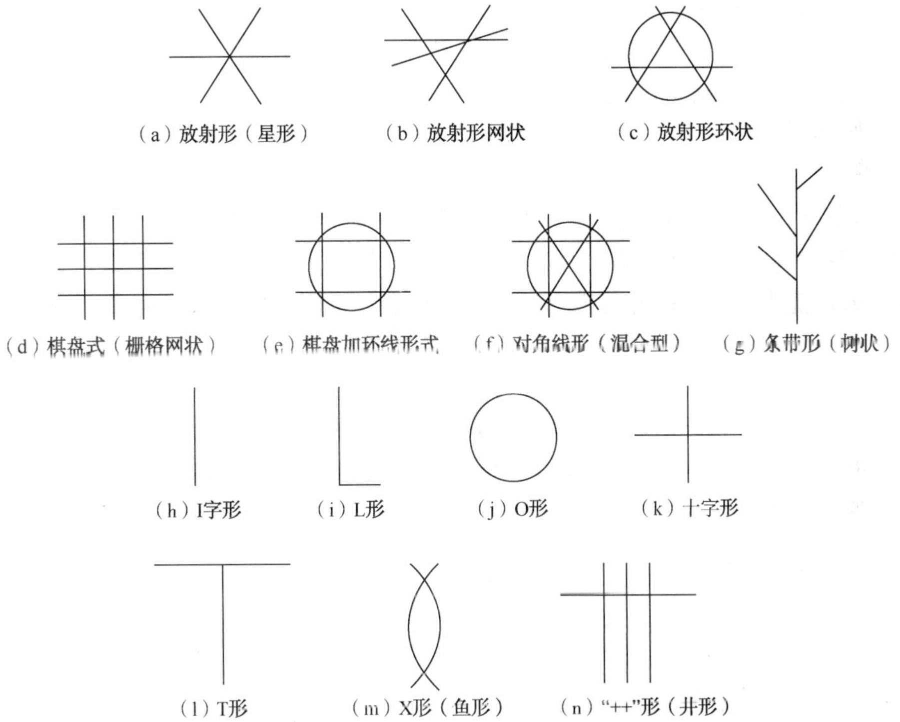

图 2-1　路网基本结构形式

第二节　路网方案设计的基本方法

一、城市轨道交通路网设计基本概念

在城市轨道交通路网的设计过程中，将涉及如下概念：

（1）客运量。一条或多条路线上各个区段在单位时间内单程或往返运送的实际或预测旅客量。

（2）客流。也称客流量，是指某一区段上，在单位时间内单方向或往返的实际旅客量或预测客流量。

（3）居民流动度。一年内城市的客运量除以居民总数，也即一年内每个居民的平均乘行次数，表示居民流动的频繁程度。

（4）运程。每个旅客一次乘行的平均距离，取决于城市大小、形状、现有的各种运输方式的运输网总长度、结构形态、运输组织方式等因素。一般大城市的平均运程为6～10km。

（5）客流密度。每年经由每公里双线线路的旅客总数。

（6）车辆容量 v。车辆容纳乘客的数目，取决于车辆的大小（长度及宽度）、站位与座位的比例、旅客舒适度标准。通常地铁系统车辆的宽度约3m，长度在23m左右。每节地铁车辆的定员标准与舒适度标准有关。

（7）列车编组数 n。一列车包含的车辆（动车、拖车）数量。编组数越大，输送能力越大，但列车长度会受车站站台长度的限制。

（8）列车容量 V。一列车能够运送的乘客数量，为车辆容量与列车编组数的乘积，即：

$$V=v\times n(\text{人}) \tag{2-1}$$

（9）列车行车间隔 I。两列车发车的时间间隔，通常单位用秒（s）。允许的最小行车间隔受信号设备限制，目前地铁最短可达到75～90s，轻轨可以短至45s。

（10）通过能力 N。也称通行能力，以1h单方向通过的列车数来衡量，与列车行车间隔成反比，即：

$$N=\frac{3600}{I}(\text{对/人}) \tag{2-2}$$

当行车间隔时间 I 为90～120s时，相应的通行能力为40～30对/h。

（11）输送能力 C。1h单方向所能运送的旅客数，有时也称运输能力或简称运能，由一列车的容量与线路通过能力的乘积来确定，即：

$$G=V\times N=v\times n\times N(\text{人}/h) \tag{2-3}$$

通过车辆容量、列车编组数及通过能力，可以估算线路的输送能力。

二、轨道交通路网的设计方法

M. Gendreau等人于1995年把启发式算法应用到城市轨道交通规划设计中，从一初始线图式，通过移动网格单元建立网格系统，寻求相邻单元的较优答案。

目标函数：

$$\min\{(a\times C+b\times P+c\times OD)\} \tag{2-4}$$

式中：a、b、c 均为系数；C 为造价和成本；P 为线路覆盖的人口；OD 为线路覆盖的交通分布量。

加拿大卡尔加里大学土木系使用分析方法建立车站选址模型和估算车站数目，采用最小生成树的概念优化，使得地铁隧道的建筑费用和列车运营费用之和最小，解决地铁选择放射型线路的这一特殊问题。

天津综合交通研究所在20世纪80年代末，在现状道路客运交通流量密度图上，将客流较大的路段与人为判断的合理走向结合起来规划地铁路网。这种做法的一个缺点是没有考虑其他客运方式及各方式之间的竞争作用。

随着四阶段法在北京、上海、广州等城市综合交通规划中的运用，城市轨道交通规划的定量分析工作有所改进。目前，轨道交通路网规划中定量分析的通常做法是：先根据经验拟定可行的路网方案，用四阶段法进行出行客流预测，进而进行方案评价，其中方式划分可以在分布预测之前，也可以在分布预测之后。轨道交通路网设计影响因素众多，又与其他交通方式一起承担城市交通任务，由于人的认识的局限性，单靠定性分析或少数的几次定量分析都难以获得满意的路网方案，必须切实有效地把定性分析与定量分析有机地结合起来，构成定性分析与定量分析的循环，在这种循环中逐渐推进规划者的认识深度。这种新的网络设计方法的基本步骤可归纳如下：

（1）在选择了轨道交通发展模式后，拟定路网规模。

（2）建立城市的初始研究对象交通网络。该网络的线路包含主要的道路及现有的轨道交通线路，为简化计算分析工作，可以不包括那些次要的道路，因为它们对轨道交通客流分析影响很小。网络的节点也不包含所有道路交叉点，而主要是客流集散点及主要道路的交叉点。

（3）交通网络客流特征分析。收集历年的交通统计资料，进行必要的交通调查，进行城市综合交通的交通分布预测；建立交通方式划分及交通分配模型，对规划年度初始研究对象交通路网进行交通分配，了解路网各交通线路的主要客流走向、分布及大小。

（4）轨道交通初始路网方案设计。综合考虑城市主要客流分布，一定规模下的路网形态特征及其功能特点、城市地理、地形、地质、环境等因素，拟定一个或多个初始轨道交通路网方案，其中许多方面是依赖于定性分析，而不完全是根据定量分析来决定的。因此，为减少计算分析工作量，应该请有经验的专家进行这项工作。由于轨道交通客运能力大，对城市发展影响深远，因此方案拟定往往要在城市交通战略分析的基础上进行。

（5）路网方案分析。对各方案进行定量分析和定性分析。定量分析是根据已建立的评价模型进行计算，获得某些定量评价指标，如把各轨道交通路网方案加入初始研究对象交通网络中，进行规划年度的路网交通分配，获得各路线的客流量、饱和度、财务评价指标等；定性分析是对各方案的社会、经济效益进行全面的分析。

（6）方案评价、比较和筛选。建立路网评价指标体系，对各路网方案进行比较和筛选。

（7）方案更新及优化。良好的路网设计方案并不是一下子就设计出来的，而是通过方案设计—分析评价—比较筛选这一过程的反复作用才获得。在上述分析、评价与比选过程中，规划者不只是为了筛选出现有的较优方案，更重要的是要通过分析和比较，更深刻地认识城市交通的现状及其发展变化规律，挖掘出那些被遗漏的有比较价值的路网设计方案。对所形成的新路网方案，连同本轮评价刚刚筛选出来的较优方案一起进入下一轮分析评价与比选。

如此循环往复，可以筛选出更有价值的方案，这是一个动态的过程，也是逐步趋优的过程。由此可见，方案设计与方案分析评价是紧密相连并且相互交替进行的。同样，在这个过程中，可能会发现原先确定的路网规模需要调整，这时需要在调整后再重复上述过程。在分析评价过程中，需要把定量分析与定性分析有机地结合起来，规划者方案设计及分析评价方面的经验会加速这个过程的深化，同时，规划者、有关专业的专家及决策者之间的相互交流也是很有益处的。

三、轨道交通路网设计的技术要点

（1）轨道交通路网应在城市总体规划的基础上，根据远景客流预测分析，正确把握土地利用与交通之间的相互作用关系，合理选择路网布局，使之能适应城市将来的发展。

（2）轨道交通线路应考虑与其他城市地面公共交通、城市对外客运交通枢纽（火车站、轮船码头、长途汽车站、航空港）的联系，以适应城市总体规划的交通结构。

（3）轨道交通线路要沿主要客流方向布设，并尽可能经过大型客流集散点，如主要工业区、大型住宅区、商业区、文化中心、公交枢纽、机场、火车站、码头、长途汽车站等，便于乘客直达目的地，尽可能减少换乘，使其可达性好。

（4）为加强中心城区对周围区域的辐射力及吸引力，线路应贯通市中心。一般贯通市中心的线路称为直径线，而一端终点位于市中心的线路称为半径线。从路网体系及线路运输效率方面来看，以直径线为宜。

（5）轨道交通线路应尽量沿城市道路干线走向，一方面便于吸引沿线地面交通量，另一方面便于施工，因为无论线路位于地上还是地下，此时线路的拆迁工程量较小，不会碰到高层建筑的桩基等麻烦，还有用地费用相对便宜、线路易于维修管理等好处。另外，随着近年来盾构法施工设计、工艺等技术水平的提高，在道路下方修建地下隧道不会对干线道路产生重大影响。

（6）力争多设换乘点，尽量使城市内任意起终点的乘客出行至多换乘一次即可到达目的地，即尽量避免换乘二次及其以上的情况，因为这会使旅客在途时间大为增加。同时，为提高运输效率，换乘点应分散布置，不宜过分集中。

（7）选择线路走向要考虑城市的自然、人文、地理等制约条件，选择较好的地形、地质条件，注意历史文物保护，减少对重要地面建筑和地下构筑物的影响。

（8）线路经过中心城区时，宜以地下隧道为主，从而减少拆迁、噪声、振动及其与城市交通的相互干扰；经过郊区时，在不破坏自然风景的前提下宜选择地面或高架形式，以尽量降低建设成本。

（9）规划线路时要考虑车辆段、停车场的位置和连接两线路之间的联络线；若几条线路共用一个车辆段，应设置连接两线的联络线。

（10）在现阶段规划我国城市轨道交通时，规划线路应涉及城市开发区及新的规划区域，因为我国现在仍是发展中国家，城市化水平还较低，城市的发展还要经历较长时期。城市地域规模在快速膨胀，许多郊区地带虽然目前人流、车流都很少，但如果在这里规划一些大型集散点，如体育馆、游乐园、大型居民区等，在它们实施后就会引来大量的人流、车流。

第三章

城市轨道交通线路与轨道工程

第一节　线路设计

一、线路设计的阶段与特点

城市轨道交通线路的空间位置由线路平面和纵断面所决定。线路平面是线路中心线在水平面上的投影；线路纵断面是沿线路中心线展直后的轨面标高在铅垂面上的投影线。

城市轨道交通线路设计的任务是在规划线网的基础上，按不同的设计阶段，对拟建的城市轨道交通线路走向及其平面、纵断面和横断面位置，逐步由浅入深进行研究与设计，最终确定最合理的线路三维空间位置。线路设计的基本要求是保证行车安全、平顺，并且使整个工程在技术上可行，经济上合理。

城市轨道交通线路设计，一般分四个阶段进行，即可行性研究阶段、总体设计阶段、初步设计阶段和施工设计阶段。

可行性研究阶段主要是通过线路多方案比选，完善线路走向、路由、敷设方式，基本确定车站、辅助线等的分布，提出设计指导思想、主要技术标准、线路平纵断面及车站的大致位置等。

总体设计阶段是根据可行性研究报告及审批意见，通过方案比选，初步确定线路平面、车站的大体位置、辅助线的基本形式、不同敷设方式的过渡段位置，提出线路纵断面的初步标高位置等。

初步设计阶段是根据总体设计文件及审查意见，完成对线路设计原则、技术标准等的确定，基本上确定线路平面位置、车站位置及进行右线纵断面设计。

施工设计阶段是根据初步设计文件及审查意见以及有关专业对线路平纵断面提出的要求，对部分车站位置及个别曲线半径等进行微调，对线路平面及纵断面(包括左线)进行精确计算和详细设计，提供施工图纸说明文件。

与城市间铁路相比，城市轨道交通线路设计有如下特点。

(1) 线路难以改建，线路设计要做长期的考虑。城市轨道交通线路一经建成运营，无论它在地下、地面还是在地面以上，线路位置的改变都十分困难。不言而喻，隧道与高架线路的改建是非常困难的，即使是地面线路因建成后周围建筑、道路等的建设，其改建也会引起很大的拆迁工程，并破坏多年来逐渐形成的环境。因此，城市轨道交通的设计年限较长，初期为建成通车后第3年；近期为建成通车后第10年；远期应符合城市总体规划规定的年限，且不少于建成通车后第25年。

（2）线路允许的设计坡度较大。线路主要用于客运，列车质量较小，基本上不受机车牵引力的限制，因此没有限制坡度概念。

（3）线路一般为双线，一般车站处只有2条正线，通常各条线路设有1个车辆段和1个停车场。城市轨道交通客运量大，必须采用分方向追踪运行；车站没有经常性的调车作业，为节省用地，一般车站不设到发线，车辆集中停放在车辆段和停车场。

（4）运距短，站点密，停车频繁，中等运速。由于城市内客运的运距较短，为保证线路的客流吸引力，站距通常设为1～2km。由于站距短，所以列车速度太高没有实际意义。列车启动加速到最高速度，或由最高速度开始施行制动使列车在车站范围内停下来，都需要一定的距离，其长度与最高速度成正比。站间距离短制约了列车的最大速度。目前国内外城市轨道交通系统选用的车辆实际上最高运营速度都不超过80km/h。旅行速度多为30～45km/h。

（5）车站长度较短。城市客流要求等待的时间较短，因而发车间隔时间不能太长，一般不超过15min。在这段时间里聚集的客流量有限，因而列车编组长度比城市间列车短，通常为4～8节车厢。这样，供乘客上下车的站台长度通常在150～200m。

鉴于城市轨道交通的列车有长度短、载重量小、车速中等、运距短、停站频繁等特点，故其设计标准与城市间铁路有所不同，其差异程度与城市轨道交通类型及形式有关。

城市轨道交通线路按其与地面的关系可分为地下线路、地面线路和高架线路；按其在运营中的作用可分为正线、辅助线和车场线。正线是指两相邻车站之间贯通的线路，一般为双线；辅助线是为保证正常运营，合理调度列车而设置的线路，包括车辆段或停车场的出入线、车站配线（存车线、渡线、折返线）及两条线路之间的联络线；车场线简称场线，是车辆段场区作业的全部线路，包括牵出线、车底（空车列）停留线、检修线及综合维修基地内各种作业线。

二、线路走向选择的基本原则

城市轨道交通的主要功能是为城市居民出行服务，所以城市轨道交通线路走向选择的基本原则是沿客流方向布置。同时应考虑有效地利用土地、缩短建设工期、节约建设投资、线路运营后能方便旅客使用等方面的问题，市区线路绝大多数应铺设在城市街道地区的主要道路下面。由于轨道交通一旦建成，改造十分困难，而且费用昂贵，所以线路的走向应经慎重研究比较后选定。城市轨道交通线路走向选择应考虑以下主要原则。

（1）应符合城市轨道交通线网规划和城市发展总体规划要求，沿主客流方向选择并通过大客流集散点（如工业区、大型住宅区、商业文化中心、公交枢纽、火车站、码头、长途汽车站等），以便于乘客直达目的地，减少换乘。如上海轨道交通1号线一期工程将铁路上海南站、徐家汇、人民广场、铁路上海站等大客流集散点作为其必经的控制点，为解决铁路上海南站地区、徐家汇、人民广场及铁路上海站地区之间的南北客流交通发挥了重要的作用。

（2）应符合城市改造及发展规划，通过形成以轨道交通换乘站为核心的城市综合交通枢纽来引导或维持沿线区域中心或城市副中心的发展。如上海轨道交通 11 号线和 14 号线线路走向规划方案的调整，就是为了形成以铜川路换乘路站为核心的城市大型综合交通换乘枢纽，以支撑城市副中心的建设和发展。

（3）尽量避开地质条件差、历史文物保护、地面建筑和地下建筑物等地域，在老城区线路宜选择地下线路。

（4）应结合地形、地质及道路宽窄等条件，尽量将线路位置选择在施工条件好的城市主干道上。同时进行施工方法的比选，合理选择线路基本位置、埋置方式及深度，减少城市轨道交通地下线施工过程中对现有房屋等建筑物的拆迁及城市交通的干扰。在郊区及次中心区有条件地段，可以选择地面线或高架线，以节省建设投资，降低运营费用。

（5）尽可能减少线路通过建筑群区域的范围。线路在道路的十字路口拐弯时，通过十字路口拐角处往往会侵入现存的建筑用地。此时若以大半径曲线通过，虽然对运行速度、电能消耗、轨道养护、乘客舒适性等方面都有利，但会造成通过建筑群地带占用地面以下的区间增长，用地费用增加，征地困难。同时，还会出现基础托底加固等困难工程。

（6）车站应设置在客流量大的集散点和各类交通枢纽上，并与城市综合交通规划网相协调。这样有利于最大限度地吸引客流，方便乘客，使轨道交通成为城市公共交通骨干，轨道交通车站成为城市交通换乘中心。车站间的距离应根据需要确定，一般为 1～2km 之间，市郊区域可长些，而市中心区可以短些。

（7）对于浅埋隧道线路、地面线路或高架线路，其位置通常是沿着较宽的城市干道布设，或是通过建筑物稀少的地区，这样可以减少因避让线路穿越建筑群区域桩基或拆迁房屋而增加的麻烦及费用，也为线路施工创造了良好的明挖条件，并增加了车站位置选择的自由度。对于深埋隧道，其线路位置由车站位置决定，一般在其间取短直方向。

（8）应充分考虑城市轨道交通既有及规划线路的情况。当线路预定与远期规划线联络时，先期建设的线路应考虑与远期规划线路交叉点处的衔接，为方便未来线网中的乘客换乘创造条件，虽然费用支出可能有所增加，但较将来改建线路增设换乘设施所需的投资要少。

（9）应考虑车辆段、停车场的位置和连接两相邻轨道交通线路间的联络线。

三、线路平纵横断面设计

（一）平面设计

城市轨道交通的线路平面是由直线、圆曲线和缓和曲线组成的。有关曲线参数的计算公式为：

$$T=(R+p)\cdot\tan\frac{\alpha}{2}+m \tag{3-1}$$

$$K=R\frac{\pi(\alpha-2\beta_0)}{180}+2l_0=R\frac{\pi\cdot\alpha}{180}+l_0 \tag{3-2}$$

式中：T 为切线长度，m；R 为曲线半径，m；p 为圆曲线内移距离，m，$p=\frac{l_0^2}{24R}-\frac{l_0^4}{2688R^3}$；

α 为曲线偏角，(°)；m 为切垂距，m，$m=\frac{l_0}{2}-\frac{l_0^3}{240R^2}$；$K$ 为曲线长度，m；β_0 为缓和曲线角度，(°)，$\beta_0=\frac{90l_0}{\pi R}$；$l_0$为缓和曲线长度，m。

另外，曲线起讫点里程，可按下列方法推求：ZH 里程，在平面上量得；HZ 里程＝ZH 里程+K；HY 里程＝ZH 里程+10；YH 里程＝HZ 里程－10。

线路平面设计的主要技术要素包括：最小曲线半径、夹直线最小长度、最小圆曲线长度、缓和曲线线型和长度等。

1. 线路平面位置选择

(1) 地下线路平面位置。城市轨道交通地下线路的平面位置主要有如下两类。

① 轨道交通线路位于城市规划道路红线范围内，是常用的线路平面位置形式。它的特点是对道路红线范围以外的城市建筑物干扰较小。图 3-1 是城市轨道交通地下线路的三种代表位置。

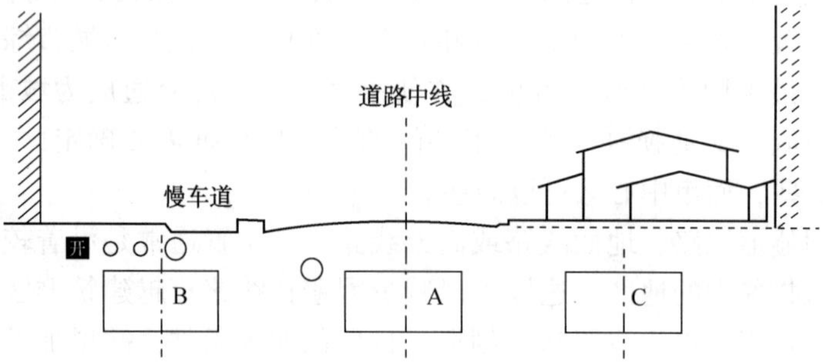

图 3-1　城市轨道交通地下线路设置位置示意图

A 位：轨道交通线路居道路的中心，对两侧建筑物影响小，地下管网拆迁较少，有利于线路裁弯取直，减少曲线数量，并能适应较窄的道路红线宽度。缺点是当采用明挖法施工时，会破坏现有道路路面，对城市交通干扰大。

B 位：轨道交通线路位于慢车道和人行道下方，能减少对城市交通的干扰和对机动车路面的破坏。

C 位：轨道交通线路位于待拆的已有建筑物下方，对现有道路及交通基本上无破坏和干扰，地下管网也极少。但房屋拆迁及安置量大，只有与城市道路改造同步进行，才十分有利。

② 轨道交通线路位于道路范围以外。轨道交通地下线路置于道路范围之外，可以达到缩短线路长度、减少拆迁、降低工程造价的目的。但必须具备如下条件之一：沿线区域地质条件好，基岩埋深很浅，隧道可以用矿山法在建筑物下方施工；沿线区域为城市非建成区或广场、公园、绿地(耕地)等；沿线区域为老的街坊改造区，可以与轨道交通同步规划设计，并能按合理施工顺序进行施工。

除上述条件外，当线路从既有多层、高层房屋建筑下面通过时，不但施工复杂、难度大，并且造价高昂，选线时要尽量避免。

(2) 高架线路平面位置。高架线路平面位置选择，较地下线路严格，自由度更少，一般要顺城市主干道平行设置，道路红线宽度宜大于40m。在道路横断面上，轨道交通高架桥墩柱位置要与道路车行道分隔带配合，一般宜将桥柱置于分隔带上，如图3-2所示。

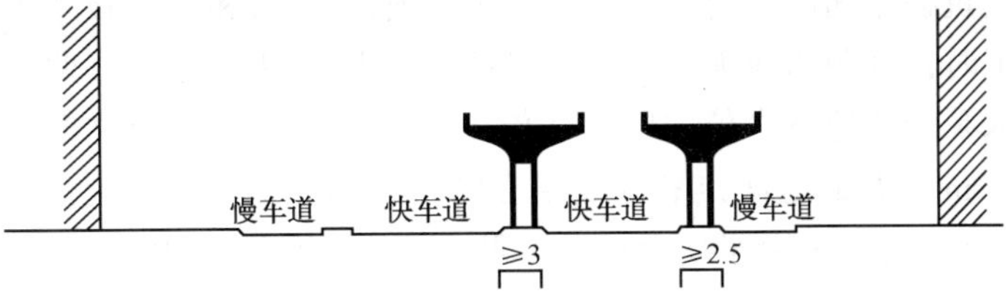

图3-2　轨道交通高架桥设置位置示意图

① 高架桥位于道路中心线上对道路景观较为有利，噪声对两侧房屋的影响相对较小，路口交叉处，对拐弯机动车影响也小。但是，在无中间分隔带的道路上敷设高架桥时，改建道路的工程量大。

② 高架桥位于快慢车分隔带上，充分利用道路隔离带，减少高架桥柱对道路宽度的占用和改建，一般偏房屋的非主要朝向面，即东西街道的南侧和南北街道的东侧。缺点是噪声对一侧市民的影响较大。

③ 除上述两种位置外，还可以将高架轨道交通线路设置于慢车道、人行道上方及建筑区内。它仅适用于广场、公园、绿地及江、河、湖、海岸线等空旷地段或将轨道交通高架线与旧房改造规划为一体时的情况。

（3）地面线路平面位置。轨道交通地面线位于道路中心带上，如图3-3所示，带宽一般为20m左右。当城市快速路或主干道的中间有分隔带时，地面线设于该分隔带上，不阻隔两侧建筑物内的车辆按右行方向出入，不需设置辅道，有利于城市景观及减少轨道交通噪声的干扰。其不足之处是乘客均需通过地道或天桥进入轨道交通站台。

轨道交通地面线位于快车道一侧，如图3-4所示，带宽一般为20m左右。当城市道路无中间分隔带时，线路设于该位置可以减少道路改移量。其缺点是在快车道另一侧需要建辅路，增加了道路交通管理的复杂性。

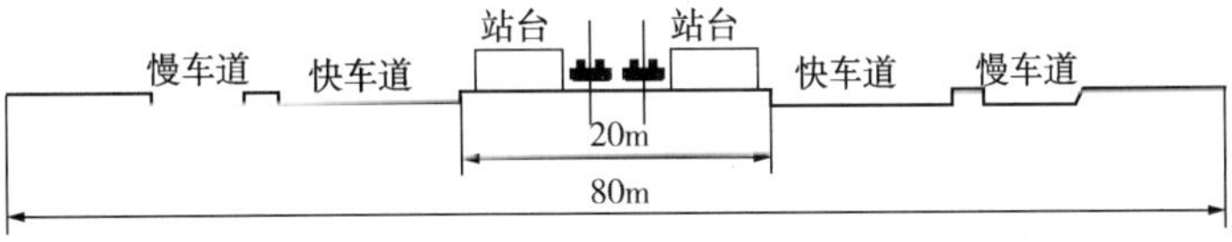

图3-3　轨道交通地面线设置位置示意图(一)

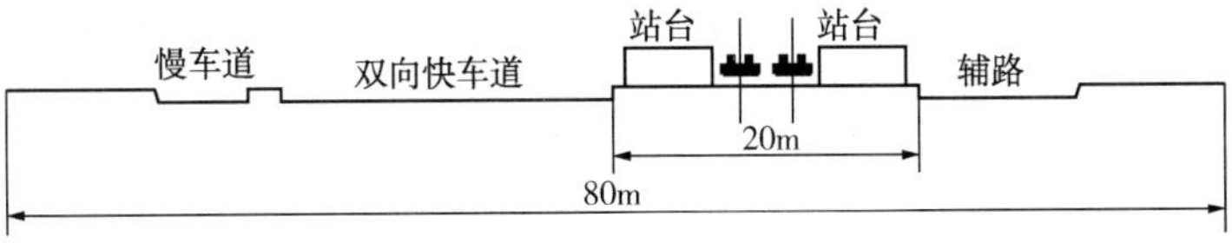

图3-4　轨道交通地面线设置位置示意图(二)

当道路范围之外为江、河、湖、海岸滩地，不能用于居住建筑的山坡地时，可考虑将轨道交通线路布置于这些地带上，但要充分考虑路基的稳固与安全。轨道交通地面线一般应设计成封闭线路，防止行人、车辆进入，与城市道路交叉一般应采用立交。

(4) 轨道交通线路与地面建筑物之间的安全距离。

① 地下线与地面建筑物之间的安全距离。为了确保地下线施工时地面建筑物的安全，轨道交通线路与建筑物之间应留有一定距离。它与施工方法和施工技术水平密切相关。采用放坡明挖法施工时，其距离应大于土层破坏棱体宽度。北京地铁一期工程采用工字钢桩加护板支护，深水泵降低地下水位的明挖法施工，由于护板与土层之间有空隙，施工过程中，在距基坑边 10m 左右的地面，平行线路方向出现明显的裂缝。上海地铁一期工程施工中，无论采用盾构法，还是采用连续墙支护的明挖法，隧道(连续墙)外缘至建筑物间的距离一般不小于 2m。由于施工过程中采取了措施，从施工结果看，房屋基本上没有受到影响。

② 高架线与建筑物之间的安全距离。轨道交通高架线与建筑物之间的安全距离，由防火安全距离与防止物体坠落轨道交通线路内的安全距离确定。前者参照建筑物防火与铁路防火规范执行，后者暂无规范，可视具体情况考虑。

③ 地面线与道路及建筑物之间的最小安全距离。目前规范未作出规定，建议按下列值考虑：a. 轨道交通围护栏杆外缘至机动车道道牙内缘最小净距 1.0m(无防护挡墙)或 0.5m(有防护挡墙)；b. 轨道交通围护栏杆外缘至非机动车道道牙内缘最小净距 0.25m；c. 轨道交通围护栏杆外缘至建筑物外缘最小净距 5.0m(无机动车出入)或 10m(有机动车出入)。此外，在决定安全距离时，尚应考虑列车运行的振动、噪声的影响。

(5) 线路平面位置方案比选。线路平面位置比选主要包括直线位置的比选和曲线半径的比较，其主要比选内容如下。

① 线路条件比较：包括线路长度、曲线半径、转角等。对于小半径曲线，在拆迁数量、拆迁难度、工程造价增加不多的情况下，宜推荐较大半径的方案，若半径大于或等于 400m，则不宜增加工程造价来替换大半径曲线。

② 房屋拆迁比较：包括拆迁房屋数量、质量、使用性质、拆迁难易等的比较。质量差的危旧房屋可以拆。住宅房易拆迁，办公房次之，工厂厂房难拆迁；学校、医院等单位，一般考虑邻近安置；商贸房异地搬迁，在市场经济的条件下拆迁难度大。

③ 管线拆迁比较：包括上下水管网、地下和地上电力线(管)、地下和地上通信电缆线(管)、煤气管、热力管等的数量、规格、费用及拆迁难度比较。大型管道改移费用高，下水管改移难度大。

④ 改移道路及交通便道面积比较：包括施工时改移交通的临时道路面积及便桥，恢复被施工破坏的正式路面及桥梁等。

⑤ 其他拆迁物比较：不属于上述拆迁内容的其他拆迁。

⑥ 城市轨道交通主体结构施工方法比较：包括施工的难易度、安全度、工期、质量保证、对市民生活的影响等方面的综合分析评价。

2. 线路平面设计方法

城市轨道交通平面设计以右线为准，具体设计步骤及方法如下。

(1) 确定线路任意点坐标及直线边方位角。根据定线所要求的线路与城市规划道路或指定建筑物的关系，求取线路右线直线边及任一点坐标和方位角。为了施工的方便，轨道交通线路平面及高程控制系统应尽量与城市控制系统取得一致，方位角一般取整到秒，线路长度取整到毫米，交点坐标取值精确到 0.1mm。

当道路中线由多个极小折角、短边组成近似直线时，轨道交通线路应尽量取直，并与城市规划部门协调，得到认可。

若控制点在曲线地段，则宜先确定圆心点坐标。有时需要通过变更曲线半径反复计算，才可得出线路的最佳位置。

(2) 右线交点坐标计算。右线坐标计算从起点开始，先用已知直线相交公式及点间距离公式求出起始边长，取整后用坐标公式计算交点坐标。用交点坐标及第二直线边方位角作为新起始边直线，再用上述公式求出第二直线边长，取整后计算第二个交点坐标。这种交替计算边长和坐标的方法，可以保持线路的计算位置与设计位置一致，误差在0.5mm以内。

(3) 曲线要素计算。①曲线半径：初步设计阶段，右线曲线半径一律采用标准整数。施工设计阶段，当左右线为同心圆曲线时，外圆曲线半径采用标准整数；若是最小曲线半径，内圆一般应采用标准整数半径。②缓和曲线长度：初步设计阶段根据曲线距车站的远近，根据经验按地铁规范初步选用缓和曲线长度。施工设计时根据列车运行速度图，选用缓和曲线长度。

左、右线并行于同一隧道结构内，左、右曲线一般设计为同心圆，线间距按限界要求加宽。当右线为外圆曲线时，右线缓和曲线长度按规范标准设计，其左线的缓和曲线长度按加宽要求，由计算确定加长，并取整到1m；当右线为内圆曲线时，缓和曲线长度按加宽要求计算，有条件时，取整到5m，外圆再根据内圆缓和曲线长度及线间距加宽要求，调整缓和曲线长度至整数米。

当一个较长曲线紧邻车站端部时，靠近车站端可以用较短缓和曲线，另一端用较长缓和曲线，以利于车站站位布置。在曲线两端线间距略有差异时，也可以用不等长缓和曲线调制同心圆曲线。

切线长与曲线长按有关公式计算，精度为0.1mm，取整到毫米。

初步设计阶段，左线一般不进行曲线要素计算，但夹直线长度紧张地段除外。

(4) 右线里程计算。轨道交通里程曾采用百米标表示，现改用千米标表示，如K8+800，表示为8km加800m处。另外，可以在“K”字前冠以不同的西文字母，表示不同比较方案。对不同设计阶段，一般不需用字母区分，以简化设计工作。

(5) 断链使里程失去线路直观长度，也容易造成设计施工中的差错，因此右线在任何设计阶段，里程不宜产生断链。

(6) 建筑物控制点与线路相互关系计算。建筑物控制点至线路的垂距及其里程，可用点线间垂距公式计算，也可以用两直线的交点公式计算。

(7) 车站中心右线里程及坐标计算。根据定线要求的站位首先计算右线站中心里程。移动车站中心位置取车站里程为整数米，再计算站中心坐标。坐标取值到0.1mm。

以下各步骤仅在施工设计阶段进行，初步设计阶段并不要求。

(1) 左线交点坐标计算。左右线平行地段，首先从右线控制点上，根据定线要求的线间距，计算左线各直线边上任一点坐标，然后按右线交点坐标计算方法，求出左线各交点坐标。左右线非平行地段，根据左右线平面相应的几何关系进行坐标计算。左线单独绕行地段与右线坐标计算方法相同。

计算完成后，应检查左右线平面相互关系与设计要求是否相符，线间距离误差应在0.5mm以内。

（2）内外曲线交点错动量计算。错动量计算可以应用三角公式和点线垂距公式。当应用三角公式时，曲线两端线间距离应是精确到0.1mm的计算值而不是设定值，否则在小转角曲线上将产生较大误差；当采用点线距离公式时，用左右线交点坐标和转换两切线方位角代入公式求得。

（3）左线里程及断链计算。左线里程按右线里程推算，由于曲线内外长度不同等原因，将产生断链。因左线绕行或内外曲线的关系，左线与右线长度不等，但为了设计及施工上的便利，左右线平行直线段同一断面上的里程宜一致。通常在每一处左右线长度不等的地段设置左线断链，尤其在左右线处于同一隧道结构内时，更宜如此。但在曲线多的地段，若在每一曲线设一断链，也给设计及施工带来不便。为减少左线断链数量，可对左线断链进行适当合并。当两个曲线间夹直线较短时，两个断链宜合并为一个；当区间左右线隧道结构分开时，可将两车站间的多个曲线断链合并为一个。断链不应进入曲线范围和车站站界范围。

（4）线路详细坐标计算。左右线均需进行详细坐标计算，包括曲线头尾、缓和曲线头尾、曲线中点、千米及百米里程点、道岔中心、车挡、区间附属建筑物（通风道连接口、排水泵站、隔断门、区间连接通道等）中心（或接口中心）、车站端墙外缘（或竖井中心）等位置的详细坐标计算。

线路详细坐标计算，以就近的交点或站中心点为原始坐标点，分段计算，坐标取整到毫米，计算误差允许1mm。

（5）左右线间距计算。当左右线处于同一隧道，线间距离发生变化时，或左右线隧道分开，但有附属建筑物连接时，为隧道结构设计之需要，一般每隔10～20m计算一点线间距。

线间距离计算采用解析几何公式，计算误差不大于10mm。曲线地段的线间距离计算以右线法线方向为准。

（二）纵断面设计

城市轨道交通的线路纵断面是由坡段和连接相邻坡段的竖曲线组成的。坡段的特征用坡段长度和坡度值来表示。

坡段长度 L_i 为该坡段前后两个变坡点之间的水平距离（m）。

坡段坡度 i 为该坡段两端变坡点的高程 H_i（m）除以坡段长度 L_i（m），其值以千分数表示。坡度值上坡取正值，下坡取负值；如坡度为30‰，即表示每千米高差为30m。其计算公式为：

$$i=\frac{H_i}{L_i}\times 1000 \tag{3-3}$$

轨道交通线路纵断面设计的主要技术要素有坡度、坡段长度及坡段连接。

纵断面设计要保证列车运行的安全、平稳及乘客舒适，高架线路要注意城市景观，坡段应尽量长些。线路纵断面要结合不同的地形、地质、水文条件、线路敷设方式与埋深要求、隧道施工方法、地上地下建筑物与基础情况以及线路平面条件等进行合理设计，力求方便乘客使用和降低工程造价。必要时，可考虑变更线路平面及施工方法，尽量设计成符合列车运行规律的节能型坡道组合的纵断面。车站一般位于纵断面的高处，区间位于纵断面的低处。除车站两端的节能坡道外，区间一般宜用缓坡，避免列车交替使用制动-给电运行。

1. 线路纵断面设计方法

（1）绘制基础资料。根据不同的设计阶段、设计深度，按不同的纵断面图幅格式，将不同繁简的基础资料绘制于厘米格纸上（或输入计算机）。这些资料包括：①地面线（道路线）及其跨越道路立交桥、河床底、航行水位、洪水位、铁路、高压线标高等资料；②地下管道及主要房屋、人防工程基础标高等资料；③道路、立交桥、铁路、河渠、地下管道等规划标高资料；④地质剖面及地下水位标高资料；⑤线路平面及附属结构物设计资料。

（2）找出线路控制标高。根据设计原则、标准、隧道结构外轮廓尺寸、覆土厚度、桥下净高、距建筑物的最小距离、地铁排水位置等要求，找出纵断面设计的控制标高。

（3）S 右线坡度设计。右线坡度设计贯穿于各个设计阶段。初步设计及以前各阶段，坡段长度宜为 50m 的倍数，变坡点一般落在百米里程及 50m 里程处。施工设计阶段，右线坡段长度一般取整为 10m 的倍数，变坡点落在整 10m 的里程上，坡度一般用千分整数表示，以供其他设计专业和施工人员应用。设计标高应为轨顶标高。

（4）右线竖曲线设计。竖曲线设计包括竖曲线半径选择、竖切线长度计算及竖曲线高程改正值计算。初步设计阶段只进行竖曲线半径设计，施工设计阶段才进行竖曲线高程改正值计算，精度至毫米。

施工图设计阶段的内容还包括左线坡度设计、左线竖曲线设计、左右线轨顶详细标高计算等。左右线轨顶详细标高计算包括百米及千米标、控制加标、车站中心、道岔中心、附属结构物中心或接口中心、线路最低点、断链，有时还应包括隧道结构变形缝等标高计算。标高值计算至毫米。

2. 左线坡度设计方法

（1）左线与右线并行于同一隧道内。左线与右线位于同一隧道结构体内，无论隧道结构是单孔（跨）还是多孔（跨），无论是车站隧道结构还是区间隧道结构，左线坡度应与右线一致，同断面的左右线标高应相等。

曲线地段，左、右线（内、外曲线）长度不同，左线坡度应做调整，使曲线范围内同一法线断面上的左右线标高相同。调整坡度段与原坡段视为同一坡段，调整坡度段的变坡点最好位于缓和曲线中部的整 10m 里程位置上，并验算左右线同断面标高是否相同，允许标高差不大于 2cm。在小曲线小坡度地段，可以调整变坡点位置，避免零碎坡段和坡度，但要满足相同断面标高差不大于 2cm 的要求。调整坡度值与调整变坡点也可以同时进行。

左线与右线上下重叠于同一隧道内，是一种立体并行形式。这种形式的左线坡度与右线应完全相同，标高相差一常数。

（2）左线与右线分设于单线隧道内。车站范围内的左线坡度及标高宜与右线一致（左右线站台位于同一平面上）或标高相差一常数（左右线站台不位于同一平面上）。虽然车站范围内左线与右线的隧道是单独的，但站台之间、站台与站厅之间都有通道相互联络，左右线坡度及标高一致（或差一常数），有利于车站各部分的设计与施工。

区间地段的左线坡度不要求与右线相同，坡度设计较为灵活。但左右线宜共用一个排水站，要求左线最低点位置处于右线最低点同一断面处，如错动不应大于 20m，最低点标高宜相等，但允许有 30cm 以内高差。左右线之间若有连接通道，其左右线标高宜相同，允许有 50cm 以内的高差。

3. 纵断面修改设计方法

（1）地基原因。软土地基及软硬土层交界地段。

（2）施工原因。不同施工方法、新老施工段相隔时间久、利用隧道上方场地大量存土等原因，造成建好的隧道结构不均匀下沉；又由于隧道结构净孔限制，致使轨道无法按原纵断面设计坡度及标高铺设，必须修改纵断面坡度及标高。纵断面坡度修改设计标准与新线设计标准基本相同，允许的最小坡度可用到 2‰，但排水沟要特殊施工，以保持水沟不积水。变坡点位置可以设在整数米的位置，坡度可以用非整数千分坡。

（3）修改纵断面设计的关键工作是准确掌握已完工的隧道结构沉降、断面净孔尺寸及其误差情况。设计人员应深入现场，实地检查，在此基础上提出横断面净孔测量及加密底板面标高测量要求。一般对底板面标高，沿线路中心线每隔 5～20m 距离测量一次。对断面净孔尺寸及顶板底面标高，一般每隔 10～50m 测一次。

（4）纵断面修改设计的步骤如下：①审阅线路平面贯通测量及隧道底板标高资料，现场踏勘检查；②提出左右线隧道结构断面净孔及标高测量要求；③标绘隧道结构底、顶板净孔的放大纵断面图；④分析隧道结构净孔放大纵断面图，找出标高控制点；⑤纵断面坡度修改设计；⑥检查净孔高度及道床厚度是否满足要求。

在困难条件下，限界中可以适当扣除施工误差，道床可做特殊设计，减薄厚度。在采取上述措施仍不能满足净孔要求时，由施工单位采取补救措施，扩大隧道净孔，并根据施工补救方案进行纵断面修改设计。

（三）横断面设计

横断面设计必须要满足线路各个断面列车通过的限界要求。

1. 限界

城市轨道交通列车是沿固定轨道快速运动的物体，它需要在特定的空间中运行，根据各种参数和特性，经计算确定的空间尺寸称为限界。为保证安全，各种建(构)筑物和设备均不得侵入其中。

限界是确定行车轨道周围构筑物净空大小和管线及设备安装相互位置的依据，也是设计与施工必须共同遵守的技术规定。限界设计的任务是在满足城市轨道交通车辆安全运行的前提下，合理地选择桥、隧等结构的有效断面尺寸，以节省工程投资。城市轨道交通的限界主要包括车辆限界、设备限界和建筑限界。它们是根据车辆外轮廓尺寸及技术参数、轨道特性、各种误差及变形，并考虑列车在运动中的状态等因素，经科学地分析计算确定的。

（1）车辆限界。它是根据车辆的轮廓尺寸和技术参数，并考虑其静态和动态情况下所能达到的横向和竖向偏移量，按可能产生的最不利情况进行组合计算确定的空间尺寸。

（2）设备限界。它是在车辆限界基础上计入轨道出现最大允许误差时引起车辆的偏移和倾斜等附加偏移量，以及在设计、施工、运营中考虑难以预计的因素在内的安全预留量后确定的空间尺寸。它是一轮廓线，所有固定设备及土木工程(接触轨及站台边缘除外)的任何部分都不得侵入此轮廓线内。因此，对设备选型和安装都应分别考虑其制造和安装误差，才能满足设备限界的要求。曲线地段设备限界应在直线地段设备限界基础上，考虑平面曲线几何偏移量、过超高或欠超高引起的设备限界加宽和加高量、曲线轨道参数及车辆参数变化引起的设备限界加宽量计算确定。

(3) 建筑限界。它是行车隧道和高架桥等结构物的最小横断面有效内轮廓线。在建筑限界以内、设备限界以外的空间，应能满足固定设备和管线安装的需要。在设计隧道及高架桥等结构物断面时，必须分别考虑其施工误差、测量误差、结构变形等因素，才能保证竣工后的隧道及高架桥等结构物的有效净空满足建筑限界的要求，以保证列车安全快速运行。

2. 地下隧道的横断面

地下隧道的单线区间横断面的常用形式有圆形、矩形和马蹄形，其具体尺寸应根据运营时所采用的车辆及设备的尺寸所决定的各种限界来设计。在双线地段，区间和车站地段的横断面有许多形状。曲线地段应根据限界规定相应加宽。

3. 地面及高架桥上的横断面

当线路位于地面或高架桥上时，其轨上部分的横断面需要满足如图 3-5 所示的限界要求，轨下部分的横断面形状视轨下结构而定。曲线地段应根据限界相应加宽。

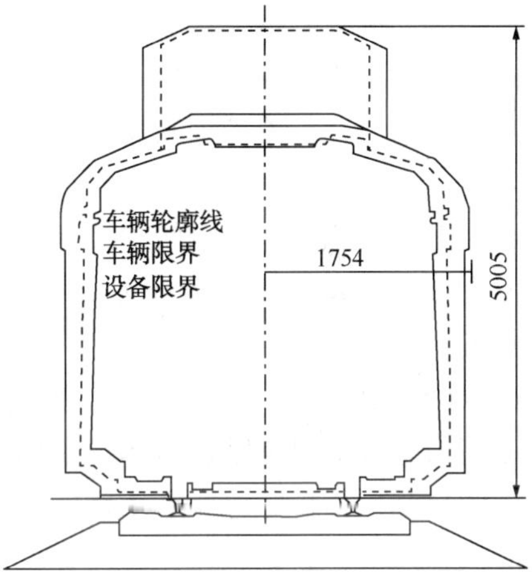

图 3-5　区间直线地段地面、高架限界（单位：mm）

第二节　轨 道 结 构

一、轨道结构组成与功能

轨道是列车运行的基础，它直接承受列车荷载，并引导列车运行。轨道结构是城市轨道交通系统的重要组成部分，一般由钢轨、轨枕、扣件、道床、道岔及其他附属设备组成。

(1) 钢轨。钢轨与车轮直接接触，是轨道结构的主要部件，它由轨头、轨底和轨腰三部分组成。

(2) 轨枕、轨枕是轨下基础的部件之一。它的功能是支承钢轨，保持轨距和方向，并将钢轨对它的各种压力传递到道床上。

轨枕按其构造及铺设方法分为横向轨枕、纵向轨枕、短枕和宽轨枕等。横向轨枕与钢轨垂直间隔铺设；纵向轨枕沿钢轨方向铺设；短枕是在左右两股钢轨下分开铺设的轨枕，常用于混凝土整体道床上。宽轨枕因其底面积比横向轨枕大，减小了对道床的压力和道床的永久变形。

轨枕按其使用部位可分为用于区间线路的普通轨枕，用于道岔上的岔枕及用于无碴桥上的桥枕。

轨枕按其材料可分为木枕、钢筋混凝土轨枕及钢枕等。钢枕在我国很少采用。城市轨道交通有碴轨道采用 J-2 型钢筋混凝土轨枕。

（3）扣件。钢轨与轨枕的联结是通过中间联结零件实现的。中间联结零件也称扣件，其作用是将钢轨固定在轨枕上，保持轨距和阻止钢轨相对于轨枕的纵、横向移动，并防止钢轨倾翻。在钢筋混凝土轨枕轨道上，其弹性小于木枕轨道，故要求扣件还必须提供足够的弹性。为此，扣件必须具有足够的强度、耐久性和一定的弹性，能有效地保持钢轨与轨枕的可靠联结。此外，还应简单，便于安装及拆卸。

（4）接头。钢轨接头是轨道结构中最薄弱的环节。列车通过钢轨接头时会产生很大的冲击力，对轨道结构产生很大的破坏作用，轨道交通车辆的振动加剧，导致使用寿命缩短，修理费用增大。养护钢轨接头区所需的费用，约占养护费用的 35%。直到无缝线路问世，才使得大量减少钢轨接头成为可能。

无缝线路是指将钢轨焊接起来的线路，所以又称为焊接长钢轨线路。焊接长钢轨因温度变化会引起伸缩，按处理此种伸缩的方法不同，无缝线路分温度应力式和放散应力式两种。

（5）道床。轨道结构按其轨下基础形式的不同可分为两大类：有碴轨道结构与无碴轨道结构。有碴轨道结构道床位于路基或结构物之上、轨枕之下，它作为轨排的基础具有以下的功能：①将轨道交通车辆的荷载通过钢轨、轨枕并经过道床的扩散作用，散布于路基面或结构物上，起着保护结构物或路基的作用；②提供抵抗轨排纵横向位移的阻力，保持轨道的正确几何形位，这对无缝线路尤为重要；③由于道床材料的可透水性的特点，由此具备了良好的排水性能。这对减轻轨道的冻害和提高路基的承载能力非常重要；④道床具有一定的弹性和阻尼，起到了缓冲和减振的作用；⑤便于轨道养护、维修作业。轨道不平顺可以通过捣固枕下道碴加以找平，轨道方向错乱可以通过拨道予以拨正。

用作道床的材料应满足上述功能的要求。具体来说，它必须质地坚韧，吸水度低，排水性能好，耐冻性强，不易风化，不易压碎、捣碎和磨碎，不易被风吹动和被水冲走。可以用作道床材料的有碎石、熔炉矿渣、筛选卵石，有 50% 以上卵石含量的天然砂卵石以及粗砂和中砂等。一般来说，应以就地取材为原则。在我国首选的道床材料是碎石道碴，多采用双层道床，上面是面碴层，下面是底碴。

无碴轨道结构是用混凝土板基础取代传统轨道中的轨枕和道床。板基础下是由聚合物或水泥沥青混合物灌注的特制垫层。这样，轨下基础既有足够的强度和稳定性，又有一定的弹性，残余变形的积累甚小，轨道结构得以加强，实现了轨道少维修的目的。

（6）道岔。车辆由一条线路转向或越过另一条线路时的设备称为道岔。道岔有线路连接、线路交叉及线路连接与交叉等三种基本形式。

常见的线路连接设备有普通单开道岔、单式对称道岔及三开道岔。线路交叉设备有直角交叉及菱形交叉。连接与交叉设备有交分道岔及各种交叉渡线。应用这些设备，可以把不同位置和方向的轨道相互连接起来。

城市轨道交通是布设在城市内的，基本上都采用双线线路，线路中间站通常不设配线，在区段内上下行两个方向线路之间一般只有少量渡线。城市轨道交通线路的道岔设备主要用于：设有渡线和折返线的车站，通过设置道岔来实现车辆的转线；在车场、车辆段内，停放车辆的股道通过道岔逐级与走行线连接。

单开普通道岔占全部道岔总数的95%以上，单开道岔结构简单，具有一定的代表性，了解和掌握这种道岔的基本特征，对道岔的铺设、养护等方面有着十分重要的指导意义。

单开普通道岔由引导列车的轮对沿原线行进或转入另一条线路运行的转辙部分，为使轮对能顺利地通过两线钢轨的连接点而形成的辙叉部分，使转辙部分和辙叉连接的连接部分以及岔枕和连接零件等组成。

(7) 车挡。为对失控列车进行强制停车，一般在线路尽头端设置车挡。目前车挡一般有液压缓冲车挡、滑动式缓冲车挡和固定车挡等几种形式，在地下折返线线路终端有条件采用液压缓冲车挡和滑动式缓冲车挡，其中液压缓冲式车挡是液压制动，技术先进，结构合理，制动距离短，占用线路短，综合造价低，应优先选用。地面车场线路终端则一般采用固定式车挡，固定式车挡主要有沙堆弯轨型和DTⅡ型。

二、轨道结构设计原则

(一) 有碴轨道结构设计原则

轨道结构应具有坚固性、稳定性、耐久性、绝缘性以及适量的弹性，以确保列车运行平稳、安全和乘客舒适，并尽量减少养护维修工作量。轨道设备应与网络中其他线路尽量一致。应尽量采用先进技术，提高轨道的整体技术性能。轨道减振分级设计，满足不同地段的减振降噪要求，减少对周围环境的干扰。

采用成熟、先进的施工技术，便于施工。城市轨道交通由于线路一般穿过居民区(地下、地面或高架)，与城市间铁路相比，在设计时更应该重视以下一些问题：①对噪声控制要求较高，除了对车辆结构采取减振措施、必要时修筑声屏障建筑物外，轨道结构也要采取减振措施；②对新建轨道交通线路，在浅埋隧道和高架结构路段，一般采用无碴道床等少维修的轨道结构；③车辆一般采用电力牵引，以走行轨作为供电回路，为减小因漏泄电流(或称迷流)而造成周围金属设施的腐蚀，要求钢轨与轨下基础具有较高的绝缘性能；④由于原有街道和建筑物的限制，曲线区段比重较大，而曲线半径一般比城市铁路小；因此在小半径曲线地段，应采用耐磨钢轨；钢轨铺设前应进行预弯，运营时钢轨应进行涂油以减小磨耗。

(二) 扣件设计原则

扣件应具有足够的强度、扣压力和耐久性。应有良好的弹性，特别是整体道床上更需要高弹性扣件，使减振性能相当或超过有碴轨道。有适量的轨距和水平调整量。高架桥上整体道床的扣件需较大的调整量，以适应预应力梁的徐变和桥墩的不均匀下沉。应有良好的绝缘性能，以减小迷流。扣件结构力求简单，尽量标准化，不仅通用性好而且造价低，也能保证施工和维修的方便。扣件的铁部件应作防腐蚀处理。

(三) 无碴轨道结构设计原则

在列车长期动荷载作用下，轨道结构应保持安全、可靠的几何形位，并具有足够的承载能力、强度贮备和使用耐久性。轨道结构的振动质量、刚度和阻尼应根据轨道结构动力学原理进行合理选择，以适应减振降噪的要求，使结构体具有最大的减振降噪效果，并能减缓轮轨之间的冲击荷载，减轻钢轨的磨耗和波磨。无碴轨道结构应简单，便于组织快速施工和安装，便于配套设备和机械的应用；施工进度应符合铺轨要求，对于混凝土道床的局部损坏应考虑有修复的可能性。

在轨道基础确保坚实稳定的前提下，仍需考虑因施工误差、曲线超高变化，以及预应力混凝土桥梁伸缩、上拱等因素引起的轨面标高的改变。为此，配套的扣件设计应考虑足够的调整量和可行的调整方法。

轨道部件国产化，有利于控制轨道结构的成本，由于无碴轨道可大幅度降低维修费用，其综合经济效益较好，因此有推广应用的价值。由于减振材料的寿命不如混凝土，少量维修是必需的，因此减振材料应便于更换。

（四）轨道结构的减振降噪

城市轨道交通的列车运行产生的振动，应不影响附近单位、居民的工作和休息。

常用的减振降噪措施有：①采用 60kg/m 钢轨、弹性垫板和扣件；②全线铺设无缝线路，减少钢轨接头；③定期打磨钢轨，保持钢轨较高平顺度；④为减少钢轨波纹磨耗并增加旅客的舒适度，在 $R \leqslant 600$m 的地段，轨下垫板采用高热弹性体材料。

近年来，列车运行引起的振动及噪声影响居民生活问题已经日益引起人们的重视，轨道工程设计特别在以下地段应遵循"以人为本"的理念，使设计符合减振降噪的要求。①在盾构隧道穿越且埋深小于 20m 路段内的学校、居民区；②离线路中心 20m 范围内的学校、医院、居民区；③沿线的历史保护建筑；④与本线路交叉的既有及规划的轨道交通线路、重要管线；⑤特殊减振要求地段。

对减振降噪有较高要求的地段，目前国内外城市轨道交通一般采用高弹性扣件和弹性轨下基础两种轨道结构形式。

三、轨道结构设计步骤

（1）根据线路级别（正线、车场线）选择钢轨类型，正线选择 60kg/m、车场线选择 50kg/m 钢轨。

（2）根据线路敷设方式及减振降噪要求，选择轨下基础结构。

① 对于地面线路，选择有碴轨道，横向轨枕，计算轨枕的铺设数量及间距；

② 对于高架线路，选择无枕式、短枕式、长枕式或浮置板式轨道结构，选择的主要依据是沿线减振降噪的要求及基础承载能力；

③ 对于地下线路，选择无枕式、长枕式、短枕式或浮置板式结构，主要依据是施工方便程度和减振降噪要求。

（3）根据线路级别、敷设方式、减振降噪要求、网络其他线路的使用情况选择扣件。

（4）进行轨道结构力学分析，计算在列车荷载作用下，所选择各部件的强度及可能产生的变形，进行强度检算，符合强度要求方可使用。

（5）进行无缝线路设计。根据线路强度及稳定性要求，确定锁定轨温及施工锁定轨温范围，进行温度应力峰检算，采用全线无缝线路要确定温度调节器的位置和型号，温度调节器一般铺设在特大桥上或者地面线路上，并进行配轨计算。

(6) 计算所需材料用量，绘制相应图表。

对于比较成熟的轨道结构，一般来说不再进行强度、疲劳等的检算，只有新研制的轨道结构需要计算、检算和必要的试验。

城市轨道交通轨道结构的受力分析和计算方法与常规的轨道结构方法基本一样，只是城市轨道交通的车辆、轴重和荷载(重复荷载)等不一样，计算参数应有区别。

第四章

城市轨道交通车站建筑

第一节　城市轨道交通车站分类与组成

一、城市轨道交通车站组成

轨道交通车站是一个复杂的系统，车站是城市轨道交通系统最重要的组成部分，是旅客上下车、换乘的场所，也是列车到发、通过、折返、临时停车的地点，还是各工种联劳协作的生产基地。根据其功能要求，城市轨道交通车站一般由风亭、冷却塔、出入口、通道、站厅、站台等组成。

(1) 风亭。当车站或隧道发生火灾时还能排烟。按功能不同分为活塞风亭、进风亭、排风亭。一般采用地面的带盖风井构造。风亭的设计根据周边环境的条件许可采用独立式或合建式。

(2) 冷却塔。主要功能：为车站的环境控制系统散热，采用出地面的结构。

(3) 出入口。用于吸引和疏解客流，规模与出入口的总设计乘客流量有关。一般布置在街道交叉口，以便能大范围地吸引和疏散客流。

车站出入口是地面客流与城轨车站的衔接，也是城市轨道管理辖区的分界点，应根据车站规模、埋深、车站平面布置、地形地貌、城市规划、道路、环境条件并按照车站远期预测高峰小时客流量计算，综合考虑确定。

一般情况下，浅埋地下车站出入口数量不宜少于 4 个；深埋地下车站出入口的数量不应少于 2 个。对于客流量较少的车站，若是浅埋的，其出入口数量可酌情减少，但不应少于 2 个。对于地下浅埋车站分期修建出入口的，第一期修建的出入口数量不应少于 2 个，每端的出入口不宜少于 1 个。

出入口宽度按车站远期预测超高峰小时客流量计算确定。根据出入口位置、主客流方向以及可能产生的突发性客流，应分别乘以 1. 1~1. 25 的不均匀系数。车站出入口宽度的总和，应大于该站远期预测超高峰小时客流量所需的总宽度。出入口的最小宽度不应小于 2. 5m。兼作城市地下人行过街道的车站出入口，其宽度应根据城市过街客流量加宽。车站出入口地面与站厅地面高差较大时，宜设置自动扶梯。

(4) 通道。连接出入口与车站站厅之间的通行道路称为通道。通道主要由楼梯、电梯和步行道构成。楼梯方面，进站客流与出站客流混用，没有严格划分区域，这样客流较大时，容易形成进出站客流对流的情形，对客流组织不利。在人流大的车站可以考虑在楼梯中间设置栏杆，有效地将进出站客流分开。自动扶梯则可以有效地将进出站客流分开，避免对流或者拥挤。通道设计时，应科学设计坡度，当通道楼梯数量多时，在不同段设置缓解平台，同时尽量减少工程量和占地面积。

（5）站厅。是乘客换乘列车的中转层。主要作用是集散客流，为乘客提供售票、检票、补票、咨询等服务。按用途可分为公共区和设备区。一般站厅中间为公共区，两端为设备区。

公共区分为付费区和非付费区，以检票闸机和栏杆进行分割。供乘客购票和检票，在此区域内设置各种导向、事故疏散、服务乘客的标志，引导乘客方便、快捷进出车站。客服中心设在站厅的付费区和非付费区之间，可同时服务两个区域的乘客，完成售票、咨询、补票等业务非付费区方面，可根据场地大小布置便民的商业设施，如自助银行、自动售卖机、小商铺等。布置时，应以不影响乘客出行为原则。

设备区主要有设备用房和管理用房。设备用房是安置各类设备、进行日常维修及保养的场所，主要有售检票、通信、信号、环控、照明、低压配电、变电所等系统相关设备房。管理用房是车站工作人员的办公用房，包括车站综合控制室、设备系统值班室、票务室、会议室、更衣室、休息室、卫生间、备品库、垃圾间、清扫工具间。

（6）站台。最能直接体现车站主要功能的场所，主要作用是供列车停靠、乘客候车及上下车等。

城市轨道车站组成如图 4-1 所示。

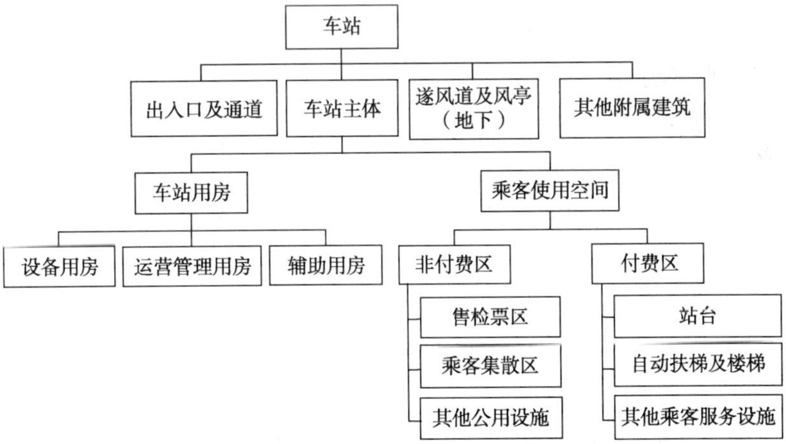

图 4-1　城市轨道车站组成

二、城市轨道交通车站分类

（一）按车站与地面的相对位置分类

一般可分为：地下站、地面站、高架站。

地下车站的线路位于地下隧道中。具有地面交通完全分离，不占城市地面与地上空间，不受地面气候影响的优点。不足是需要较大的投资，较高的施工技术，较先进的管理，完善的环控、防灾措施与设备。其运营成本较高，改造、调整与维护比较困难。

地面车站一般采用独立路基的方式，以减少与地面道路交通的互相干扰。具有造价低，施工简便，运营成本低，线路调整与维护较容易的优点。不足是运营速度难以提高(有部分平交道口)，占地较多，影响城市道路交通，容易受气候影响，乘车环境难以改善，有噪声，影响景观等。

高架车站设在高架工程结构物上，与地面交通无干扰。其造价介于地下车站与地面车站之间，施工、维护、管理、环控、防灾等多方面都比地下线路方便；但其要占用一定的城市用地，并有光照、景观、噪声等负效应，并受气候影响。

（二）按运营特点分类

一般可分为：中间站、区域站、换乘站、枢纽站、联运站、终点站。

中间站仅供乘客上下车之用，功能单一，是城市轨道交通路网中数量最多的基本站型。

区域站又称为折返站，是设在线路中间可供列车折返、开行区间列车的车站，站内有可供车辆折返的设备。区域站兼有中间站的功能。

换乘站是在两条或两条以上城市轨道交通线路交叉点上设置的车站，除了具有中间站的功能外，它还可以通过换乘设施使乘客从一条线路上的车站转换到另一条线路上的车站。

枢纽站位于城市轨道交通线路分岔的地方，由枢纽站分出另一条线路的车站，该站可接送两条线路上的乘客。

联运站车站内设有两种不同性质的列车线路，以进行联运及客流换乘。联运站具有中间站和换乘站的双重功能。

终点站是线路两端的端点车站，除了供乘客上下车外，还作为列车折返及停留之用。因此，终点站一般设有多股停车线。当线路需要延长时，终点站就变成了中间站或区域站。

（三）按站台形式分类

一般可分为：岛式车站、侧式车站、混合式车站。

站台位于上、下行行车线路之间，具有岛式站台的车站称为岛式站台车站(简称岛式车站)。站台位于上、下行车线路的两侧，具有侧式站台的车站称为侧式站台车站(简称侧式车站)。两者的比较如表4-1所示。将岛式站台及侧式站台同设在一个车站内，具有这种站台形式的车站称为岛、侧混合式站台车站(简称混合式车站)。

表4-1　岛式站台和侧式站台比较

	岛式站台	测式站台
站台使用	站台面积利用率高，可调节客流，乘客有乘错车的可能	站台面积利用率低，不能调节客流，乘客不易乘错车
站台设置	站厅与站台需设在两个不同高度上，站厅跨过线路轨道	站厅与站台可设在同一高度上，站厅可不跨过线路轨道
站内管理	管理集中，联系方便	站厅分设时，管理分散，联系不方便
乘客中途折返	乘客中途改变乘车方向比较方便	乘客中途改变乘车方向不方便，需经过天桥或地道
改扩建难易性	改建扩建时，延长车站很困难，技术复杂	改建扩建时，延长车站比较容易
站内空间	站厅、站台空间宽阔完整	站厅分设时，空间分散，不及岛式车站宽阔
造价	较高	较低

第二节　车站的规模

地铁车站的规模，主要指车站建筑面积及实际面积的大小，以及车站容纳的客流量及列车停靠的轨道数量。

在进行车站总体布局以前，要确定车站的规模。城市轨道交通系统的车站规模主要是根据车站设计客流量(容量)确定的。一般可以参照日均乘降客流量和高峰小时客流乘降量来综合确定。表4-2是我国轻轨车站规模分级。

表4-2　我国轻轨车站规模分级

车站规模	日均乘客量	高峰小时乘降量
小型站	小于5万人次/日	小于0.5万人次/h
中型站	5万~20万人次/日	0.5万~2.0万人次/h
大型站	20万~100万人次/日	2.0万~10.0万人次/h
特大型站	大于100万人次/日	大于10.0万人次/h

地铁车站规模主要根据车站远期预测客流及所处位置确定，一般可分为三级：A级：适用于客流量大、地处大型客流集散点及地理位置十分重要的车站。B级：适用于客流量较大、地处市中心或较大的居住区的车站。C级，适用于客流量较小、地处郊区的车站。

地下空间建筑具有不可逆的特性，车站规模与建筑主体结构直接相关，一旦建成基本无法改变车站规模。加上地铁使用年限基本要求百年以上，因此，车站规模设计，需要对地铁目前及未来客流量做好准确预测，充分考虑地铁未来百年运营的发展需求。影响客流量的要素包括城市规模的扩大、城市人口的增加、车站密度的提高、其他公共交通设施的变动等。

伦敦地铁大都市线(帕丁顿至法灵顿)在1863年建成之后，人流量就达到900万人次。由于设计时没有正确预测人流量，车站建筑较为狭小，在运营时拥挤不堪。此后伦敦地铁建设吸取经验，在此后的地铁建设中相应扩大了车站规模，但是仍然没有充分预估到未来庞大的人流增长量。因此，在20世纪上半叶建设的伦敦地铁车站规模都偏小，且通道结构复杂，犹如地下迷宫，容易引发幽闭恐惧症。因此，伦敦地铁公司董事长丹尼斯·滕尼克利夫评价道："大多数旧车站的问题，是它们的基础箱体过于狭小。"

1987年，伦敦国王十字圣潘克拉斯站的火灾使31名乘客丧生，人们开始意识到在紧急疏散时，狭小车站空间特别是楼梯和通道，在一定程度上加剧疏散的困难，间接导致了火灾惨重的伤亡人数。火灾事件后，伦敦新建地铁的车站规模开始明显增大，比如北线的天使站开始采用大尺度宽阔空间，还增设了地下广场空间用于人流集散。2000年通车的朱比利延伸线，其11座车站拥有极为高敞宽阔的车站空间，总建筑师罗兰·鲍莱蒂(Roland Paoletti)说："我们的车站足够大，能够满足未来100年伦敦人的需要。"因此，加那利码头站的车站规模设计依据是，预计每天高峰时段内将有5万人次旅客由此通过，其充分考虑了车站未来可持续发展的需求。

中国人口增长和城市化问题，关系到未来城市地铁客流量的准确预测。北京与上海的常驻人口都已突破2000万，超大客流导致地铁不堪沉重。2012年上海地铁一季度日客流量578万人次，单日客流当年5次超过700万人次，在上下班高峰运营时段，特别是换乘站和枢纽站中，超大客流与车站规模之间的不匹配甚至出现了种种安全隐患。虽然城市地铁线路不断增多，能做到分流部分乘客，但从总体上说，客流增长趋势是必然的。建议吸取国际上地铁发展的经验，在车站规模设计上充分做好未来地铁百年运营的基本需求，创造一个宽敞舒适的地铁车站空间。

第三节　地下车站总平面布局

车站的总体布局，应符合城市规划、城市交通规划、环境保护和城市景观的要求，妥善处理好与地面建筑、地下管线、地下构筑物等之间的关系。车站设计必须满足客流要求，保证乘降安全、疏导迅速、布置紧凑、便于管理，并具有良好的通风、照明、卫生、防灾等设施，为乘客提供舒适的乘车环境。车站总平面布局包括车站中心的位置(站位)、车站外轮廓的范围以及出入口风亭的确定等，它是车站设计的关键环节。由于影响因素甚多，在设计中往往很难落实，一般需反复研究论证，才能获得好的设计方案。

（一）车站平面布局原则

站厅层布局应分区明确，依据出入口的位置和数量、楼梯与扶梯的位置和数量、售检票系统的位置和数量及换乘要求对客流进行合理的组织，避免和减少进出站客流的交叉，合理布置管理用房、设备用房，应满足各系统的工艺要求。

站台层布局需以车站上下行远期超高峰小时设计客流量来计算站台宽度，根据线路走向及换乘要求确定站台形式。根据车站需要布置设备用房区或管理用房区。

车站出入口应设置于道路两边红线以外或城市广场周边，需具有标志性或可识别性，以利于吸引客流、方便乘客。有条件的出入口应考虑地面人行过街的功能。出入口规模应满足远期预测客流量的通过能力，并考虑与其他交通的换乘和接驳大型公共建筑所引起的客流量。

车站主要服务设施应包括自动扶梯、电梯、售票机、检票机、空调通风设施等。

（二）车站总平面布局设计的步骤

为尽可能减少方案的重复，车站总平面布局的设计可按以下步骤进行。

1. 分析影响因素，确定边界条件

影响车站站位和总平面布局的因素主要有以下几个方面。

（1）周围环境。主要包括：现状道路及交通条件、公交及其他交通方式站点设置、周围建筑物功能性质及基础、规划落实情况及文物古迹和可能的山地、河流等自然条件。

（2）建筑物拆迁和管线改移条件。主要包括：车站周围现状建筑物和地下管线的使用情况，拆迁改移条件以及规划建筑物和管线方案和可能的实施时间。

（3）施工方法。不同的施工方法对车站站位和总平面布局影响甚大，要结合地质条件和周围自然状况，提出可能的施工方法，结合总平面方案一同考虑。

(4) 客流来源及方向。车站的主要功能是最大限度地吸引客流，要根据主要客流的来源和方向考虑站位和出入口通道的设置。

(5) 综合开发的条件。结合城市轨道交通车站建设进行综合开发越来越引起人们的重视，尤其在城市密集区，寸土寸金，应寻求一切可能条件，使车站与其他建筑物相结合。

上述因素是确定车站总平面布局最主要的因素，哪些是作为边界条件确定下来的，哪些是应该在方案比较中进行取舍的，都要一一落实清楚。只有弄清这些，进行方案设计才有了坚实的基础。

2. 根据功能要求构思总体方案

在构思总体方案时，首先要弄清车站整体的功能要求，弄清车站的特点与性质，才能有的放矢地进行总体方案设计。不同的车站，除提供乘客上下车场所这一相同的功能外，各有各的特点，大致可分为以下几种具有某种典型功能的车站。

以换乘为主要功能的车站主要应考虑乘客的换乘条件，以尽可能减少换乘距离为主要因素进行设计，并留有足够的换乘能力。

接驳大型客流集散点的车站要考虑突发性客流特点，留有足够的乘客集散空间，并创造快捷的进出站条件。

有列车折返运行需要的车站以列车在车站的运营能力为主，考虑车站配线的设置以及由此带来的车站站位及平面布局的变化。

有与建筑物开发结合要求的车站应考虑结构的统一性，并分清各种客流的流向，要使进出站客流有独立的通道，并尽量减少与其他客流的交叉干扰。

有其他特殊功能需要的车站包括远期须进一步延伸的起点站、与其他交通系统的联运站等。当然，车站的功能需要远不止以上几种，一般是以上几种或其他功能需要合在一起的组合，在确定站位和布局时，对此都要加以细致的考虑。

3. 确定出入口与风亭的数量及位置

在总体构思完成，站位大致确定后，最重要的工作就是确定车站出入口及风亭的数量和位置，车站的出入口和风亭位置的确定，往往对总平面布局有很大影响，有时甚至是决定性的影响，“有出入口才有车站”在某种意义上也反映了出入口的重要性。

车站的出入口数量可根据进出站客流的数量以及方向确定，首先要满足进出站客流的通过能力；其次，应尽可能照顾各个方向的客流，以方便乘客进出站。《地铁设计规范》(GB 50157—2003)规定：“车站出入口的数量，应根据客运需要与疏散要求设置，浅埋车站不宜少于四个出入口。当分期修建时，初期不得少于 2 个。小站的出入口数量可酌减，但不得少于 2 个。”

风亭的数量和采取的通风与空调方式有关，一般由环控专业确定。

根据《地铁设计规范》(GB 50157—2003)中规定，车站出入口与风亭的位置，应根据周边环境及城市规划要求进行合理布置。出入口位置应有利于客流吸引和疏散；风亭位置在满足功能要求的前提下，尚应满足规划、环保和城市景观的要求。车站出入口布置应与主客流的方向相一致，宜与过街天桥、过街地道、地下街、邻近公共建筑物相结合或连通，统一规划，同步或分期实施。如兼作过街地道或天桥，其通道宽度及其站厅相应部位应计入过街客流量，同时考虑地铁夜间停运时的隔离措施。因此，出入口和风亭位置的选择应注意以下几点。

(1) 单独设置的车站出入口的位置一般选在城市道路两侧、交叉口及有大量人流的广场附近，出入口宜分散均匀布置，以最大限度地吸引乘客。

(2) 单独修建的地面出入口和地面通风亭，其位置应符合当地城市规划部门的规划要求，一般设在建筑红线以内。如有困难不能设在建筑红线以内，应经过当地城市规划部门的同意，再选定其位置。地面出入口的位置不应妨碍行人通行。

(3) 要考虑城市人流流向设置出入口，不宜设在城市人流的主要集散处，以免发生堵塞。

(4) 车站出入口应设在较明显的位置，便于识别。

(5) 车站出入口和地面通风亭不应设在易燃、易爆、有污染源并挥发有害物质的建筑物附近，与上述建筑物之间的防火安全距离应符合有关规范的规定。

(6) 应尽可能创造条件使车站出入口、风亭与周围建筑物结合，尽可能减少用地和拆迁。

(7) 车站出入口应尽可能与城市过街地道、天桥、下沉广场结合，以方便乘客、节约投资。

4. 绘制车站总平面布置图

在以上工作基础上，要根据设计的方案进行车站总平面布置图的绘制，根据设计阶段的不同，图纸内容深度也不同，它一般在1/500地形图上进行绘制，主要应包含以下内容：站中心的详细位置，包括线路里程、坐标等；车站主体的外轮廓尺寸，包括端点的线路里程、关键点的位置坐标等；出入口、风亭通道的位置、长度、宽度；出入口、风亭的详细位置、尺寸、坐标等；车站线路及区间的连接关系；车站周围地面建(构)筑物情况、地形条件等；与车站有关的设施情况等。

车站总平面的确定过程是一个各种因素交汇、反复循环的过程。因为它是车站设计中总体性的首要工作，所以对此要加以重视。

第四节　地下车站建筑设计

地下车站的建筑设计，应做到功能合理、技术先进、使用方便，极大地体现出“以人为本”的设计理念，力争给乘客创建一个优美、舒适的乘车环境和地下空间。应根据车站功能使用要求，合理组织站内客流线路，安排房间位置，布设站内设施，确定车站规模、类型，选定结构形式。其地面站房、出入口及风亭的设计均需结合所在地区城市规划，做到简洁、大方，与周围环境相协调。出入口应考虑兼顾市政过街功能，出入口的数量应根据车站情况并按照车站远期预测客流量计算确定。车站出入口通道总宽，应以车站远期预测超高峰小时乘降量进行计算确定，与自动扶梯或楼梯相连的通道宽度必须与其通过能力相匹配，兼作城市过街道的，其宽度应根据过街客流量加宽，同时确保在灾害情况下紧急疏散的要求；车站出入口和风亭应尽量与周围建筑相结合，充分考虑城市景观的要求，出地面的出入口、风亭的体积应尽量小，造型力求美观，与周围的建筑风格协调。

一、地下车站的设计原则

根据车站规模、类型及平面布置，合理组织客流线路，划分功能区分。在组织客流线路时，应考虑以下原则：乘客与站内工作人员通勤线路应分开；进出站客流线路应尽量避免交叉和相互干扰；乘客购票、问讯及使用公用设施时，不应妨碍客流通行；换乘客流与进出站客流线路分开；当地铁与城市建筑物合建时，地铁客流应自成体系。

车站一般宜设在直线段上。

车站公用区应划分为付费区和非付费区，且应进行分隔。进出站检票口应分设。采用单一票制时，换乘通道应设在付费区内。

车站的站厅、站台、出入口通道、人行楼梯、自动扶梯、售检票口(机)等部位的通过能力应按该站远期超高峰客流量确定。超高峰设计客流量为该站预测远期高峰小时客流量(或客流控制时期的高峰小时客流量)乘以 1.2~1.4 超高峰系数。

适当采用隔、吸声措施。有噪声源的房间应远离有隔声要求的房间及乘客使用区；对有高音质要求的房间，均采取隔、吸声措施。

有条件时，车站应考虑采用无障碍通行的设计。

二、站厅设计

站厅，是上下车的过渡空间，其作用是组织、分配客流，将出入口进入的乘客迅速、安全、方便地引导到站台乘车及将下车的乘客引导至出入口出站。站厅内需设置售票、检票、问讯等为乘客服务的各种设施，便于乘客办理上下车手续。此外，站厅内设有地铁运营、管理用房。设备管理用房基本分设于车站的两端，并呈现一端大、另一端小的现象，中间留出作站厅公共区，有利于客流均匀的通向站台候车。

站厅层公共区设计：站厅层公共区布置应满足功能分区要求，尽量避免进、出站及换乘人流线路之间的相互干扰。

主要解决客流出入的通道口、售票、进出站检票、付费区与非付费区的分隔等问题以及站厅和站台的上下楼梯与自动扶梯的位置等问题。站厅的位置：与车站埋深、客流集散情况、所处环境条件等因素有关。站厅的布置有以下 4 种：①站厅位于车站一端。这种布置方式常用于终点站，且车站一端靠近城市主要道路的地面车站。②站厅位于车站两侧。这种布置方式常用于侧式车站，适用于客流量不大的车站。③站厅位于车站两端的上层或下层。这种布置方式常用于地下岛式车站及侧式车站站台的上层，高架车站站台的下层，适用于客流量较大的车站。④站厅位于车站上层。这种布置方式常用于地下岛式车站及侧式站台，适用于客流量很大的车站。如图 4-2 所示。

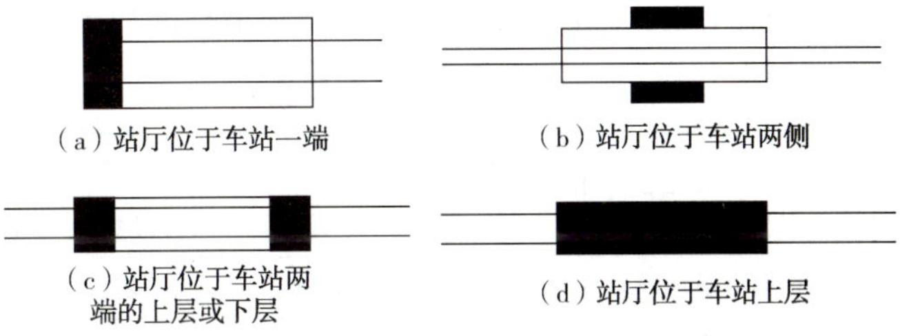

图 4-2　站厅与车站位置设置

三、站台设计

站台是供乘客上下车及候车的场所。根据站址地理条件、站内列车型号、车辆编组情况、客流预测等基本信息，确定车站和站台的结构形式及尺寸。另外，站台设计还应满足车站各设备用房协调工作的要求，同时也应满足乘客候车及紧急疏散的要求。站台层布设有楼梯、自动扶梯及站内用房。当前国内外地铁车站所采用的站台形式绝大多数为岛式站台与侧式站台两种。站台主要尺寸按以下方法确定。

（1）站台长度。站台长度分为站台总长度和站台有效长度两种。站台总长度是根据站台层房间布置的位置及需要由站台进入房门的位置而定，是指每侧站台的总长度。站台有效长度是指远期列车编组总长度与列车停站时允许的停车不准确距离之和（设置在站台层两端的设备和管理用房，必要时可伸入站台计算长度内，但不应超过半节车厢长度，且不得侵入侧站台计算宽度，并应满足距梯口的距离不小于8m）。则站台长度 L 以式(4-1)计算。

$$L=s\cdot n+m \tag{4-1}$$

式中：s 为列车每节长度（包括挂钩），m；n 为列车联挂节数；m 为列车停站不准确距离，通常取1~2m。

日本规定站台有效长度为列车编组总长度加10m，如东京地铁5号线、8号线和10号线地铁车站长度均为210~220m，列车采用10节编组，最长的为大手町站，其站台长度为230m。我国北京地铁1号线站台有效长度按4节车辆编组，长度多为125m。

（2）站台宽度。站台宽度主要根据车站远期预测高峰小时客流量大小、列车运行间隔时间、结构横断面形式、站台形式、站房布置、楼梯及自动扶梯位置等因素综合考虑确定。为了保证车站安全运营和安全疏散乘客的基本需要，《地铁设计规范》（GB 50157—2003）中规定了车站站台的最小宽度尺寸，如表4-3所示。

表4-3　车站站台的最小宽度尺寸　　m

名　　称	最小宽度	名　　称	最小宽度
岛式站台	8	单向公共区人行楼梯	1.8
岛式站台侧站台	2.5	双向公共区人行楼梯	2.4
测式站台（长向范围内设梯）的侧站台	2.5	与自动扶梯开列设置的人行楼梯（困难情况下）	1.2
测式站台（垂直于侧站台开通道口）的侧站台	3.5	消防专用楼梯（兼疏散梯）	0.9
通道或天桥	2.4	站台至轨道区的工作梯	1.1

（3）站台高度。站台高度是指线路走行轨顶面至站台地面的高度。站台高度的确定主要根据车厢地板面距轨顶面的高度而定。车站各部位的最小高度如表4-4所示。

表4-4　车站各部位最小高度　　m

名　　称	最小高度	名　　称	最小高度
站厅公共区（地面装饰面至吊顶面）	3	站台、站厅管理用房（地面装饰面至吊顶面）	2.4
地下车站站台公共区（地面装饰面至吊顶面）	3	通道或天桥（地面装饰面至吊顶面）	2.4
地面、高架车站站台公共区（地面装饰面至吊顶面）	2.6	人行楼梯和自动扶梯（踏步面沿口至吊顶面）	2.3

四、车站出入口设计

车站出入口的主要作用为吸引和疏散客流，与其所服务的半径范围内的居民人口数量有密切关系，因此，出入口的总设计客流量，应该按该站远期超高峰每小时的客流量乘以1.2~1.5的不均系数来计算。

1. 出入口位置、数量设计原则

车站出入口的位置，最好选择在沿线主要街道的交叉路口或广场附近，尽量扩大服务半径，方便乘客。其出入口的数量要视客运需要与疏散要求而定，不得少于2个，且在街道两侧均应设车站出入口。车站若位于十字交叉口处，出入口数量以4个为宜，布置在交叉口的四角，便于乘客从不同方向进出。同时，应考虑以下原则。车站出入口设计平面示意图如图4-3所示。

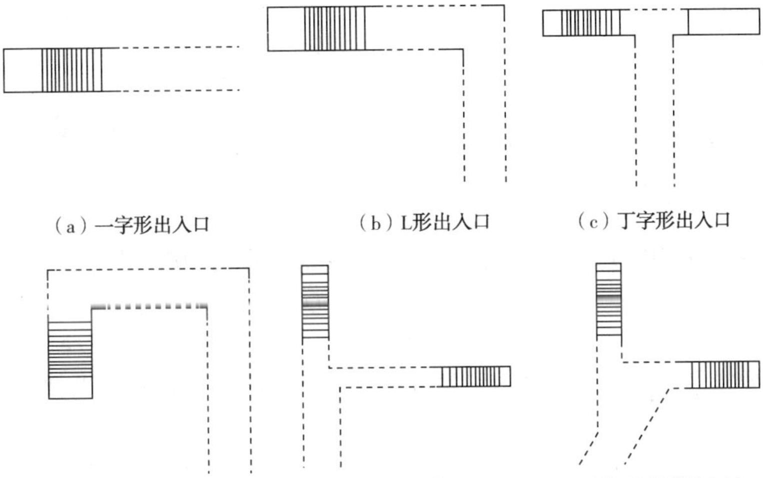

（a）一字形出入口　（b）L形出入口　（c）丁字形出入口

（d）多拐出入口　（e）双出入口　（f）叉形双出入口

图4-3　车站出入口平面类型示意图

（1）车站出入口布置应与主要客流量的方向一致，建筑形式应考虑当地的气候条件和城市文化背景，应与城市公共交通接驳方便。

（2）地下车站与商场共建时，宜分层、分隔设置。若车站出入口与地面建筑结合，应具备对建筑物倒塌的防御能力。车站出入口应与城市地下人行道、地下街、地下商场等相结合或连通，统一规划，同步或分期实施建设。

（3）车站出入口与地面建筑物之间应采取防火措施。大型地下车站的主要设备用房区内，应单独设置一个直达地面的消防、救援专用入口。在一般车站，经过分析论证，可利用靠近主要设备区的直达地面的独立出入口合并兼用。专用入口位置应靠近城市道路。

（4）车站出入口必须设置有特征的地铁统一标志，以引导顾客上下行。

（5）车站出入口宽度应根据平面布置及结构状况确定，其最小宽度应不小于2.4m，净高不小于2.4m。

（6）出入口地下通道或换乘通道的长度应满足紧急疏散的消防要求。

（7）在严寒地区，出入口地面和楼梯应采取防冻、防滑措施。

2. 出入口通道设计

出入口通道宽度应根据各出入口已确定的客流量及通道通过能力经计算确定。出入口通道内若设有楼梯踏步或自动扶梯，设置楼梯或自动扶梯处的出入口通道宽度应根据其通过能力加宽。地下车站宜采用地道式出入口通道，高架车站宜采用天桥式出入口通道。此外，对于地下和高架车站，一般应考虑无障碍设计，设置供残疾人使用的专用垂直电梯或坡道，但其斜坡道的最大坡度不得超过 8%，最小宽度不得小于 1.6m。

五、车站主要设施设计

1. 客流通道口

客流通道口主要位于站厅层的公共区，分左右两侧布置，有利于地面道路两侧出入口的均匀布置。有时车站位于地面十字交叉道路的下面，站厅通道通常以通向地面道路交叉口的 4 个方向布置。通道口的通行总宽度必须大于站台至站厅楼梯(包括自动楼梯)的总宽度，以利于灾变时紧急疏散。根据地铁设计规范规定，通道口最小宽度不能小于 2.4m。

2. 楼梯、自动扶梯及电梯

在客流不大的车站，当两地面高度差在 6m 以内时，一般采用人行楼梯；大于 6m 时，考虑乘客因高度差较大，行走费力，宜增设自动扶梯。

在客流量较大的车站，自动扶梯是最便利、最迅速的垂直运输设备。在《地铁设计规范》(GB 50157—2003)中规定，自动扶梯的设置倾斜角度为 30°，有效净宽为 1.0m，设计通过能力不大于 9600 人/h。车站出入口的提升高度超过 6m 时，宜设上行自动扶梯；超过 12m 时，还需设下行自动扶梯。站厅层供乘客至站台层使用的自动扶梯应设在付费区内。有无障碍设计要求及在车站站房区内，站厅层至站台层之间宜设垂直电梯，以方便残疾人并运送站内小型机具及设备。

乘客使用的楼梯踏步高度宜采用 135~150mm，宽度宜 300~340mm，一般多采用高 150mm，宽 300~320mm。人行楼梯每梯段不应超过 18 步，不得少于 3 步。休息平台长度为 1200~1800mm。人行楼梯最小宽度单向通行时为 1800mm，双向通行时不小于 2400mm。当楼梯净宽度大于 3600mm 时，中间应设栏杆扶手。踏步至顶板的净高不应低于 2400mm。楼梯栏杆的高度不宜低于 1100mm。

3. 售检票设施

售检票设施是指乘客使用的售、检票系统。各国地铁车站售、检票可分别按通过的人数来计算。自动售票机设置的位置与站内客流线路组织、出入口位置、楼梯及自动扶梯布置有密切的关系，应沿着客流进站方向纵向设置。售票口、自动售票机应布设在便于购票、比较宽敞的地方，尽量减少与客流线路的交叉与干扰。售票处距离出入通道口和进站检票处的距离大于等于 5m，出站检票处距离楼梯口的距离应大于 8m。

第五节　高架车站建筑设计

高架车站是指车站结构设置于地面高架桥上的重要建筑物。高架车站作为一种经济、实用、高效、安全的车站形式，不但具有地下车站的通用特征，而且高架车站还具有以下特点：①相对于地下车站而言，高架车站造价较低，建设周期较短。在地面以上建设，建造速度快，更加适应卫星城市发展的需要。②相对于地面车站而言，高架车站较为高效和实用，占用地面的面积相对较少。对城市地块的分割作用较弱，对城市规划的影响程度较小。③相对于地下车站而言，高架车站主要存在三大问题，即振动、噪声和对城市景观的负面影响。④在城市设计中，高架车站与周边区域的建筑景观与空间设计是展现人文景观和城市面貌的重要元素。

城市轨道交通高架车站的设计涉及面广，投资比重大，是轨道交通设计的重点。高架车站的设计与地下车站的设计类似。站址选择应该满足轨道交通线路设计及运营管理要求，要考虑城市公共交通组织和城市规划的要求。然后对高架车站总平面布局、建筑功能、建筑外观造型与空间环境及建筑节能设计等方面进行系统的分析研究。在增进城市轨道交通的运营效益的同时美化城市景观，以取得显著的经济、社会和环境的综合效益。

一、高架车站的设计原则

高架车站的结构形式、总体布局应根据车站的功能和使用要求从结构安全可靠、经济合理、受力明确等几方面进行综合比较，选择合适的结构类型。

车站柱距的选择应根据车站建筑、结构形式、周边环境及车站平面布置等因素综合确定，尽可能选择跨度与区间相匹配的柱距。

结构净空尺寸应满足建筑、设备安装与管理、使用及施工工艺要求，并考虑施工误差、结构变形、后期沉降的影响。结构应分别按施工阶段和使用阶段进行强度、刚度、稳定性计算，并应按规范要求进行变形计算。在结构的关键部位，设计应保证安全。结构计算应满足抗震设计要求，并采取必要的构造措施满足防火、防水、防锈、防雷等要求。车站结构设计应符合现行国家、行业及地方有关设计规范。

基础设计应综合考虑上部结构的类型、工程地质、水文地质、环境要求，选择合理的桩基。

二、高架车站的平面布局及设计

高架车站相对于地下车站受地面地形、地貌影响较小，可在按照其设计原则的基础上根据城乡周边环境做出调整并和环境结合。平面线形应尽量平衡、流畅。一般新城高架段区域城市发展尚不成熟，在平面布局时主要考虑以下几点要求：预留轨道交通高架线路走廊；统一规划 TOD 发展模式，考虑车站的服务范围和性质；预留好与其他交通形式接驳的条件；考虑不同范围人流的集散。图 4-4 为高架车站平面布局示例。

高架车站的平面设计是高架车站设计的关键。应对车站公共区、设备及管理用房、车站主要设备的布置、出入口通道进行模块化多方案比选，对站厅、站台、站房、防灾及无障碍设施进行严格的设计。把对应车站基本功能的设施分解成站台、站厅、通道三个基本模块，如图 4-5 所示，把对应车站辅助功能的设施分为站厅管理用房模块、弱电模块及水电机房模块这样的做法就是模块化设计的方法。这种方法在车站设计时，以有利于车站的运营和维护为导向，功能分区明确，强调整体优化；以实现车站基本功能为目的，尽量减少车站不必要的空间和多余的功能；尽量将为同一功能服务的设施或功能接近的设施在逻辑上、位置上组合起来形成一个功能模块；预先科学合理地计算车站用房的个数和面积，尽量压缩各模块的规模，合理布置各模块的功能内容。

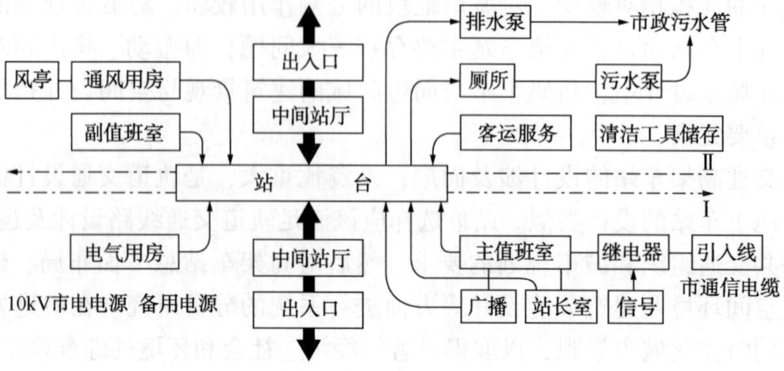

图 4-4　高架车站的平面布局

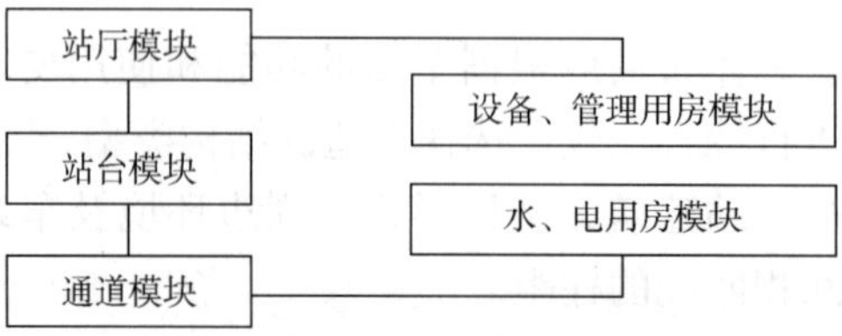

图 4-5　高架车站功能模块

城市轨道交通高架车站，其客流行进方向、站厅站台的组织顺序与地下车站正好相反。高架车站的站台层在最上层，客流向上经站厅层检票后到达站台层候车。因此，车站总体布局时，应按照乘客进出站的活动顺序，合理布置进出站的流线，减少干扰，要求流线简洁通畅，为乘客创造便捷、舒适的乘降环境。城市轨道交通高架车站，与地下车站类似，一般由站台、站房、站前小广场、升降设施及跨线设施等组成。

1. 站台

城市轨道交通高架车站的站台形式可分为岛式站台、侧式站台和混合式站台等三种形式。站台的长度、宽度和高度的设计方法，与地下车站设计方法相同。但是高架车站顶部设有雨棚，需考虑站台上部净空高度，宜比车厢顶略高。

2. 站房

站房是根据运营管理工作的需要而设置的各种用房。其组成应根据运营管理的要求来决定，主要包括站厅、运营管理设备用房和通道等。

站厅，是售票、集散、连接车站进出口和站台的场所。为了减少占地面积、方便乘客乘降和便于管理，高架车站的站厅层一般设在站台层的下一楼层(通常为地面层)，且在站厅层设置客流出入大厅等，利用回栏分隔付费区及非付费区，其过街人行天桥及地道的出入口，必须设于非付费区内。售票室的位置应与进站口毗邻，使乘客活动流程尽可能短。

车站运营管理及设备用房的布置，应尽量设置于车站一端，与乘客候车区隔开。同时，应尽可能布置在地面以降低工程造价。由于高架车站建于地面以上，具有开敞空间的条件，不需设置庞大的空调机房而大大减小了设备用房的面积。

通道，包括出入口通道、楼梯、自动扶梯、消防楼梯、人行天桥等。其位置应根据站前小广场及站内、站外人流交通组织关系来确定，以最大限度地吸引客流为原则，力求采取与地面公交换乘最方便的方案。此外，出入口通道的宽度和数量，应根据车站的规模和客流量来确定，要求在紧急情况下6分钟内使聚集在车站上的人员全部疏散出站。

3. 站前小广场

站前小广场，起集散乘客的作用，是乘客进出站的缓冲之地，为乘客提供休闲场所及停放车辆。对于特大型车站或大型换乘站，站前小广场的设计内容比较丰富，必须与城市、交通规划部门协调研究，布置大小适宜的站前小广场，应考虑布置汽车、自行车的停放处，商业服务设施及公用设施，并布置绿地以美化环境。而对于一般的大、中、小型车站，在城市人口众多、用地紧张的情况下，只能在可能的条件下因地制宜，恰当布置进出站的缓冲地带，并且配合交通安全保护措施(如斑马线等)，使乘客进出车站有安全感。

4. 跨线设施及升降设施

由于城市轨道交通行车速度快，密度高，要求整个线路封闭程度较高。高架车站存在上、下行越线问题，因此，必须设置跨线设施及升降设施，方便乘客且有利于城市观瞻。

高架车站的跨线设施，应尽量利用高架桥面以下的结构空间，注意避开道路的交汇路口，以满足道路上空的限高要求。在设计时，要求位置适宜，线路简洁，宽度合理流畅。

高架车站的升降设施布置，通常有2种方式，一种为街道两侧布置升降设施，经天桥进入高架站台；另一种为利用桥下空间，经楼梯通向两侧高架站台。两种方式各有优缺点，前者不占桥下道路面积，对机动车道干扰小，但造价高，且侧式站台乘客中途折返不便，上下行乘客越线需另行解决。后者可利用桥下空间垂直交通同时解决乘客越线问题，乘客上下行选择方便，但在桥下占有一定的宽度，对机动车道有一定影响，需城市交通规划部门拓宽车站附近道路。

升降设施及通道宽度应根据高峰小时客流量计算而定，采用宽度一般不小于2m。垂直交通楼梯踏步宽度应为300~320mm，高度应为150~165mm。阶梯每升高3m，应设步宽为1.2~1.8m的休息平台，阶梯上部净空高度最低为2.5m。楼梯两侧应设扶手，宽度大的楼梯中间也应设扶手。

三、高架车站立体外观设计

高架轨道交通以其“现代”“快速”“便捷”等特点成为公共交通系统和城市景观中引人注目的彩带，各车站恰似串在彩带上的明珠。高架车站作为一种形式较为特殊的交通建筑，在设计中应力求做到功能和审美的完美结合。由于车站体量大，所以其建筑形式、立面造型对城市环境的影响较大，在设计中就必须从城市大环境出发对每个车站在城市中所处的不同区域加以分析研究，在充分发挥车站功能的同时，也能丰富城市空间，改善城市景观。外部造型设计时应该处理好整条线路共性和个性的关系。既具有各自的特色，又相互呼应，同时兼具轨道交通的系统性。轨道交通高架车站的立面形式还应根据其与道路的关系不同而变化。例如车站平行于道路时就应该与垂直跨路时的处理手法不同。跨路时应该特别注意城市道路的视线通透效果。平行于道路位于道路中央时，应特别注重形式的轻巧性和视线的通透性。

轨道交通高架车站的建筑形式，又具有城市景观建筑必须具备的景观艺术性，需与周围特有的环境景观协调。这种车站不仅只是一座地铁建筑，更应该是一座具有交通建筑性格特点的城市雕塑。高架地铁站在建筑设计时，要充分满足其不可变因素，最大限度地发挥其可变因素。建筑设计时应该严格执行以上这些原则，充分挖掘其可变的、可发挥的因素，运用现代新的科学技术和新的建筑材料创造出新的建筑形式。尽量充分体现高架地铁站的交通建筑、景观建筑的双重性格，尽量体现其通透、轻盈的特点。

第五章

城市轨道交通结构工程

第一节　地下车站的结构类型

地下车站应根据车站规模、运营要求、地面环境和地质条件等因素来选择合理的结构形式。车站结构净空尺寸应满足车站建筑、设备、使用及施工工艺等技术要求，同时还应考虑施工误差，测量误差、结构变形、沉陷等因素的影响。地下车站按不同的施工方法分为明挖法施工车站结构、盖挖法施工车站结构、矿山法施工车站结构及盾构法施工车站结构等。

一、明挖法施工的车站结构

明挖法施工车站结构一般采用矩形框架结构，根据功能要求，可以设计成为单层、双层、单跨、双跨、多层、多跨等形式。明挖法施工的车站，施工方法简单、技术成熟、工期短、造价低、便于使用，适用于环境要求不太高的地段。

明挖法施工车站结构一般由底板、侧墙及顶板等围护结构和楼板、梁、柱等内部构件组合而成，如图5-1所示。根据受力的不同，顶板可采用单向板、井字梁式板、无梁板或密肋板等形式；底板主要按受力和功能要求设置，均采用以纵梁和侧墙为支撑的梁式板结构；侧墙多采用以顶、底板及楼板为支撑的单向板；其立柱一般采用钢筋混凝土结构，其柱距一般取6~8m。

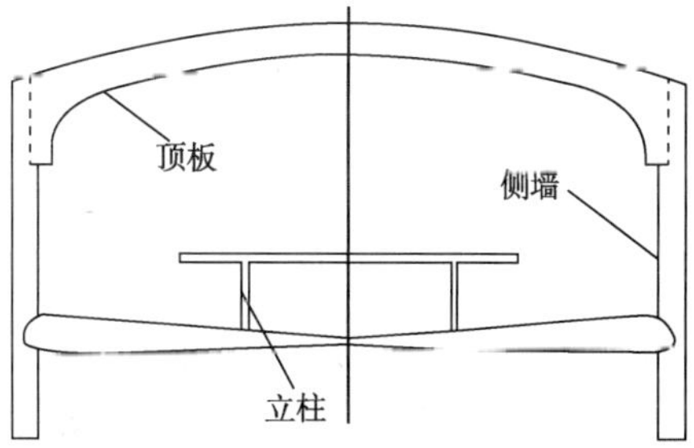

图5-1　明挖法施工车站结构

二、盖挖法施工的车站结构

盖挖法施工车站结构一般也采用矩形框架结构，盖挖法施工的车站，是通过打桩或连续墙支护侧壁，加顶盖恢复交通后在顶盖下开挖，灌注混凝土进行施工，如图5-2所示。其特点在于在地面交通繁忙时尽可能小地影响交通，但施工难度稍大。

三、矿山法施工的车站结构

矿山法施工的车站结构一般采用拱形结构(图5-3)，根据其地层条件的不同，可采用单拱式、双拱式或三拱式车站，根据需要可设计为单层或双层。其开挖断面一般为150～250m^2。这种车站一般位于岩石地层，在松软地层中，施工难度和土建造价要高于明挖法车站。

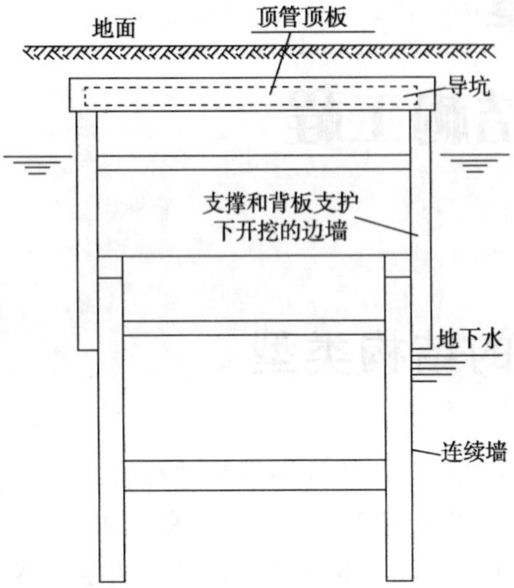

图5-2　盖挖法施工的车站结构

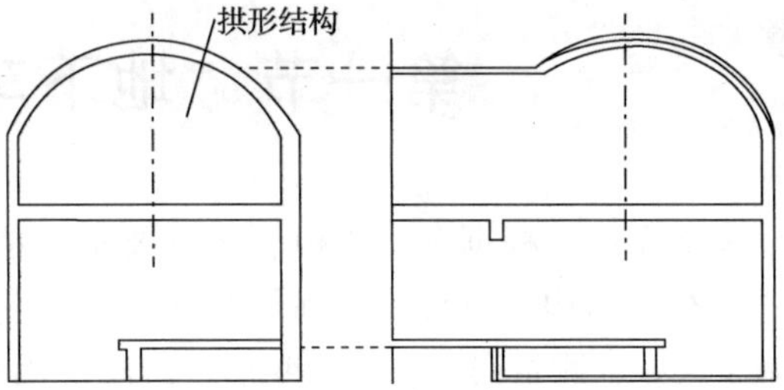

图5-3　矿山法施工的车站结构

四、盾构法施工的车站结构

盾构车站的结构形式与所采用的盾构类型、施工方法和站台形式等密切相关。近年来开发的多圆盾构等新型盾构，进一步丰富了盾构车站的形式。盾构车站的结构形式可大致分为以下几种。

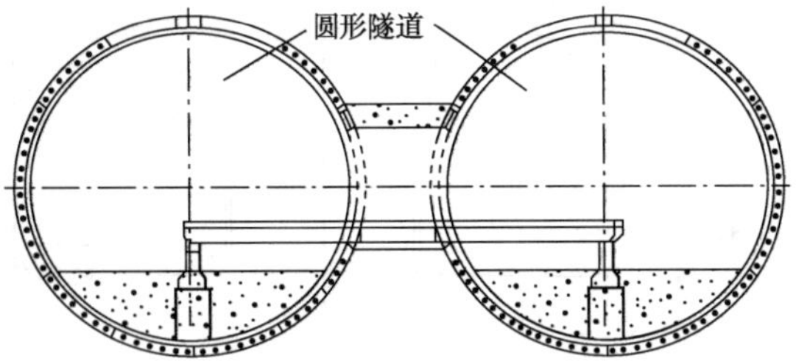

图5-4　盾构法施工的车站结构

（1）两圆形隧道组成的车站。这种盾构车站施工简单、造价低，适用于道路较窄和客流量较小的车站。一般每个隧道都设有1条轨道和1个站台，如图5-4所示。两隧道的相对位置主要取决于场地条件和车站的使用要求，多设于同一水平。在车站两端或车站中部，两隧道之间设有斜隧道以供乘客进出车站。

（2）三拱塔柱式车站。这种盾构车站施工也较为简单，总宽度较大，适用于工程地质和水文地质条件较差的地段。车站由并列的3个圆形隧道组成，两侧为行车隧道并在其内设置站台，中间为集散厅，用横向通道将3个隧道连成一体。

（3）立柱式车站。这种盾构车站施工工序多，工程难度大，造价较高，具有总宽度较窄、能满足大客流量的优点。传统的立柱式车站为三跨结构，针对其存在的问题，日本开发了“多圆形盾构”。这种新型盾构经组装或拆卸后，可用于车站隧道的施工，车站断面一次开挖成型。

以上这些盾构车站结构，均需按要求设计和加工专用盾构，所需费用较大，一般在一条线多个车站使用盾构才经济合理。我国关于盾构施工的研究起步晚，进一步加强这方面的研究是我国工程技术人员的艰巨任务。

第二节　围护结构类型

深基坑工程在我国已经有数十年的发展历史，根据过去的施工经验，我们一般在深基坑开挖前先沿着基坑周围人为建造一圈围护结构，其目的是抵消在基坑开挖过程中因土体流失而引起的基坑外围土体的主动土压力。通过几十年的不断探索，我们现在已经掌握多种不同的基坑围护方式，可根据深基坑所在地的不同地质条件选取合适的围护结构。

总结过去的深基坑施工案例我们可以知道，深基坑围护结构主要承担的是基坑外围土体施加的主动土压力和地下水施加的孔隙水压力，故深基坑支护结构的主要作用可划分为挡土作用和止水作用两个部分。深基坑围护结构有很多不同的类型，其中在工程中被广泛使用的有以下几种：①放坡开挖；②悬臂式围护结构；③重力式围护结构；④内撑式围护结构；⑤拉锚式围护结构；⑥土钉墙围护结构；⑦其他形式围护结构。

一般情况下，深基坑围护结构由挡土结构和止水帷幕共同组成，二者之间相辅相成，共同承担基坑所受到的外部荷载。但上述围护结构中，重力式挡土墙、地下连续墙可同时作为挡土结构和止水帷幕，故在基坑支护过程中可单独使用。随着我国科学技术的发展，基坑支护领域也不断有新兴技术涌现，其中较为常见的有沉井支护法、冻结法固结地层。

一、放坡开挖

在基坑开挖过程中，可以通过计算选择一个合适的坡度，依靠土体自身的强度使得基坑在无支护的条件下依然保持一个相对稳定的平衡状态，为接下来的施工过程提供一个安全的工作平台，这种无加固、无支撑措施的基坑开挖方式统称为放坡开挖。一般情况下这种基坑开挖方式的工程造价较低，施工进度快，在现场地质条件满足的情况下是首选的开挖方式。但是放坡开挖施工也有一定的局限性，它对工程地质条件及周边环境要求较高，当基坑深度过大时，将出现基坑边坡滑塌，导致基坑失稳；此外，当地基土为软土时，由于土体的抗剪强度有限，能够满足边坡稳定的允许坡度过小，要求有较大的施工场地，增加了土方的开挖及回填量，增大工程的施工成本。部分地区在基坑开挖时还会有地下水出现，不采用基坑支护措施则需要进行基坑降水，导致周边地面下沉，此时则需要配合一定的支护措施，保证工程施工的安全有序进行。

二、悬臂式围护结构

悬臂式围护结构是指由一系列埋入地下的型钢、混凝土桩、地下连续墙等成行或列间隔布置而形成的具有挡土效用的围护结构，我们可以经常在深基坑工程中看见这样的围护结构，其在岩土工程中的重要性也就不言而喻了。

1. 柱列式排桩

柱列式排桩围护常应用于基坑形状较为规则的工程中，且相邻两根桩之间的间距不宜过大，桩间间距常取 1.2~1.5 倍桩身直径。此外，由于基坑范围较大，基坑周边土体内力分布不均匀，可能会造成排桩受力不均，为避免单个桩体结构出现破坏，在施工过程中常在桩顶设置一圈混凝土冠梁，加强桩与桩之间的联系，使基坑周边的土体应力均匀传递给支护结构，从而保证基坑安全。一般排桩不单独使用，还需要增加止水帷幕共同对基坑进行支护。排桩施工难度较低，工艺相对来说较为简单，所需空间较小，可同时进行其他施工活动，有效地加快了施工进度，尤其适用于地下水位以上的黏性土、粉土地层，但排桩支护也有其局限性，当遇到卵石和砂砾土层时就不宜采用排桩支护了。

柱列式排桩作为一种在工程实践中应用较多的围护结构，其可以继续细分为许多不同类型的围护结构，其中最为常见的就要数钻孔灌注桩了。钻孔灌注桩一般是通过机械钻孔后，利用钢筋和混凝土现场浇筑出来的。由于混凝土在固结后体积缩小，故其一般对周围的土体没有挤压应力。根据桩径尺寸的不同分别适用于不同的工程，当桩径小于 250mm 时，一般用于基础加固；当桩径大于 800mm 时，多用于大型建筑及地铁基坑、公路铁路桥涵等。钻孔灌注桩同其他支护方式相比，在施工时发出的噪声、震动要小很多，且不会导致附近地表的隆起或侧移等现象，因此对附近的构筑物、市政公用设施的危害最小。此外，灌注桩施工需要先利用机械在施工场地内成孔，随后就以之前的孔洞作为模板浇筑混凝土，故可以根据施工需要设置成异形桩，如扩大桩端体积，更好地发挥桩端土的作用，增大单桩的竖向承载能力；还可根据设计要求，对桩身承受弯矩较大的部位加大截面积等。

2. SMW 工法桩

SMW(Soil-cement Mixed Wall)工法是在深层搅拌桩施工方法的基础上，经过改进后发展起来的，是近些年来一种较为新颖的一种基坑维护形式。SMW 工法桩是利用特定的机械将水泥与泥浆搅拌在一起，使二者混合在一起形成水泥土柱，再通过一定的方法将型钢插入搅拌桩中，经过一定的时间固结后，便形成一个具有一定承载能力的围护结构。在该结构中，型钢可承受来自边坡方向传来的侧向土压力和孔隙水压力，而水泥土的抗渗能力较强，可以有效地防止地下水渗漏，同时水泥土将型钢包裹在中间，减小型钢的位移，防止其失稳，此外还能很好地保护型钢不被腐蚀。综上所述，SMW 工法桩同时具有很好的挡土和止水功能，是深基坑支护中一种常用的支护方式。但是，该工法桩在实际使用过程中存在许多问题暂时没有得到理论的支持，例如桩体的受力计算，型钢与水泥土之间共同工作原理等，除此之外，桩体本身的抗弯性能也得不到有效的保证。因此，如何更好地发挥 SMW 工法桩的优势还需要我们进一步的研究和探索。

3. 钢板桩

钢板桩作为一种新兴的基坑支护方式，逐渐走入人们的视野。钢板桩具有高效、经济、环保、施工操作简便等特点，在现代基坑工程施工中发挥着越来越重要的作用。常见的钢板桩有拉森钢板桩，其桩身两侧有锁口，在施工过程中可通过控制桩与桩之间的间距，使桩身紧密贴合在一起，通过锁口对接使钢板桩之间联结成为一个整体，以达到挡土挡水的作用。钢板桩在基坑施工前就已经预制好，通过特定的机械将桩身沉入地下，工序简单，工作效率高，有效地减少工期；又因为基坑支护结构属于临时工程，在主体结构施工完成后，钢板桩可通过一定手段拔出，清理后可重复使用，有效地节约了成本。

但钢板桩并不是适用于所有的基坑工程，其使用也有一定的局限性。钢板桩的长度越长，其刚度就越小，受土体挤压后的变形就越大，当变形达到一定程度后，随时都有失稳的可能性，不仅危及现场施工人员的生命安全，还会导致工期延误，给项目造成经济损失。故常见的钢板桩长度一般在 10m 以内，当基坑深度过大时不宜采用钢板桩支护。钢板桩在使用过程中会挤压周围土体，且拔出后会在基坑周围留下空隙，所以钢板桩施工时需要制定周密的施工监测方案，如果在施工过程中因为方案缺陷或人为因素导致对周边环境造成不可挽回的严重后果，例如造成周边建筑物沉降甚至开裂或者地下管线遭到破坏，那就得不偿失了。

此外，钢板桩在沉桩过程中会产生较大的噪声，严重影响周围居民的日常生活，故在市区及居民住宅区一般禁止使用钢板桩。

4. 地下连续墙

近些年来我国沿海地区城市发展迅猛，高层建筑及城市轨道交通的建设逐渐增多。当基坑工程位于这样的地区时，受当地的地质条件等限制，很难用一般的围护方式进行施工，此时采用地下连续墙进行支护能有效地降低对周围构筑物及地下管线的影响。

地下连续墙是指在基坑开挖前，用特定的成槽机械在基坑周围开挖出沟槽，成槽时按一定的长度将其划分成若干个单元，为保证沟槽内壁的平整(地下连续墙的墙面平整)，需有特定的泥浆进行护壁处理。当开挖至设计深度时，根据成槽宽度用吊装机械放入相应的钢筋骨架，并利用导管将混凝土由上而下缓慢浇筑进沟槽中，此时泥浆被置换出来，达到指定标高后，该单元的地下连续墙即施工完成。最后，将各个单元的地下连续墙采用某种特定的方式将其连接起来，形成一个连续的整体，在接下来的基坑开挖过程中，地下连续墙既能阻止外侧土体向内侧产生位移，也能减少外侧地下水向基坑内渗漏，可有效提高基坑稳定性，如果工程受时间限制较为紧迫，甚至可以在地下连续墙的基础上直接进行主体结构的施工，将其作为主体结构的一部分。

地下连续墙施工工艺流程如图 5-5 所示。

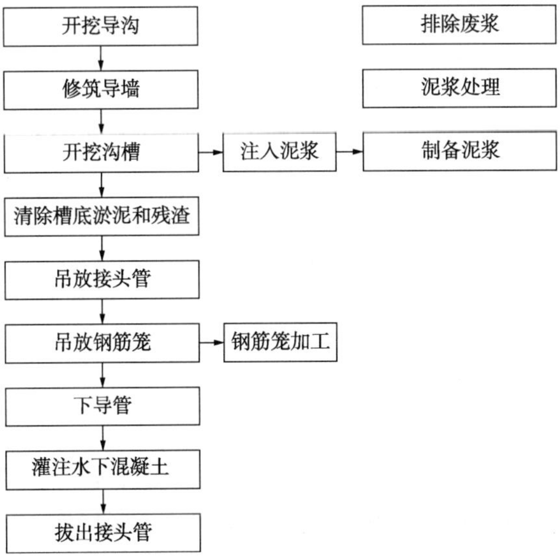

图 5-5 地下连续墙施工工艺流程

我国的地下连续墙技术之所以能在短短的几十年里取得广泛的应用和发展，与它自身所特有的优点是分不开的：

(1) 施工过程中几乎不产生震动和噪声，对周边居民的正常起居影响较小。

(2) 地下连续墙作为一个连续的整体，抗渗能力好，刚度较大，使得周围建筑物及地下管线的变形小，尤其对深度较大的基坑更为明显。

(3) 地下连续墙的耐久性较好，在某些特定工程中，地下连续墙可作为主体结构的一部分，节约了工期，降低了工程造价。

地下连续墙在基坑工程中有如此重要的地位，但其施工过程中对施工工艺的要求较为苛刻，尤其是施工过程中产生的泥浆和弃土，如处理不好，会对周围的环境造成极大的污染。此外，对于一些工程地质条件较好的基坑工程，采用地下连续墙进行支护会导致工期延误，造成施工成本的增加。

三、重力式围护结构

重力式挡土墙是一种常用的边坡支护形式，它主要利用自身重力来平衡土体的侧向压力，减小周边土体的侧向位移，在目前工程中经常被用到的有水泥土重力式围护结构。该结构是利用特定的搅拌装置将水泥等胶凝材料同土体充分地拌合，使二者产生一系列的反应，固结形成一个具有一定强度的圆柱体。最后将这些圆柱形土体相互搭接，形成一道具有一定抗剪及抗弯强度的水泥土格栅状墙，保证基坑工程施工的安全。

水泥土重力式围护结构在施工时可最大程度地利用施工现场的土体，施工时只需要添加一定量的胶凝材料进行搅拌，待其固结后即可发挥作用，在很大程度上降低了施工成本；在施工时对周围环境基本没有影响，故常应用于建筑密集的市区；且其自身具有一定的抗渗能力，可同时作为止水帷幕；但是其不适合在深度较大的基坑工程中使用，一般其支护深度不超过 6m，对于部分基坑位于非软土地区，最大支护深度大约在 10m 左右。

重力式挡土墙如图 5-6 所示。

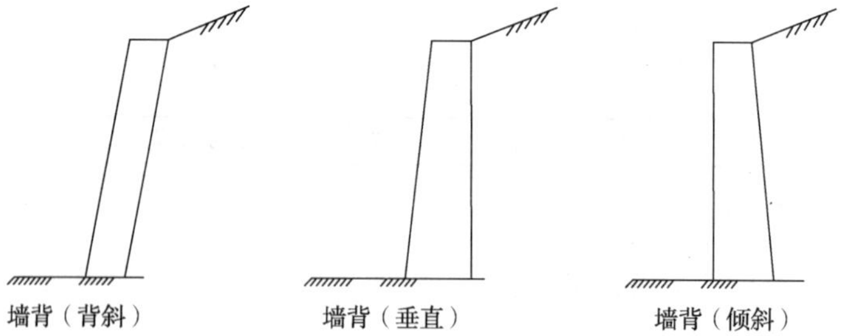

图 5-6　重力式挡土墙示意图

四、内撑式围护结构

内撑式围护结构一般由围护结构体系（灌注桩，钢板桩等）和支撑体系构成，当遇到地下水丰富的地区时，还需要增加止水帷幕。一般情况下，竖向围护结构承受来自侧面的土压力，内支撑体系横向布置，为竖向围护结构提供必要的支撑力，防止基坑出现倾覆。

内支撑围护结构是在悬臂式围护结构的基础上进行了一定的加固，防止围护结构失稳破坏，施工质量得到了保证，相比较锚杆支护和土钉墙支护，尤其适用于软土地基，因为在软土地基中，为保证基坑的稳定性，需要增加锚杆的数量并提高其质量，不利于施工的经济性。但是在架设内支撑和给支撑构件施加预应力时需要一定的时间，可能会影响工期；且前期架设的支撑结构不利于后面基坑开挖时的机械化操作，对施工造成一定的干扰。

五、拉锚式围护结构

拉锚式围护结构(图 5-7)是一种较为常见的基坑围护结构，主要由基坑外围的挡土结构和外拉锚固系统组成，其中外围挡土结构承担外侧的被动土压力，挡土结构与外拉系统共同工作维持基坑的稳定性。随着工程规模的增大，基坑的深度和宽度也随之增大，基坑支护难度不断增加，工程成本加大，传统的内撑式支护结构已不能满足施工的要求，而此时采用锚杆等构件对边坡进行加固可明显改善施工条件，降低施工成本。

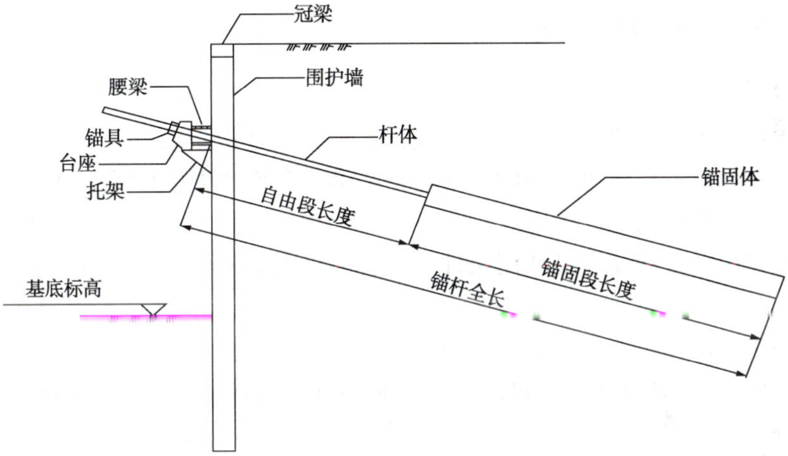

图 5-7 拉锚式围护结构示意图

拉锚式围护结构一般采用钻孔灌注桩、钢板桩等作为基坑的挡土结构，在这一点上同悬臂式围护结构是相同的。因为拉锚式围护结构通过拉杆和锚固系统将围护桩、地层联结成一个整体，从而使整体的刚度增大，减小基坑附近土体在施工过程中向基坑内侧的位移。拉锚式围护结构根据外拉系统所在位置分为两大类，分别为地面拉锚围护结构和锚杆围护结构。其中地面拉锚围护结构对基坑周边环境要求较高，施工时需要将受拉杆件锚固到基坑周围的地面，故需要一片平坦开阔的区域。由于其施工过程简便，常用于小型基坑或放坡开挖过程中，有时也用来对悬臂式围护结构进行加固或抢险。近年来，随着人工钻孔及注浆技术的逐渐成熟，锚杆围护结构在基坑支护领域得到了较多的应用。锚杆围护结构采用沿基坑内壁布置外拉系统的方法，缩小了围护结构的尺寸，该方法适用于周围存在既有建筑物且施工过程中不允许有较大位移的情况。

由于外拉系统需要锚固在基坑周边的地层中，故拉锚式围护结构对基坑所处的地质条件有一定的要求，一般多应用于在密实的土层或坚硬的岩层中。

六、土钉墙围护结构

在基坑工程中，先在需要加固的坡面上喷射一层混凝土，再将土钉打入土体中，通过土钉将混凝土面同加固土体联结形成一个具有一定抗弯强度的整体，以此来抵挡侧方土压力，类似于这样组合结构称之为土钉墙围护结构。它也是通过自身的重力来维持基坑的稳定，在这一点上同重力式挡土墙十分相似。根据土钉是如何打入基坑围护结构内部来划分种类，可将土钉划分为钻孔注浆土钉和打入式土钉两大类，其中钻孔注浆土钉更为常见，其基本操作步骤为钻孔、注浆、植筋。

土钉墙施工操作简单，没有过多复杂的工序，没有大型的施工机械，对周围环境影响小；作为围护结构可充分利用土体的自稳能力，减少不必要的施工活动，有利于根据现场监测的实际情况及时做出调整，机动性比较强；此外，由于土钉墙的自身结构较轻，且其对周边土层扰动较小，因此具有很好的抗震性能。但土钉墙不能应用于含有丰富地下水的土层中，当基坑所处环境为地下水位以上的黏性土层时，且基坑深度不超过 12m，可考虑使用土钉墙进行边坡支护。

七、围护结构的其他形式

1. 组合型围护结构

深基坑工程的支护一般由三个系统组成，它们分别是挡土系统、支撑系统和止水排水系统。因为工程实际过程要比预想的情况复杂得多，我们需要同时满足多方面的要求，任何一点疏忽都可能造成工程的失败。对于一些特大基坑工程，可能某一种支护形式不能满足工程实际的需要，或即使满足使用条件，但造成极大的资源浪费，这时我们通常会采用几种围护结构共同支护的方式，通过汲取各支护结构的优势，往往会有意想不到的成效。如将钻孔灌注桩同高压旋喷水泥土桩放在一起形成组合结构，高压旋喷桩主要作为止水帷幕，钻孔灌注桩主要承担基坑外围的土压力，两者相互协作，共同保障基坑的稳定性。

2. 冻结法围护结构

自 19 世纪 50 年代冷冻机的发明开始，世界上已经有一大批工程师利用这项技术进行特殊地质条件下的基坑、巷道支护，我国在 20 世纪 50 年代引进这项技术，到目前已经有许多成功的工程案例。

冻结法是通过一定的手段将冻结管插入所要开挖的基坑周围，再将冷冻液注入冻结管中，通过冷冻液的不断循环，使冻结管周围土体冻结，在基坑外围形成一个连续、稳定、具有止水效用的冻土墙，从而保证基坑内的相对干燥和稳定，可将基坑开挖对周围建筑物及地下管线的影响降到最低，直到基坑内的主体结构施工完毕，即可停止对土层的冻结。

冻结法适用于含水量大于 10% 的砂性土及黏性土等，利用该方法可根据基坑形状进行布孔，节约了材料，降低了工程造价，且不会造成对周围环境的污染。冻结后的冻土墙可以有效地阻止地下水的渗入，基坑开挖过程中不需要进行基坑降水，也就不会导致基坑周围因为地下水的流失而导致的地面沉降。

第三节　结构设计原则

地下车站内部结构设计应符合以下的设计原则。

(1) 结构设计应根据各车站不同的结构类型、工程地质与水文地质、荷载特性、环境影响、施工工艺、建设周期等条件做深入细致的比较和研究。本着安全、可靠、适用、经济的要求，综合确定车站的结构形式，满足车站的使用要求。

(2) 车站结构方案应满足建筑、限界、机电设备、人防等专业的技术要求，并适当考虑施工误差、测量误差、结构变形和后期沉降的影响。

(3) 车站结构设计应分别按施工阶段和使用阶段，根据承载能力极限状态及正常使用极限状态的要求，进行承载力、稳定、变形、抗浮、抗裂及裂缝宽度等方面的计算和验算；当采用暗挖法施工时，可按容许应力法进行设计或验算，而某些情况中的设计参数也可采用工程类比法确定。其作用在结构上的荷载，应按照表 5-1 分类。

表 5-1　荷载分类

荷载类型		荷载名称
永久荷载		结构自重
		底层压力
		结构上部和破坏棱体范围的设施及建筑物压力
		静水压力及浮力
		混凝土收缩及徐变作用
		预加压力
		设备重量
		地基下沉影响力
可变荷载	基本可变荷载	地面车辆荷载及其冲击力
		地面车辆荷载引起的侧向土压力
		地下铁道车辆荷载及其冲击力
		人群荷载
	其他可变荷载	温度变化影响
		施工荷载
偶然荷载		地震荷载

注：① 设计中要求考虑的其他荷载，可根据其性质分别列入上述三类荷载中。

② 表中所列荷载未加说明者，可按国家有关规范或根据实际情况确定。

③ 施工荷载：设备运输及吊装荷载、施工机具及人群荷载、相邻地下工程施工的影响。

(4) 对于地下车站普通钢筋混凝土结构，其最大计算裂缝宽度允许值应根据结构类型、使用要求、所处环境和防水措施确定。对于处于一般环境中的结构，当按荷载效应标准组合，并考虑长期作用的影响时，最大计算裂缝宽度允许值可以按表 5-2 采用；处于冻融环境或侵蚀环境等不利条件下的结构，其最大裂缝宽度允许值可以根据具体情况确定。

(5) 车站结构设计应满足施工、运营、城市规划、防火、抗震、人防、防水、防杂散电流等要求。

(6) 车站主体结构的安全等级为一级，并按设计使用年限为 100 年的要求进行耐久性设计。

表 5-2 最大计算裂缝宽度允许值

结构类型	允许值/mm	附 注
水中环境、土中缺氧环境	0.3	
洞内干燥环境或洞内潮湿环境	0.3	环境相对湿度 45%~80%
迎土面地表附近干湿交替环境	0.2	

注：当设计采用的最大裂缝宽度的计算式中保护层的实际厚度超过 30mm 时，可以将保护层的厚度计算取值为 30mm。

(7) 车站结构按同时适合平、战功能要求进行设计。

(8) 车站结构设计应根据车站周边不同的环境条件，确定变形的保护等级。对于施工中的重要阶段，需要分阶段提出控制变形的具体要求和指标。

(9) 对处于交通繁忙干道下，施工期间地面交通组织有特殊要求的车站，在结构实施方案中应充分考虑交通疏解的便捷性和可行性。

(10) 车站与规划线网中近期建设的换乘车站，按同步设计、一次实施的原则考虑；作为远期建设的换乘车站，只需预留接口，以利远期车站施工时对已建车站结构的变形控制，并尽量减少对已建车站结构的影响。

第四节 车站结构设计与施工

我国地铁车站建设经历了从北京地铁的端头井明挖法施工、双层三跨车站明挖法施工、双层三跨车站浅埋暗挖法施工、单层双洞端头浅埋暗挖法施工到盾构法施工的过程，不断地开拓进取，不断地发展和完善。

车站的结构形式的选择与设计应考虑在满足功能要求前提下，采用合理的建设规模。尽量使车站的埋深减小、层数减少、站台长度缩短。采用合理的施工方案，尽量减小对周边环境的影响、减少资源的消耗。要科学、合理地规划换乘站和综合交通枢纽，应综合考虑以下条件：简化换乘结构、缩短换乘距离。在综合交通枢纽内集中了多种交通模式，要在规划线网阶段就确定枢纽方案，设计、施工密切配合，做到旅客换乘方便、节省用地，为持续发展创造条件。

一、车站结构形式的设计

地铁车站的结构形式与区间隧道衬砌结构一样，也可基本上分为矩形框架结构(或称箱形框架结构)、拱形结构和圆形结构。在这三种结构中，我国使用最多的是箱形框架结构，其次是拱形结构，圆形结构主要用于国外地铁。

1. 箱形框架结构车站

矩形框架结构，根据功能要求，可以设计成单层、双层、单跨、双跨或多层多跨等形式。浅埋地铁车站采用框架结构便于施工，而且净空断面能充分利用，杆件刚性结合，断面最经济。框架结构又可有单跨、双跨、三跨、四跨几种类型。我国地铁车站结构中，三跨、双跨、四跨采用较多，单跨采用较少。其中三跨广泛采用于岛式站台中，双跨和四跨在侧式站台中被普遍采用。

早期地铁多采用单跨框架结构车站。随着近代技术的发展，可采用预应力混凝土构件，因而出现了大跨度单跨顶板。在侧式站台中，广泛采用双跨或四跨的箱形框架整体结构形式，此种结构整体性好。

岛式站台车站较广泛采用三跨箱形框架结构形式，采用整体式钢筋混凝土或钢筋混凝土预制构件。在两跨及三跨车站结构方案中，底板也可有不同方案。一种是底板为较厚的钢筋混凝土板，在其上支承边墙和柱基；另一种底板为连续板，并与底部纵梁刚性连接，在此纵梁上支承车站立柱。

2. 拱式结构车站

(1) 单拱车站。早期修建地下铁道的国家，比较广泛采用单拱车站。无论在深埋还是浅埋条件下，单拱车站是基本的车站形式。

(2) 双拱和三拱车站。当地铁车站位于深埋地段，或即使位于浅埋地段时，车站结构通常采用双拱和三拱结构。

3. 圆形结构车站

圆形结构主要适用于采用盾构法施工的深埋地铁车站，且大多在欧洲早期地铁(如俄罗斯)建造中采用，其结构类型主要有三拱塔柱式车站、三拱立柱式车站两种。

(1) 三拱塔柱式车站。三拱塔柱式车站是由三个封闭圆形隧道所组成的结构物，这三个隧道靠横向通道连接成为一个整体，通道之间的部分为巨型的塔柱，由它来承受半圆拱传来的荷载，并通过它传给基础，所谓三拱塔柱式也由此而得名。

(2) 三拱立柱式车站。三拱立柱式车站包括两个平行的旁侧隧道，它们在与其间的中央站厅相连接的地方断开，中央站厅为拱圈所跨越。该拱圈通常高出旁侧的两隧道的拱圈。两个旁侧拱圈及中央拱圈均支撑于纵梁或过梁及立柱上，由它们将荷载传到结构物的底板及仰拱上。

二、地铁车站的施工

城市地铁车站一般是在城市中心地带修建，大多定位在城市政治、经济、文化、交通中心区域附近，其施工方法的选择受地面建筑物、周围环境、道路、城市交通、环境保护、施工机具以及资金条件等因素的影响特别大，因此施工方法的选择不仅要从技术、经济、修建地区具体条件考虑，还要考虑施工方法对城市居民生活的影响。

不同的地铁车站结构形式需要根据不同地质条件、施工场地等因素的影响采用不同的施工方法，如明挖法、矿山法、盖挖逆作法、盾构法等。各种施工方法各有其自身的优缺点和适应条件。

在地铁车站范围内，施工前应该做好施工准备工作，做好管线迁移保护工程、车站基础工程、车站主体结构工程、钢结构工程、车站附属结构工程、车站监控量测等项目的施工方法说明及附图。施工方案应充分考虑并利用当地的地形条件以减小基坑的变形，以便在较短时间内完成基坑的施工，减少基坑的暴露时间。一般情况下将整个地铁车站基坑划分为重点部位(端头井)和非重点部位(标准段)，从而选择不同的方法对坑内土体进行加固，即端头井内采用旋喷桩加固，标准段内采用水泥土搅拌桩抽条加固和振冲法双液抽条加固，两种加固范围在平面上相互间隔。为了提高基坑抵抗变形的能力，在开挖前对基坑被动区土体进行加固，加固范围一般为基坑底以下 3~6m。若土体的强度已很高，而土体加固会造成土体的扰动，反而不利于该层土体强度的提高，故对强度较高层的土层不加固。在支撑方面，目前比较常见的是钢管支撑与钢筋混凝土支撑组合施工技术。一般而言，钢支撑具有安装及拆除快捷并可以施加预应力等优点，但不易形成整体受力体系、整体稳定性不好；而钢筋混凝土支撑结构则受力均匀、整体受力性能好，但施工较慢、拆除麻烦。因此，在周围构筑物保护要求极高的车站基坑的关键部位即端头井的开挖过程中，一般采用钢支撑与钢筋混凝土支撑相结合的方法，充分利用两种支撑的优点；而在非关键部位即标准段的开挖过程中采取钢支撑形式。

1. 明挖法施工

明挖法是修建地铁车站的常用施工方法，具有施工作业面多、速度快、工期短、易保证工程质量、工程造价低等优点。因此，在地面交通和环境条件允许的地方，应尽可能采用。

根据土质情况，明挖法施工程序大体可分为四个大步骤：围护结构施工→内部土方开挖→工程结构施工→管线恢复及覆土。按地质条件的差异，围护结构可分为地下连续墙、钻孔桩(挖孔桩)加旋喷桩止水、SMW 水泥土加型钢等。围护结构形式的选用主要是根据土质进行分层、分块，同时考虑一定的空间及时间因素来进行。

明挖法是先从地表面向下开挖基坑至设计标高，然后在基坑内的预定位置由下而上建造主体结构及其防水设施，最后回填土并恢复路面。明挖法施工中，基坑可以分为敞口放坡基坑和有围护结构的基坑两类，在这两类基坑施工中，又采用不同的围护基坑边坡稳定的技术措施和围护结构。

2. 盖挖法施工

按其主体结构的施工顺序，盖挖法可分为盖挖顺作法、盖挖逆作法、盖挖半逆作法。

(1) 盖挖顺作法。在地面交通不能长期中断的道路下修建地下铁道车站时，可采用盖挖顺作法。该方法系于现有道路上，按所需宽度，由地表面完成挡土结构后，以定型的预制标准覆盖结构置于挡土结构上维持交通，往下反复进行开挖和架设横撑，直至设计标高。依序由下而上建筑主体结构和防水设施，回填土并恢复管线或埋设新的管线。最后，视需要拆除挡土结构的外露部分及恢复道路。

盖挖顺作法主要依赖坚固的挡土结构，根据现场条件、地下水位高低、开挖深度以及周围建筑物的临近程度，可以选择钢筋混凝土钻孔灌注桩或地下连续墙。对于饱和的软弱地层，应以刚度大、止水性能好的地下连续墙为首选方案。随着施工技术的不断进步，工程质量和精度更易于掌握，故现在盖挖顺作法中的挡土结构常用来作为主体结构边墙体的一部分或全部。

早期的盖挖法是在基坑围护结构的钢桩上架设钢梁，铺设临时路面维持地面交通，开挖到基坑底后，再从下至上施作主体结构，故称为盖挖顺作法。

(2) 盖挖逆作法。如果开挖面较大、覆土较浅、周围沿线建筑物过于靠近，为尽量防止因开挖基坑而引起邻近建筑物的沉陷，或需及早恢复路面交通，但又缺乏定型覆盖结构，可采用盖挖逆作法施工。该法是利用围护结构和支撑体系，在一些繁忙交通路段利用顶板或临时结构设施维持路面通行，在其下进行车站施工的方法。按结构施工的顺序分盖挖逆筑工法和盖挖顺筑工法两种。盖挖逆筑工法一般都是对交通作短暂封锁，一年左右，待结构顶板施工结束，恢复道路交通，利用竖井作出入口进行内部暗挖逆筑。盖挖顺筑工法一般是利用临时性设施(钢结构)作辅助措施维持道路通行，在夜间将道路封锁，掀开盖板进行基坑土方开挖或结构施工。

其施工步骤：先在地表面向下做基坑的围护结构和中间桩柱，和盖挖顺作法一样，基坑围护结构多采用地下连续墙或钻孔灌注桩或人工挖孔桩，中间桩柱则多利用主体结构本身的中间立柱以降低工程造价。随后即可开挖表层土至主体结构顶板底面标高，利用未开挖的土体作为土模浇筑顶板。它还可以作为一道强有力的横撑，以防止围护结构向基坑内变形，待回填土后将道路复原，恢复交通。后续施工都是在顶板覆盖下进行，即自上而下逐层开挖并建造主体结构直至底板。

为了减少围护结构及中间桩柱的入土深度，可以在做围护结构和中间桩柱之前，用暗挖法预先做好它们下面的底纵梁，以扩大承载面积。当然，这必须在工程地质条件允许暗挖施工时才可能实现，而且在开挖最下一层土和浇筑底板前，由于围护结构和中间桩柱都无入土深度，故必须采取措施，如设置横撑以增加它们的稳定性。

(3) 盖挖半逆作法。类似逆作法，其区别仅在于顶板完成及恢复路面后，向下挖土至设计标高后先施工底板，再依次向上逐层施工侧墙、楼板。在半逆作法施工中，一般都必须设置横撑并施加预应力。

在逆作法和半逆作法施工中，当主体结构的中间立柱为钢管混凝土柱，而柱下基础为钢筋混凝土灌注桩时，需要解决好两者之间的连接问题。一般是将钢管柱直接插入灌注桩的混凝土内 1.0m 左右，并在钢管柱底均匀设置几个孔，以利混凝土流动，同时也可加强桩、柱间连接。有时也可在钢管柱和灌注桩之间插入 H 型钢加以连接。

盖挖半逆作法的施工过程与上述盖挖顺作法的施工步骤基本相同，只是将基坑围护用地下连续墙代替了钢板桩。其施工过程为：施作地下连续墙(围护结构)；设置中间立柱；基坑开挖至顶板底面处；施作顶板，并填土覆盖，恢复交通；往下继续开挖至基底标高，并逐层设置横撑；施作底板；施作中层楼板(如设计中有内衬墙，则施作下层的内衬边墙)；如设计中有内衬墙，则最后施作上层的内衬边墙。

3. 浅埋暗挖法

我国采用浅埋暗挖法修建地下铁道始于 20 世纪 80 年代，目前浅埋暗挖法已成为地铁施工的一种重要方法。它以新奥法原理为基础，采用多种辅助施工措施加固地层，开挖后及时支护，封闭成环，使支护结构与围岩共同作用而形成联合支护体系，从而有效地抑制地层变形。

采用浅埋暗挖法修建地铁车站，其基本作业程序包括地层预加固和预支护、土石开挖、初期支护及二次衬砌、监控量测指导设计与施工等，这些与区间隧道大体相仿。只是车站的结构断面形式比区间隧道复杂，断面尺寸比区间隧道大，地表沉降控制要求比区间隧道更严格。因此，地铁车站采用浅埋暗挖法施工的一个关键环节是选择什么样的开挖支护顺序才能保证施工安全和减少地表沉降。

浅埋暗挖法的最大优点是避免了大量拆迁、改建工作，减少了对周围环境的粉尘污染和噪声影响，对城市交通的干扰小。浅埋暗挖法的施工原则是：管超前、严注浆、短开挖、强支护、快封闭、勤量测。

4. 盾构法施工的车站结构

在国内，大部分地铁车站采用矿山法施工，很少使用盾构法，相应的施工技术目前尚少见。

（1）结构形式。由两个并列的圆形隧道组成侧式站台车站。

（2）特点：①除横通道外，一般施工较简单。②工期及造价均优于其他形式的盾构车站。③总宽度较窄，可设置在较窄的道路之下。④适用于客流量较小的车站。

（3）衬砌施工措施。为保证横通道顺利施工，可对盾构隧道的衬砌采取下列结构措施：

① 在开洞部位的衬砌中用一些特殊设计的异形加强管片取代原有的标准管片，以便在开洞的四周形成一个能承受和传递荷载的闭合门洞体系。

② 施工横通道前，沿开洞的四周装配预制钢筋混凝土框架，用以支撑开洞部位的管片环。

③ 拼装盾构递道的管片时，在洞口的顶、底部逐环安装被分割为与管片环同宽的钢梁，然后连成整体，形成受力结构。

④ 用预应力钢丝束把洞顶及两侧一定范围内的管片串联起来以后进行张拉，形成承载结构，同时在开洞四周的内衬中用 H 型钢框架予以加强。

第六章

区间隧道工程

第一节　区间隧道的结构类型

一、明挖法施工区间隧道结构

明挖法施工的区间隧道结构，其结构通常采用矩形断面形式，一般为整体浇筑或预制装配式结构。该结构的优点是内轮廓与隧道建筑限界接近，结构内部净空能够得到充分利用，结构受力合理，顶板以上土层便于城市地下管线和其他设施的敷设。

明挖施工法的衬砌结构较常用的有单跨、双跨等形式。整体式衬砌结构整体性好，防水性能容易得到保证，能够适应各种工程地质和水文地质条件，但整体式衬砌结构施工工序较多，施工速度较慢；预制装配式衬砌结构整体性差，防水较困难，同时对于有防护、抗震等特殊要求的地段应慎重选用。

二、矿山法施工区间隧道结构

采用矿山法修建的区间隧道一般采用拱形结构，基本断面形式包括单拱、双拱和多跨连拱等几类，其中，单拱主要用于单线或双线的区间隧道或联络通道，双拱和多跨连拱则多用在停车线、折返线或喇叭口岔线上。

1. 复合式衬砌结构

区间隧道的拱形结构常常是由初期支护、防水层和二次衬砌组成的复合式衬砌结构。最外层为初期支护，是衬砌结构中的主要承载单元，通常采用锚喷支护的方法，主要作用是加固围岩、控制围岩变形、防止围岩松动失稳。为了避免地层过大变形，降低隧道建设对地面道路和建筑物的影响，应该在开挖后立即施作初期支护，并应与围岩密贴。根据具体情况，初期支护还可以选用锚杆、喷混凝土、钢筋网和钢支撑等单一或组合而成的支护方式。为了防水和减少二次衬砌因混凝土收缩而产生的裂缝，在初期支护之后一般需要敷设不同类型的防水隔离层。材料应选用抗渗性能好、化学性能稳定、抗腐蚀及耐久性好并具有足够的柔性、延伸性、抗拉和抗剪强度的塑性或橡胶制品。最内层二次衬砌为模筑混凝土或喷射混凝土，应该在初期支护封闭后尽快施工。

在无水的Ⅰ～Ⅱ级围岩中的单线区间隧道和Ⅰ级围岩中的双线区间隧道可采用整体现

浇混凝土衬砌(又称为单层模筑混凝土衬砌)，不做初期支护和防水隔离层。

2. 复合式衬砌结构尺寸设计

(1) 衬砌内轮廓形状和尺寸。为减少围岩和衬砌产生应力集中，衬砌断面应尽量做到圆顺、不带拐角。Ⅳ类及以下围岩宜采用曲墙式马蹄形衬砌，Ⅰ～Ⅲ类围岩应设置仰拱，使衬砌断面形成封闭结构，以增加支护衬砌整体刚度。在具有较大原岩应力或膨胀性围岩中，宜采用接近圆形的马蹄形衬砌，其边墙和仰拱曲率应大些。

拟定衬砌断面形状和尺寸，应根据隧道净空要求、地形、地质条件、施工方法和运营要求等因素综合考虑。隧道内轮廓应符合国家现行标准《标准轨距铁路建筑限界》中隧道建筑限界，并能满足设置排水沟、电缆槽及其他管线等设备的要求。为保证衬砌不侵入隧道建筑限界，还应结合施工误差、测量误差、预留变形量和允许超挖值综合考虑开挖断面尺寸。

① 预留变形量。为发挥围岩的自承作用，施工中允许围岩有一定的变形，变形量与围岩类别、隧道跨度、施工方法、支护结构的刚度和二次衬砌施作时间等因素有关。施工前若无实测资料，可参照相关标准确定预留变形量。施工期间，可根据现场实测数据，及时调整下一段同类围岩的预留变形量，以防止实际变形量超过预留变形量，影响二次衬砌厚度或造成侵限；同时也应避免预留变形量过大，造成二次衬砌过厚或增加回填数量。Ⅴ、Ⅵ类围岩变形量小，可不考虑预留变形量。

② 隧道允许超挖值。施工中应采用光面爆破和控制爆破，尽量减少对围岩的扰动，严格控制开挖断面。隧道的允许超挖值，应符合表 6-1 的规定。由于超挖有凹凸不同现象，故预留变形量与部分超挖值之和，要求大于隧道设计的变形量。

表 6-1　隧道允许超挖值

开挖部位	围岩条件		
	硬岩一般相当于Ⅵ类围岩	中硬岩、软岩相当于Ⅷ类围岩	破碎、松散岩石及土质相当于Ⅲ类围岩(一般不需要爆破开挖)
拱部	平均 10	平均 13	平均 10
	最大 20	最大 25	最大 15
边墙、仰洪、隧底	平均 10	平均 10	平均 10

(2) 衬砌截面尺寸。区间隧道衬砌截面尺寸按以下参数拟定：确定初期支护的各设计参数，包括锚杆类型、直径、长度、间距，喷射混凝土强度、厚度，格栅拱钢筋直径、间距，钢筋网直径和网格尺寸等。此外，还有二次衬砌的各项设计参数，包括混凝土的强度、厚度及是否需要配筋等。

由于围岩特性复杂多变，在隧道开挖前一般很难准确调查清楚，故需要在隧道施工中根据所揭露围岩的变化情况和监控量测得到的围岩动态信息，对初步选定的设计参数进行修改，关于二次衬砌的强度及厚度则应根据其在隧道结构体系中的作用而定。若二次衬砌是在初期支护变形稳定后施作，对地下铁道单线区间隧道而言，采用 20～30cm 厚的 C20 素混凝土即可；若因工期原因需要提早施作，或围岩有明显的流变特性，则应通过力学分析来确定二次衬砌的强度和厚度，同时考虑二次衬砌是否配筋。

为发挥围岩的自承作用，允许围岩有一定变形，支护衬砌宜采用等厚薄形结构，初期支护厚度不宜大于25cm，二次衬砌厚度不宜大于45cm。在确定衬砌截面尺寸时，一般要将围岩较差地段的衬砌向围岩较好地段延伸5～10m。同时还应注意，在明显的软硬地层分界处和区间隧道断面变化处及其与车站隧道接头处，都应设置变形缝或沉降缝。

三、盾构法施工区间隧道结构

盾构法施工的区间隧道结构可分为一次衬砌和二次衬砌。其中一次衬砌可以采用预制装配式衬砌，或者采用挤压混凝土圆形衬砌；二次衬砌是在一次衬砌内侧修筑的模筑钢筋混凝土整体式衬砌。

预制装配式衬砌是用工厂预制的管片在盾构尾部拼装成圆形、复圆形等环形结构而形成，拼装的管片一般是由钢筋混凝土或钢材制成。采用盾构法施工修建的隧道一般为单圆或者多圆隧道，目前我国采用较多的还是单圆盾构隧道，上下行线利用修建两条单圆隧道实现。

管片种类按材料可分为钢筋混凝土、钢、铸铁及由几种材料组合而成的复合管片；管片类型则根据截面的形式可以分为箱型管片和平板型管片。

箱型管片是指因手孔较大而呈肋板型结构。由于箱型管片较大，便于接头螺栓的穿入和拧紧，用的材料也比较节省，单块板片的重量较轻，便于运输和拼装。但因截面削弱较多，在盾构千斤顶推力作用下容易开裂，因此一般只有强度较大的金属管片才采用箱型管片。

平板型管片是指因螺栓手孔较小或无手孔而呈曲板型结构的管片，该类管片一般由钢筋混凝土制作，有时也会对管片的表面用钢板包覆或用钢材替代钢筋进行制作。由于平板型管片只在螺栓孔处的截面略有减小或甚至对截面没有削弱，因此重量较大，对盾构千斤顶推力具有较大的抵抗力，同时该类管片对通风的阻力也较小。平板型管片多采用钢筋混凝土管片。

衬砌环内管片之间及各衬砌环之间的连接方式，可以分为柔性连接和刚性连接两类。目前，较为通用的连接方式是柔性连接。柔性连接主要有三种形式，分别是单排螺栓连接、销钉连接和无连接件连接。

衬砌环的组成一般有两种方式。一种是由若干A型管片(标准管片)、两块B型管片(相邻管片)和一块K型管片(封顶管片)组成；另一种是由若干块A型管片、一块B型管片和一块K型管片组成，相邻管片一端带坡面，封顶管片则两端或一端带坡面。从方便施工，提高衬砌环防水效果角度看，第一种方式更好。

封顶块的拼装形式有径向楔入和纵向插入两种。径向楔入时，封顶块的两个径向边必须呈内八字形或者至少是平行，受载后有向下滑动的趋势，受力不利。采用纵向插入时，封顶块不易向内滑动，受力较好，但在拼装封顶块时，需加长盾构千斤顶行程。封顶块位置一般设在拱顶处，但也有设在45°、135°甚至180°(圆环底部)处的，视需要而定。

砌环的拼装形式有错缝和通缝两种。错缝拼装可使接缝分布均匀，减少接缝及整个衬砌环的变形，整体刚度大，但对管片制作的精度要求较高，是较为普遍采用的拼装形式。为便于结构的处理，在某些特殊需要或场合情况下亦可采用通缝的拼装形式。

挤压混凝土衬砌是随着盾构向前掘进，用一套衬砌施工设备在盾尾同步灌注的混凝土整体式衬砌，因其灌注后即承受盾构千斤顶推力的挤压作用，所以称为挤压混凝土。灌注的混凝土可以是素混凝土、钢筋混凝土，但应用最多的钢纤维混凝土。

二次衬砌修筑的模筑钢筋混凝土整体式衬砌是为了起到防止隧道渗水和衬砌腐蚀，修正隧道施工误差，减少噪声和振动及作为内部装饰等作用。

第二节　区间隧道的结构设计

一、结构设计方法

城市地铁隧道由于处于特殊的位置，其结构设计和施工方法的考虑与一般山岭隧道和一般软土隧道有着一定的区别。一般，隧道设计采用运营极限状态，但近年来越来越多地强调裂缝的极限状态设计，避免任何可视的裂缝。例如，《上海市地基基础设计规范》(DGJ 08-11—2018)中规定：“隧道结构应按施工和使用阶段进行结构强度、变形计算，同时须对混凝土结构裂缝宽度进行验算(偶然载荷作用情况除外)。”因此在进行隧道的设计时，不仅要考虑其运营时期的性能，而且要考虑在运营载荷下的结构裂缝情况。为能有效地控制地层稳定性，使地表发生的变形在控制范围内，隧道施工中选择合适的施工方法也是异常重要的。通常在施工方法选择上有如下两个方面的考虑：一是地层条件已知，选择某种隧道施工方法能够适应于控制该地层；二是隧道施工方法已知，通过地层的加固，可以适应于地层的控制，即通过选择合适的地层加固方法使已选择的隧道施工方法能够控制地层。

在过去修建的一些城市地下工程中，大多数是采用传统的明挖法，该方法也是首选的方案。然而目前对具有百万以上人口的大或特大城市来讲，在繁忙和地皮昂贵的市区修建地下工程，采用明挖法无论从经济还是对环境的影响上都不再是一种很实用的施工方法。

目前，国内外的地铁区间隧道的结构设计广泛采用结构计算、经验判断和实测相结合的所谓信息化设计方法。其中的结构计算又根据实际情况，如荷载大小、地层情况等进行设计计算，主要有荷载-结构设计计算方法、地层-结构设计计算方法、收敛-约束设计计算方法等。

分析对象和目的不同时，所采用的方法也不相同。下面仅介绍一般地铁结构内力计算的常规方法，即荷载-结构法(或简称结构力学法)。它是以结构力学的基本原理和矩阵分析方法为基础，运用计算机作为计算工具的一种现代分析方法，这种方法的特点是能借助矩阵代数的分析方法和有利于编制电算程序来完成繁杂的过程。

一般的地层和环境条件下，标准的地铁区间隧道设计采用经验设计法，并逐步实现标准设计，其他情况则采用解析计算法设计。

盾构隧道的结构设计计算一般采用荷载-结构模型，浅埋暗挖法施工中的初期支护含超前预支护可采用连续介质模型、二次采用荷载-结构模型进行设计计算。

应用荷载-结构法进行地铁结构内力计算时，通常做以下假定：

(1) 假定荷载和结构特性沿结构长度方向是不变的，即处于平面变形状态，沿隧道纵向取 1m 作为计算单元。

(2) 视结构为若干个等厚度的梁单元的组合体。单元为能承受弯矩、轴力、剪力的直梁；单元之间彼此在端点用刚性点相互连接，并传递内力；假定每个单元都是等厚度的，其值一般取单元中点的厚度或两端厚度的平均值。

(3) 将结构承受的各种荷载转化为节点力。对于结构所承受的各种荷载，无论是分布荷载还是集中荷载，都需转换成作用在单元节点上的荷载。转换办法按静力等效的原理进行。但因荷载本身的准确性较差，故可按简单近似的方法，即简支分配原则进行置换，而不计作用力迁移位置时所引起的力矩的影响。对于竖向或水平的分布荷载，其等效节点力分别近似地取为节点相邻单元水平或垂直投影长度的一半乘以衬砌计算宽度这一面积范围内的分布荷载的总和。

(4) 地层弹性抗力的模拟。地下结构在各种荷载作用下，一些部位会产生向周围地层的变形而引起地层的约束抵抗力，一般情况下这种约束抵抗力可视为弹性的，故称为弹性抗力。目前，常用“温克勒尔(Winkler)假定”为基础的局部变形理论来确定，它认为地层的弹性抗力与地层在该点的变形成正比。

温氏假定相当于把地层简化为一系列彼此独立的弹性链杆，某一链杆受到压缩时所产生的反作用力只与该链杆有关，而与其他链杆不相干，且这种链杆应只能承受压力和剪切力。这个假定虽然与实际情况不符，但简单明了，而且也满足了一般工程设计的需要精度，因此应用较多。链杆的设置方向视结构与地层的接触状态而定，一般沿结构轴线的法线方向布置。

二、计算方法

由于荷载-结构法需应用结构矩阵分析原理，通过计算机程序来完成结构的内力计算，故在具体应用中又可分为矩阵力法和矩阵位移法两种。但目前在实际工程中应用较多的是矩阵位移法，其分析方法、数学表达要比矩阵力法简洁，所以下面重点介绍矩阵位移法。矩阵位移法(一般又叫直接刚度法，简称“直刚法”)是把根据节点力平衡条件建立的位移法典型方程写成矩阵形式进行分析运算的一种方法。采用矩阵的主要目的在于使计算过程更加规格化，以便充分发挥计算机的自动化、高速度的效能。这种方法的主要优点在于确定了单元刚度矩阵之后，无论什么类型的结构，其求解的方式均相同，它的实质是杆系有限元的一种。

矩阵位移法的基本原理是：

(1) 以结构上节点位移为基本未知数，连接在同一节点各单元的节点位移应该相等，并等于该点的节点位移，即满足变形协调条件。

(2) 作用于某一节点的荷载必须与该节点上作用的各个单元的节点力相平衡，即应满足静力平衡条件。

(3) 以上面两个条件为基础，建立单元节点力与单元节点位移的关系——单元刚度矩阵。然后进行整体分析，建立以节点静力平衡为条件的结构刚度方程。引入边界条件，由结构刚度方程解出未知的结构节点位移，也就是连接于该节点的各单元的节点位移，由此便可求出单元节点力，即结构内力。

三、圆形盾构隧道的结构内力计算

盾构法施工的隧道宜采用荷载-结构模型和地层-结构模型进行结构计算。前者用于常规设计，后者用于特殊设计，并应用收敛限制模型来监控设计。

四、浅埋暗挖法隧道的结构内力计算

浅埋暗挖法隧道的结构受力与地层的自承能力、地层和支护结构的共同作用、开挖方法、支护过程等有关，问题复杂。因此，结构设计一般采用以经验为依据的工程类比法为主，再辅以物理模拟、现场监控量测和理论分析相结合的方法。

浅埋暗挖法隧道衬砌一般为复合式衬砌。在软弱围岩中，隧道结构的围岩通常都具有发生一定的塑性变形与流变变形的特征，因流变所引起的延滞变形发展会持续很长一段时间，因此实施二次衬砌后仍有一定的变形量，再加上锚杆的腐蚀失效和涌水所造成的围岩物理参数的降低等因素，使二次衬砌和初期支护共同承受结构荷载。所以，结构计算时，可采用考虑时间效应的黏弹塑性有限元；也可以运用弹塑性理论或特征曲线法近似计算；或参考我国复合式衬砌围岩压力现场量测数据和模型试验结果及国内外有关资料，对Ⅱ～Ⅴ类围岩，以30%～50%的围岩压力作为二次衬砌的外荷载，按荷载-结构模型进行计算。

五、结构荷载计算

1. 荷载类型

地下铁道所受的荷载可分为静载、活载和特载3类。

（1）静载。静载是指长期作用在结构上的不变荷载，如结构自重、土压力及地下水压力等。

（2）活载。活载是指结构物使用期间或施工期间可能存在的变动荷载，如人群、车辆、设备或施工设备以及施工期间堆放的材料、机器等荷载。除此之外，浅埋地下铁道大多埋设于城市道路下方，故还需重点考虑路面荷载。

（3）特载。特载则指常规武器（炮、炸弹）作用或核武器爆炸形成的荷载。关于特载的大小是按照不同的防护等级采用的，它在人防工程的有关规范中有明确的规定。

2. 框架结构荷载计算

（1）路面荷载。作用在结构上的垂直荷载当中，首先考虑的是地表面的荷载，浅埋地下铁道大多设置于城市道路的正下方，所以应考虑路面活荷载。关于路面活荷载的采用标准，可参照《公路钢筋混凝土及预应力混凝土桥梁设计规范》（JTG 3362—2018）中有关路面活荷载的规定。

路面活荷载通过路面下的土层传递于结构上，其在土中的压力传递分布状态随土质及其密实度、荷载分布的形状等各不相同。

地面活载在土层中的压力分布状态计算方法大致分为：弹性力学解法；马斯顿（Marston）及波士顿规范（Bostoncode）法；克格勒（Kogler）方法。我国铁路桥涵规范按马斯顿（Marston）及波士顿规范（Bostoncode）法计算。

（2）垂直荷载。

① 垂直土压力。作用在明挖法修建的地铁结构顶部的垂直土压力应考虑结构正上方部分的全部重量，然后除以顶板的承压面积。这个重量包括以下三个部分：道路铺砌的重量，地下水位以上土的重量，地下水位以下土的重量。

② 水压力。

（3）侧墙荷载。加在结构侧墙上的侧向土压力的计算多数情况使用兰金或库仑公式。采用这些公式计算时，对于黏性土，计算值会偏大，应适当折减。侧墙上所受的荷载有土层的侧向压力、水压力及特载。

（4）结构自重。结构自重为沿结构横断面轴线均匀分布的荷载。

（5）作用在结构内部的荷载。结构内部主要荷载是轨道自重、电车荷载、站内人群荷载、变电所或电气室等机械荷载。

轨道自重和电车荷载，通常情况下是不考虑的，可是对不直接加于地基上而作用在楼板上的电车荷载，则应计算在内。在车站结构内的中间二层楼乘降站台等的人群荷载，通常按 $5 \sim 6kN/m^2$ 左右计算。关于机械荷载，应尽可能采用实际重量作为荷载。

（6）底板荷载。所有作用在结构上的垂直荷载（包括自重）是通过侧墙和柱或者直接通过底板传给结构底面的地基，从而地基反力成为作用于底板的荷载，这个荷载的分布受构造形式、基础地层的土质等影响较大，要准确确定是困难的。地下铁道结构由于跨度变动范围不大，普遍假定地基反力为均匀分布，但是基础地层坚硬、跨度大时，荷载分布形状应考虑具体情况。对轨道、电车荷载等直接通过底板传给地基，一般均不考虑。底板自重通常也不作底板荷载考虑。这些荷载仅在验算地基承载能力时才应将其计算进去。

（7）特殊荷载。根据地下铁道防护要求，不同的埋深和结构形式，规定出结构不同位置的荷载数值，具体办法由结构防护等级决定。可参照有关资料和规定。

（8）其他荷载。在设计时，除上述荷载外，还需考虑地震、温度的变化和混凝土收缩等的影响。对于全部埋置于地下的结构，地震的影响不会像地面结构那样强烈，一般可以承受，因此可省略地震的计算。但是，若结构的一部分露出地面或结构上土的覆盖较浅时，则应充分考虑地震的影响。

地震时的土压不明确的问题较多，过去使用的计算方法大体有如下两种：一种是减少土的内摩擦角，采用有效内摩擦角 $\theta = \arctan K$（K 为震度），以常用计算土压方法进行计算；另一种方法是将地基和结构作为一体，重力方向以同等的 $\theta = \arctan K$ 范围内向危险方向倾斜，用 $\omega' = mg(1-K_u) \times \sec\theta$ 代替 $\omega = mg$，并用常用方法进行土压计算（K_u 为水平震度）。

如果地下铁道结构全部在地下，则因温度变化不大，一般计算中不计温度变化的影响。

地下铁道一般分段施工（每段长 30m 左右），各段间设有施工缝（伸缩缝、沉降缝），所以混凝土干燥收缩影响可不考虑。

上述各种荷载的计算，在设计时应根据规范规定，考虑采用设计荷载组合，作为结构计算荷载图。当结构按“极限状态法”设计时，应该按荷载规范规定，将标准荷载乘以相应的超载系数，作为设计时的计算荷载。

3. 圆形结构的荷载计算

作用在圆形结构上的荷载可按使用阶段荷载、施工期受力两种情况考虑，其中施工期受力主要包括管片拼装阶段的受力和盾构千斤顶顶推时的推力。使用阶段的荷载计算内容基本上与框架结构相同，其中路面荷载、作用在结构内部的荷载和特殊荷载与框架结构的计算方法也基本相同，结构自重在断面尺寸确定以后亦很容易计算。不同之处在于，由于圆形结构的特点，在计算竖向和侧向土压力和水压力方面有一些区别。

(1) 顶部竖向地层压力。竖向地层压力的大小及分布性质与隧道埋深有密切关系，需分为浅埋和深埋两种情况计算。浅埋时需考虑路面荷载和特载，深埋时则可不考虑。

① 浅埋。浅埋时，由于隧道上方不能形成承载拱(天然拱)，故竖向地层压力的计算同框架结构的计算。

② 深埋。由于隧道上方能形成承载拱来承受上部软弱地层压力及地面建筑所施加的各种荷载，此时的竖向地层压力可按普氏法计算，也可按太沙基法计算。

(2) 侧向压力。地层侧压力可按散粒体理论(库仑公式、兰金公式)求得。侧压力系数的取值大小与隧道衬砌结构内力计算有着十分密切的关系，必须谨慎对待。一般隧道衬砌设计的侧压力系数取值在 0.3~0.8 之间。地层组成、施工方法、衬砌结构刚度等对主动侧压力影响较大，上海地区使用闭胸盾构施工时，侧压力系数略大于 1.0。

(3) 水压力。作用在圆形结构上的水压力通常按径向分布情况计算。若结构处于不透水的地层中，则水压力作为垂直荷载作用于不透水层面上，而处于地下水中的土体应考虑水的悬浮作用，采用水中容重。

4. 结构构件的类型与设计方法

经内力计算求得结构各控制截面上的弯矩、轴力和剪力后，即可进行截面配筋设计。目前，地铁钢筋混凝土结构的设计是以《钢筋混凝土结构设计规范》(GB 50010—2010)为主要依据。但为了提高构件的抗冲击性能和从经济方面考虑，均采用双筋截面，计算时可作为附加压筋考虑。由于作用到构件断面上的内力除弯矩外，同时还有轴力，所以大多数构件属于压弯构件，各截面的配筋计算主要是按偏心受压构件进行。

(1)结构构件设计类型。

框架结构：①偏心受压构件：框架顶板、底板、侧墙。②中心受压构件：中墙或车站的立柱。③受弯构件：车站纵梁。

圆形结构：均为偏心受压的单个管片。

(2) 设计程序。

框架结构：按偏心受压构件确定纵向钢筋。按斜截面剪力确定箍筋及弯起钢筋。

圆形结构：按偏心受压构件进行环向配筋设计(双向)。按抗剪确定截面箍筋。

(3) 钢筋混凝土结构设计的主要方法。钢筋混凝土结构的设计方法是不断发展的，目前《钢筋混凝土结构设计规范》(GB 50010—2010)按极限状态法进行结构设计计算，它又分成两种极限状态，即第一类极限状态——承载能力极限状态(第Ⅲ阶段)和第二类极限状态——正常使用极限状态。

第一类承载能力极限状态和按破坏内力法计算一样，均为根据钢筋混凝土第Ⅲ工作阶段建立强度计算公式，但不同点在于设计荷载效应、材料强度取值，以及安全度的表达式方面，均不同于按破坏内力法计算。一般采用多系数的办法，每一种影响结构可靠度的因素，用专用系数来处理其变异性，这些系数是建立在概率与数理统计的理论基础之上的。

第二类正常使用极限状态则根据第Ⅰ或第Ⅱ阶段建立计算公式，主要验算下列两方面问题：一是计算裂缝形成和裂缝开展。用规定的混凝土拉引力来控制裂缝的形成，用规定的裂缝宽度来限制裂缝的开展。二是计算变形(挠度、反拱度和变位等)。根据不同的要求规定各种限值，计算的变形值不得超过限值。

极限状态法实质上提出了结构按“可靠度”进行设计的新概念，即不仅考虑了结构的安全问题，还广泛地考虑了结构的适用性和耐久性问题。结构的配筋设计主要按第一类极限状态的情况进行，而按第二类极限状态进行结构验算。

六、隧道限界的设计

隧道设计主要是限界的确定，其设计应注意：

(1) 区间直线地段各种类型隧道建筑限界，应满足各种设备安装的要求。

(2) 曲线地段矩形和马蹄形断面隧道建筑限界，应按直线地段的建筑限界分别进行加宽和加高。

(3) 采取盾构法施工的圆形隧道，应按全线最小曲线半径确定建筑限界。

(4) 道岔建筑限界。在直线段上应根据不同种类的道岔和车辆的有关尺寸，计算出加宽量和安装设备所需的加高量，分别进行加宽和加高。

(5) 竖曲线的建筑界限。在直线段上应根据不同竖曲线半径及车辆有关尺寸计算的加高量进行加高。

第三节 区间隧道的施工方法

地铁一般是在城市中修建，地铁建设通常根据城市的经济情况和交通能力分期建设，随着科技的发展，不同时代有不同的施工方法。在城市中修建城市轨道交通系统的区间隧道，要根据隧道的埋深、地面环境和城市环保等要求，从技术和经济等方面综合考虑选择施工方法，以达到最佳的技术经济指标。地下工程和地面工程不同，在初步设计、施工图设计之前，设计院要对基本的施工方法进行确认，在此方法基础上所做的设计才是切实可行的。施工工艺方案选择得当，施工机械配套合适，工程往往成功一半。反之，施工机械选择不当，施工方法不合理，就会导致施工中遇到许多困难，甚至失败，不得不改用其他施工方法。

地铁区间隧道施工方法选择主要受工程地质、水文地质、地形地貌、沿线环境的要求、施工单位的技术水平、施工进度、经济条件等因素限制。目前，修建区间隧道通常的施工方法有明挖法、新奥法、浅埋暗挖法和盾构法。在场地开阔、建筑物稀少、交通及环境允许的地区，应优先采用施工速度快、造价较低的明挖法施工。其特点是：施工造价低，但土方工程量较大，且影响地面交通。一般来说，地铁暗挖法施工较明挖法施工对环境的影响较小。根据地质情况和土壤加固改良的方法，线路区间和车站均可采用矿山法施工。盾构法修建区间隧道也越来越普遍，暗挖法可能引起变形和地表沉降或隆起，设计与施工时要有详细计算与监测，应实施控制性注浆和盾构隧道信息化施工远程控制与管理，防止土体过量变形造成对已有建筑和路面的破坏。明挖法施工要从噪声控制、减少扬尘、废水废物处理几个方面减少对环境的影响。

一、新奥法

新奥法(NATM，New Austrian Tunnelling Method)是新奥地利隧道施工法的简称，也是通常所说的矿山法，新奥法是当代隧道施工设计应用最广泛的方法。它的基本思想是充分利用围岩的自承能力，及时对围岩施加柔性支护，约束围岩的松弛和变形，并通过对围岩和支护的量测、监控来指导地下工程的设计与施工。其基本观点是：围岩既是隧道结构的荷载，又是承受岩体压力的承载体一部分，即围岩本身具有承载能力；围岩自承能力只有通过围岩的变形才能发挥出来，因而隧道开挖后允许围岩发生变形，同时也要限制围岩的变形量，不致由于变形过大而使岩体松弛甚至坍塌，所以最理想的支护结构应当是能随围岩共同变形的柔性支护，在实践中证明这种柔性支护为喷混凝土和锚杆支护；由于允许围岩发生变形，为了掌握围岩和支护的实际工作情况，在施工的各个阶段应进行现场量测监控，及时反馈位移或应力等信息，以指导施工和修改设计。其施工思路是：在监控量测的基础上，及时更改喷射混凝土的厚度，锚杆、钢支撑和钢丝网的参数以及二次衬砌等支护措施，以保持开挖洞室的稳定，从而保证施工安全。当地面交通和环境条件不允许时，世界上各国常采用这种施工方法，如日本采用新奥法修建的东叶高速线北习志野站，为三拱两柱单层式结构。其优点是对地面的影响小、造价低，适用于坚硬岩土介质、地下水位低，但是进度慢，劳动强度大，风险也大。新奥法施工对大断面的开挖有侧壁导坑、台阶和CRD等，其施工流程为：放线→钻孔、装药和放炮→通风除尘后出渣→打锚杆、钢拱架支撑和挂钢筋网→施作喷射混凝土初期支护→修建模筑混凝土二次衬砌。用到的辅助工法有降水、大小导管、注浆和采取必要的监控量测措施。

新奥法施工的基本原则可扼要概括为：“少扰动，早喷锚，勤量测，紧封闭”。新奥法施工的理论基础建立在现代岩体力学的基础上。新奥法施工按其开挖断面的大小及位置，基本上可以分为全断面法、台阶法、分步开挖法3大类及若干变化方法。全断面法是将隧道设计轮廓线依次钻爆成型，优点是：工序少，相互干扰少，便于组织施工和管理；工作空间大，便于采用大型施工机具。台阶法施工将开挖断面分成两步或多步，可根据台阶的长短划分为：长台阶法(台阶长度大于5倍洞跨)、短台阶法(台阶长度大于洞跨)和超短台阶法(台阶长度小于洞跨)。

新奥法施工应根据地质、施工机具条件，尽量采用对围岩扰动少的开挖支护方法。

在岩石地层中采用钻爆法开挖时，应尽量采用光面爆破、预裂爆破等先进的爆破技术，以尽量减少欠挖、超挖。

1. 爆破振动速度要求

岩石地层中采用钻爆法施工时，为了减少爆破振动对地表建筑物以及邻近建筑物的危害，国家规范规定：在硬岩中，爆破所产生的振动速度≤15cm/s；中硬岩≤10cm/s；软岩≤5cm/s。隧道上方有建筑物时，爆破振动对建筑物的破坏作用取决于爆破地震波到达建筑物时的强度，爆破地震波传播方向与建筑物相对位置，爆破地震波延续时间，建筑物的类型、形状、高度、破损程度，爆破振动频率与建筑物固有频率之间的关系等。

2. 初期支护

围岩开挖后应立即进行必要的支护，并使支护与围岩尽量密贴，以稳定围岩。围岩条件比较好时可简单支护或不支护。采用喷混凝土锚杆作为初期支护时，一般为先喷混凝土后打锚杆。围岩条件恶劣时，则采用初喷混凝土→架钢支撑→打锚杆→二次喷混凝土。

二、浅埋暗挖法

浅埋暗挖法沿用了新奥法的基本原理，是在其基础上创立的。浅埋暗挖法是按照“新奥法”原理进行设计和施工，以加固、处理软弱地层为前提，采用足够刚性的复合衬砌(由初期支护和二次衬砌及中间防水层所组成)为基本支护结构的一种用于软土地层近地表隧道的暗挖施工方法，它以施工监测为手段，指导设计与施工，保证施工安全，控制地表沉降。浅埋暗挖法经过十几年的广泛应用，已形成了一套完整的配套技术，并在设计和施工中遵循“管超前、严注浆、短进尺、强支护、早封闭、勤量测”十八字方针。与明挖法相比，浅埋暗挖法的最大优点是避免了大量拆迁、改建工作，减少了对周围环境的粉尘污染和噪声影响，可以极大地减轻对地面交通和商业活动的影响，避免大量房屋或管线等拆迁，适用于各种地质条件和地下水条件；具有适合各种断面形式(单线、双线及多线、车站等)和变化断面的灵活性；通过分步开挖和辅助施工方法，可以有效地控制地表下沉和坍塌；与盾构法比较，在较短的开挖地段使用，具有很好的经济效益；从综合效益观点出发，是比较经济的一种方法。浅埋暗挖法整个施工工艺流程与新奥法的总原则相似，但对地表沉降的控制要求较严格，施工过程中强调地层的预支护和预加固，支护结构的刚度比较大，初期支护允许变形量较小。

浅埋暗挖法不允许带水作业，并要求开挖面具有一定的自立性和稳定性，而且是浅埋地铁车站。缺点是地下作业风险大、机械化程度低。“浅埋暗挖法”技术最早用于 1987 年北京地铁修建复兴门折返线工程，针对隧道埋置深度较浅、松散不稳定的土层和软弱破碎岩层施工而提出来的。由于该方法施工具有占地少、拆迁少、对周围环境污染少、对城市交通干扰小、造价低等特点，目前已得到越来越多的应用，但对含水的厚层粉细砂、流塑状或软塑状淤泥质黏土层应慎重选用，因为在这些地质条件下施工，对周围地层将不得不采用昂贵的冻结法或其他施工方法。

浅埋暗挖法对土体的加固和对水的处理方法有冻结法、注浆、深层搅拌和管棚等。对于断面较大的隧道，考虑分步开挖、分步支护和封闭成环的需要，选择中隔壁法(CD 法)、交叉隔壁法(CRD 法)和侧壁导坑法(眼镜法)等。浅埋暗挖法常用的初期支护形式是钢筋格栅、钢筋网和喷混凝土。地表位移、拱顶下沉、隧道周边收敛等量测项目常被选为监控量测的必测项目，而土压力、土体位移、支护应力等可作为选测项目。

1. 浅埋暗挖法的使用条件

浅埋暗挖法作为城市地下铁道的施工方法时，适用于不宜采用明挖施工且含水量较小的各种地层，尤其适用在都市城区地面建筑物密集、交通运输繁忙、地下管线密布且对地表沉降要求严格情况下修建地下铁道。对于含水量较大的松软地层，采取堵水或降水措施后也能使用。

目前，采用浅埋暗挖法修建城市地铁主要受地质条件、结构断面、地形条件等因素的影响，应用范围受到一定限制。特别是城市地铁采用浅埋暗挖法基本是在无水条件下施工，通常情况下，城市地铁地下水位一般较高，水的影响往往是浅埋暗挖法施工成败的关键，而大深度、大范围降水可能会对周围环境造成破坏（如导致地面沉陷、地下水流失等），而这也是造价偏高的一个原因。

浅埋暗挖法修建城市地铁的施工速度较慢，工程造价偏高，难以适应城市地铁的快速发展。目前浅埋暗挖法已经采用各项改进措施，虽然施工速度可能有所提高，工程造价得以降低，但挖潜、改进能力有限。

2. 浅埋暗挖法的基本工艺

（1）浅埋暗挖法的工艺技术要求。浅埋暗挖法主要是针对埋置深度较浅、松散不稳定的土层和软弱破碎岩层施工提出来的。我国在施工过程中总结了一套浅埋暗挖法的工艺技术要求："管超前、严注浆、短进尺、强支护、早封闭、勤量测"，这18个字基本概括了浅埋暗挖法施工的工艺技术要求。

（2）地层预加固和预支护。在城市地下铁道浅埋暗挖法施工中，经常遇到砂砾土、砂性土、黏性土或强风化基岩等不稳定地层，这类地层在隧道开挖过程中自稳时间短暂，往往在初期支护尚未来得及施作或喷射混凝土尚未获得足够强度时，拱墙的局部地层就已开始坍塌。此前应采用地层预加固或预支护技术，以稳定地层、改造地层和提高地层自稳能力。

① 小导管超前预注浆。小导管超前预注浆是在开挖工作面前，在工作面上应用注浆小导管进行注浆，事先将工作面外围加固起来，形成一个加固圈以保护隧道工作面，便于安全施工。注浆小导管采用 $\phi38 \sim \phi50$ 的焊接钢管制成，导管沿开挖上半断面周围轮廓线布置，间距0.3～0.5m，仰角控制在5°～15°。注浆小导管头为25°～30°的锥体，管长3～5m，其中端头花管长2.0～2.5m，花管部分钻有 $\phi6 \sim \phi10$ 孔眼，每排4个孔，交叉排列，间距10～20cm左右。注浆小导管用风钻打入。注浆材料及配比根据地质条件和施工要求，通过现场试验确定。控制注浆压力是这项作业的一个重要技术环节，应根据地质条件、周围建筑物情况及施工要求，通过现场试验确定，一般控制在0.3～0.7MPa之间。

② 开挖面深孔注浆。对于断面比较大的双线隧道或跨度较大的渡线部分，因采用注浆小导管方法加固的范围有限，一般采用开挖面深孔注浆。对于70～100m^{2}断面的隧道，可布置12～18个注浆孔，其中15m左右的长孔布置6～11个，5m左右的短孔布置6～7个，并采用隔孔注浆的方法。水泥浆的配合比及注浆压力通过现场试验确定。

③ 大管棚超前注浆。所谓大管棚超前注浆，就是将一系列直径为8～18cm的钢管沿隧道外轮廓线或部分轮廓线，顺隧道轴线方向依次打入开挖面前方的地层内，以支撑来自外侧的压力。管棚排列的形状有帽形、一字形、方形及拱形，可依据工程需要及其断面形式确定。管棚设置的范围、间距及管径，应根据工程地质和水文地质条件以及隧道的埋置深度等因素确定。目前，非开挖技术的管棚，其直径可达600cm。

上述几种施工方法可以联合使用，如管棚加小导管注浆是目前国内地铁隧道浅埋暗挖法施工中常用的预加固措施。

（3）初期支护和二次衬砌的施作。初期支护施作的及时性以及支护的强度和刚度，对保证开挖后隧道的稳定性、减少地层扰动和地表沉降均具有决定性的影响。国内外在不稳定地层中采用浅埋暗挖法施工时，初期支护常采用有钢拱架或无钢拱架支撑的挂网锚杆喷混凝土支护。

浅埋暗挖法施工中常采用的锚杆为预应力或无预应力的砂浆锚杆或树脂锚杆。锚杆杆体由热轧钢筋制成，锚杆灌浆的水泥砂浆，其胶骨比为(1∶1)~(1∶2)，水灰比为0.38~0.45。宜采用不低于425号的新鲜普通硅酸盐水泥及中砂，中砂的最大粒径应控制在：采用后灌浆工艺时为1mm，采用先灌浆工艺时为3mm。

钢拱架支撑较多采用冷加工格栅架焊接而成，每榀分为若干段，在工作面进行拼装，沿开挖轮廓线形成支撑拱架。每榀拱架采用钢筋纵向连接，形成稳定的结构，并可承受部分的地层压力。随后喷射混凝土，使喷射混凝土与格栅架及周围地层紧密结合形成支护结构。根据地层需要，格栅拱架背后还可以加一层钢筋网。

初期支护的变形达到基本稳定后，可进行二次衬砌灌注。通过监控量测，掌握隧道动态，提供信息，决定二次衬砌施作时机，这是浅埋暗挖法中二次衬砌施工与一般隧道衬砌施工的主要区别。其他灌注工艺和机械设备与一般隧道衬砌施工基本相同。

(4) 隧道施工。采用浅埋暗挖法开挖作业时，所选用的施工方法及工艺流程应保证最大程度减少对地层扰动，提高周围地层自承作用和减少地表沉降。根据不同的地质条件及隧道断面，选用不同的开挖方法，但总原则是预支护、预加固一段，开挖一段；开挖一段，支护一段；支护一段，封闭成环一段。

3. 暗挖新技术

暗挖法也有了新的进展，主要有预制块法、预切槽法和气压法。预制块法是把盾构管片的安装技术和暗挖技术融合在一起的一项新技术，先做两侧导洞及侧墙，然后注浆开挖并放置钢拱架、喷射混凝土、安装预制块、在背后注浆，跨度已达18m以上，该技术在法国已大量应用。

预切槽法是按照结构尺寸制造一个台架，装有特制链条锯沿拱圈方向把地层切成一个高10~35cm、深4~5m的槽缝，然后放置钢筋网并喷射混凝土，形成钢筋混凝土拱，在其保护下开挖施工，效果很好，在法国、意大利等国家已开始应用。气压暗挖法是采用气压条件下的新奥法施工，因采用气压较低，一般对人体健康没有影响。压缩空气不仅可排除隧道中的地下水，还可减少地面沉降，防止地面结构损坏，减少加压隧道一次衬砌的荷载，对开挖面有支护作用，降低成本，对降低施工中的粉尘有显著作用，这种办法已在奥地利、德国、英国、日本等国家应用。

三、明挖法

明挖法是各国地下铁道施工的首选方法，在地面交通、城市地面空间足够和环境允许的地方通常采用明挖法施工，可以采用放坡大开挖法修筑隧道，放坡率可以根据地质情况确定，对应的区间隧道一般采用框架结构，上部设计荷载以回填土重加路面荷载来考虑，侧面荷载考虑侧土压力。明挖法施工的造价较低，但土方工程量较大，且影响地面交通。

明挖法具有施工作业面多、速度快、工期短、易保证工程质量和工程造价低等优点，但对城市生活干扰大，其应用受到各种因素的限制，尤其是当地面交通和环境不允许时，只能采用盖挖法或新奥法。明挖法适用于浅埋车站、有宽阔的施工场地，可修建的空间比较大，如带有换乘站、地下商场、休息和娱乐场所及停车库等的地下综合体车站，如上海地铁徐家汇站。明挖法施工主要分为围护结构施工、站内土方开挖、车站主体结构施作、回填上覆土和恢复管线四个部分。根据不同的地质条件和车站结构的大小以及基坑深度，明挖法的围护结构可采用地下连续墙、锚杆、钻孔桩加旋喷桩止水、SMW 水泥土加型钢等。采用地下连续墙作围护结构的明挖法修建地铁车站的施工流程为：地下连续墙围护结构施工→内井点降水或基坑底土体加固→开挖上层土体设置上层钢支撑→开挖中间层土体→设置中间层钢支撑→开挖底层土体→浇筑底板混凝土结构→拆除中间层支撑→浇筑车站混凝土结构→拆除顶层支撑→浇筑车站顶板混凝土结构→回填土体。

四、矿山法

矿山法施工主要包括：全断面法、台阶法、下导坑漏斗棚架法及上下导坑先拱后墙法等。我国现有的铁路隧道大部分采用矿山法修筑而成。由于矿山法施工的理论基础是传统的结构力学，其基本假定与实际隧道的工作状态相差甚远，另外在施工中需要大量的钢和木材作为临时支撑，工人的劳动强度大，施工环境差，因而近年来已逐渐被新奥法所取代。

五、盖挖法

盖挖法是利用围护结构和支撑体系，在较繁忙交通路段利用结构顶板或临时结构设施维持路面交通，在其下进行施工的工法。按结构施工的顺序分盖挖逆作法和盖挖顺作法两种。盖挖逆作法一般都是对交通作短暂封锁，待结构顶板施工结束，恢复道路交通，利用竖井作出入口进行内部暗挖逆筑。盖挖顺作法一般是利用临时性设施(如钢结构)作辅助措施维持道路通行，在夜间将道路封锁，掀开盖板进行基坑土方开挖或结构施工。盖挖法已成为修建车站的主要方法，在世界上占有很大比例，采用这种方法，在北京、上海、南京、广州等地修建了 10 余座地铁车站。盖挖逆作法具有占用场地时间短、对地面干扰小和施工安全等优点，适用于车站上方有高层建筑、埋深较大的地铁车站，如上海地铁新闸门路站；缺点是施工工序复杂、交叉作业和施工条件差等。盖挖顺作法同样具有盖挖逆作法的优缺点，只是适用于市区浅埋地铁车站。

采用盖挖法的基本施工流程为：施作车站内临时支承桩→施工地下连续墙围护结构→注浆加固地下连续墙墙趾→加固地基与基坑底土体→第一层钢支撑抽槽设置→开挖第一层土体→安装第二层钢支撑→车站顶板立模、绑扎钢筋和浇筑混凝土→顶板覆土、埋管和路面浇筑→暗挖第二层土体→第二层钢支撑下移至第三层安装、第四层钢支撑安装→中楼板立模、绑扎钢筋和混凝土浇筑→分小段暗挖第三层土体→第四层钢支撑逐根移至第五层安装→底板混凝土浇筑。

六、盾构法

盾构法是在地表以下土层或松软岩层中采用盾构机暗挖隧道的一种施工方法，即地层掘进、出土运输、衬砌拼装、接缝防水和注浆填充盾尾与管片衬砌间的间隙等主要作业均在盾构机的保护下进行，从而不影响地面交通。该法对附近居民的噪声和振动影响小，施工易于管理，施工不受风雨等气候条件影响。

从盾构机的出现到现在，盾构共可以分成四类，包括敞开型、部分敞开型、封闭型和复合型，其中敞开型和部分敞开型为旧式盾构，而封闭型和复合型为现代盾构。其断面形式有：圆形或椭圆形、半圆形、马蹄形、箱形。大多数盾构为圆形。盾构既是一种施工机具，又是一种强有力的临时支撑结构，其开挖和衬砌工作均在盾壳保护下进行。目前世界上所用的盾构都是现代盾构，主要有土压平衡式和泥水平衡式两种。盾构沿其长度可分为3部分：前部叫切口环，中部叫支撑环，后部叫盾尾。切口环是为了保护开挖面的稳定和作业空间的安全而设置的。支撑环连接着切口环和盾尾使盾构构成整体，是盾构结构的重要组成部分，在其周边内装有一组盾构千斤顶。在盾尾结构中设有组装机，主要用于组装预制衬砌管片。

城市地铁的盾构法施工具有以下优点：除竖井施工外，施工作业均在地下进行，既不影响地面交通，又可减少对附近居民的噪声和振动影响；盾构推进、出土、拼装衬砌等主要工序循环进行，施工易于管理，施工人员也较少；隧道的施工费用不受覆土量多少影响，适宜于建造覆土较深的隧道；施工不受风雨等气候条件影响；当隧道穿过河底或其他建筑物时，不影响施工；只要设法使盾构的开挖面稳定，则隧道越深，地基越差，土中影响施工的埋设物等越多，与明挖法相比，经济上、施工进度上越有利。

但盾构法施工也存在以下一些问题：当隧道曲线半径过小时，施工较为困难；在陆地建造隧道时，如隧道覆土太浅，则盾构法施工困难很大，而在水下时，如覆土太浅则盾构法施工不够安全；盾构施工中采用全气压方法以疏干和稳定地层时，对劳动保护要求较高，施工条件差；盾构法隧道上方一定范围内的地表沉陷尚难完全防止，特别在饱和含水松软的土层中，要采取严密的技术措施才能把沉陷限制在很小的限度内；在饱和含水地层中，盾构法施工所用的拼装衬砌对达到整体结构防水的技术要求较高。

1. 盾构的适用条件

封闭型盾构，施工人员不能直接观察开挖面土层工况，而是通过各种检测传感装置进行显示和自动控制。封闭型盾构主要有泥水平衡和土压平衡两大类型。泥水平衡盾构适用从软弱黏土、砂土到砂砾层等地层。但是它需要一套技术较复杂的泥水分离处理设备。土压平衡盾构既具有泥水平衡盾构的优点，又消除了复杂的泥水分离处理设施，目前受到工程界的普遍重视。

复合型盾构，是在软土盾构的刀盘上安装切削岩层的各式刀具，有的还在盾构内安装碎石机，这种硬岩开挖工具与软土隧道盾构机械相结合，能在硬岩软土地层交替作业。由于城市地铁的一条线路所处的地质条件很复杂，有较软的土层、砂层，也有较硬的岩层，以及地下水等，所以在选择盾构机型时一般都选择复合型盾构。又由于复合式泥水平衡盾构需要在地面修建泥水处理厂，给居民的生活和周围的环境带来一定的不良影响，故一般选择复合式土压平衡盾构，这是城市地铁建设的发展趋势。

2. 盾构机的主要构造与分类

(1) 盾构基本构造。盾构机主要由外壳、掘削机构、挡土机构、推进机构、管片组装机构、附属机构和专用机构等组成，而专用机构则因机器的种类不同而有所不同。

① 盾构壳体。设置盾构外壳的目的是保护掘削、排土、推进、衬砌等所有作业设备、装置的安全，故整个外壳由钢板制作，并用环形梁加固支撑。一台盾构机的外壳沿纵向从

前到后可分为前、中、后三段，一般分别称为切口、支撑与盾尾。

a. 切口环部分。该部分安装有掘削机械和挡土设备。

b. 支承环部分。支承部分位于盾构的中央部位，是盾构的主体构造部分。因为要支承盾构机的全部荷载，所以该部位的前方和后方均设有环状梁和支柱，由梁和柱支承其全部的荷载。

对敞开式、半敞开式盾构而言，该部位装有推动盾构机前进的盾构千斤顶，其推力经过外壳传到切口。中口径以上的盾构机的支承部位还设有柱和平台，利用这些支柱可以组装出多种形式(H 形、井形、升形等)的作业平台。

对封闭式盾构而言，支承部空间内装有刀盘驱动装置、排土装置、盾构千斤顶、中折机构、举重臂支承机构等诸多设备。

c. 盾尾部分。盾尾部分位于盾构的后部。盾尾部分为管片的拼装空间，该空间内装有拼装管片的举重臂及相应的机械设备。为了防止周围地层的土砂、地下水及背后注入的填充浆液窜入该部位，特设置尾封装置。

② 推进系统。盾构机的推进是依靠设置于盾构支撑环内侧的千斤顶的推力作用在管片上，进而通过管片产生的反推力推动盾构前进。同时，在驱动系统的作用下，刀盘旋转切削土体，并在推进千斤顶的推力作用下沿隧道轴线向前运动。盾构机推进系统一般安装在盾构机的前面部分，并和刀盘的驱动系统安装在一起。

③ 衬砌拼装系统。管片拼装机构设置在盾构机的尾部，主要由举重臂和真圆保持器组成。举重臂是在盾尾内把管片按所定形状安全、迅速拼装成管环的设备。举重臂为油压驱动方式，有环式、空心轴式和齿轮齿条式。

当盾构向前推进时，管片拼接环(管环)就从盾尾脱出，由于管片接头缝隙、自重力和作用土压等原因，管环会产生一定的横向变形，使横断面成为椭圆形。当变形量超过一定值时，前面装好的管环和现拼的管环在连接时会出现高低不平情况，给安装纵向螺栓带来困难。为了避免管环的高低不平，需要使用所谓的真圆保持器，修正、保持安装后管环的正确(真圆)位置。

(2) 盾构分类。盾构依其断面形状、开挖方式、前部结构的不同可分为很多类。

以人工、机械等挖掘的方式分：①手掘式盾构：开挖和出土可由人工进行。②半机械式盾构：大部分的开挖工作和出土由机械进行。③机械式盾构：从开挖到出土均采用机械。

以工作面的挡土形式分：①敞开式：能直接看到开挖面进行开挖。②密闭式：不能直接看到开挖面，靠各种装置间接地掌握开挖面情况来进行开挖。

以气压和泥水等加压方式分：①气压式：向开挖面加压缩空气。②泥水平衡式：用泥水向工作面加压，这种盾构的旋转切削头后面有一个隔板密封起来的泥浆室，其中充满加压泥浆，泥浆的压力比开挖面的地下水压力略高，从而保持开挖面的稳定。弃渣与泥浆混合后由输泥管抽出洞外进行渣泥分离处理。③土压平衡式：用开挖下来的土使开挖面平衡。土压平衡盾构是为了在松软粉砂层和松散砂层中进行开挖而研制。在机械开挖盾构的前部设置一个土壤密封室，排土采用螺旋式运输机，以回转刀盘开挖下来的土壤经常填满于密封室及螺旋输送机中。通过控制螺旋输送机排出的土量和盾构推进的速度来保持开挖面的土压平衡和稳定。④高浓度泥水平衡式：对工作面注入高浓度泥水。⑤加泥式：向开挖面注入润滑性泥浆，用以混合切削下来的砂卵石，由混合的泥土对开挖面加压。⑥插刀盾构：插刀盾构推进时不需要已安装好的管片环作为千斤顶支承后座，它由许多插刀组成，可组合成不同的断面形状和尺寸，自由选择衬砌类型。插刀盾构的推进是用设在插刀和支承框架之间的液压缸，将插刀以单刀或成组插刀的方式进行，当所有的插刀都推进一个行程的距离时，再由所有的液压缸同步收缩，把支承框架向前拖动。

3. *盾构法施工的工艺流程*

主要施工流程如下：

(1) 在隧道的起始端和终端各建一个工作井，即始发井和到达井。

(2) 盾构机在始发井内安装就位。

(3) 依靠盾构机的千斤顶推力(作用在已经拼装好的衬砌环和始发井的后壁上)将盾构从始发井的墙壁开孔处推出。

(4) 盾构机在地层中沿着设计轴线推进，在推进的同时，不断出土和安装衬砌管片。

(5) 及时地向衬砌背后的空隙注浆，防止地层移动和固定衬砌环位置。

(6) 盾构进入到达井后被拆卸或调头，也可过站再向前推进。

盾构机是这种施工方法中的主要施工机械，是在与隧道形状一致的盾构外壳内装备着推进、掘进、挡土、出土运输、衬砌安装等机构的隧道开挖的专用机械，是一个既能承受围岩压力又能在地层中自动推进的圆形、矩形、马蹄形及其他特殊形状的钢筒结构的隧道工程机械。采用盾构机施工，需要其他的施工技术密切配合才能顺利进行，如降低地下水位，稳定地层，防止隧道及地面沉陷的土体加固措施，隧道衬砌机构的制造，衬砌的防水与堵漏，配合施工的测量、监测技术等。

4. *盾构施工技术*

盾构施工的主要工序有盾构的安设与拆卸、土体开挖与推进、衬砌拼装与防水等。

(1) 盾构的安设与拆卸。在盾构施工段的始端，必须进行盾构安装和盾构进洞工作，而当通过施工区段后，又必须出井拆卸。盾构安装一般有以下几种方案：临时基坑法；逐步掘进法；工作井法。

(2) 土体开挖与推进。盾构施工首先使切口环切入土层，然后再开挖土体，千斤顶将切口环向前顶入土层，其最大距离是一个千斤顶行程。盾构的位置与方向以及纵坡度等均依靠调整千斤顶的编组及辅助措施加以控制。

土体开挖方式根据土质的稳定状况和选用的盾构类型确定。具体开挖方式有以下几种：敞开式开挖；机械切削开挖；网格式开挖；挤压式开挖。

(3) 衬砌拼装与防水。盾构法隧道的防水与渗漏水治理是至关重要的，由于它关系到隧道功能的正常发挥、使用期限的长短、隧道及邻近建筑的不均匀沉降，因此必须根据隧道使用要求和技术状况，对衬砌形式、盾构法掘进特点、周边环境及掘进对其他地下结构的影响等因素做认真的调查研究，以确定相应的防水等级。定级时，对整个隧道工程、单元工程(区段)和重要部位的防水等级可区别对待，采用不同的防水等级，然后根据不同的防水等级采取相应可靠的防水措施。

5. *盾构综合法*

修建地铁车站，国外已经采用了配合盾构法，这种施工方法可一次采用盾构法将区间隧道和过站隧道贯通，再在盾构隧道的基础上扩挖而形成地铁车站；或直接利用大直径盾构机或连体盾构机修建地铁车站。配合盾构法修建地铁车站的优点是可充分有效地利用盾构设备，达到进一步提高地铁工程的建设质量、缩短建设周期，从总体上较大幅度地降低工程造价的目的，从而使得盾构法在城市地铁工程中得到了大规模的应用；同时不影响地面交通和中断地下生命线(上下水道、电线和电话线管道以及天然气管道等)，且施工安全、机械化程度高。这种施工方法适用于市区深埋车站和线路交汇处换乘下层站等。但是，其施工所使用的机械复杂，安装操作难度大。

国外盾构综合法修建地铁车站有以下 5 种形式：

(1) 扩挖区间盾构隧道修建。此方法直接在两条单线区间盾构隧道的基础上扩挖形成车站。得到实际应用的有两种方法：一种是托梁法，一种是半盾构法。此大类方法已有较多工程实例，但多用于单层岛式站台，且单线区间盾构隧道的建筑界限还应满足车站的使用要求。

(2) 建成两条或三条平行隧道。

① 建成三条平行隧道。用直径为 9~10m 的盾构建成三条平行隧道，在中间隧道与两侧隧道间修建联络通道形成地铁车站。该法适用于修建站台较宽的岛式车站，如基辅地铁车站。

② 建成两条平行隧道。日本投入技术研究力量成功开发出了采用圆周盾构方式将小直径的区间盾构隧道扩大为大直径的方法，为在区间隧道采用盾构法，但在车站受净空限制而不便扩建为车站结构的情况提供了可能途径。

(3) 固定式或分离式连体盾构机直接修建。日本在采用两连盾构机修建区间隧道成功后，继而又开发了采用固定式或可分离式连体盾构机直接修建车站的方法。这些方法越来越多地应用到工程中，取得了良好的效果，但多为单层车站。日本还有采用此法修建双层地铁车站的计划，如都营地铁 12 号线饭田桥站就是采用固定式三连体盾构机修建的，该站为单层岛式站台车站。

(4) 修建拱形结构。此方法为先修建两个小型盾构并充填混凝土，以此作为拱座基础，再修建上部单拱结构形成车站，此方法在俄罗斯较多使用，且已在双层车站中使用。

(5) 复式微型盾构修建。这是一种正在发展中的方法，其思路是采用小型或微型盾构设备，先修筑车站结构体，而后开挖内部土体，可修建大型地铁车站。其形式有多种，按盾构机刀盘的切削方向可建成弧形或矩形车站结构体。此法不用大型盾构设备，安全可靠，可在极其软弱的地层条件下修建大型车站结构，但尚需进一步完善小型盾构设备。

第七章

高架结构工程

第一节 基本概述

高架线路以其投资经济、施工周期快、运营成本低、线路适应性良好等优点，逐渐在城市轨道交通建设中得到越来越广泛的运用。但城市中的高架桥梁结构必须在保证功能要求、结构安全、耐久性的前提下，满足城市规划和城市景观的需要。城市轨道交通系统应根据城市环境、路网规划等因素选择采用地面线、高架线或地下线。为了节省城市轨道交通系统建设总投资，采用高架线时，对高架结构就要求有较小的建筑高度。

城市轨道交通系统进入城区后，可以随着城市地势的变化或城区建筑群的不同，或从空中走，形成高架，或进入地下，形成隧道，也可在地面上。高架结构工程是城市永久性建筑的一部分，结构寿命应按50年以上考虑，因而城区高架结构可以作为城市景观的一部分，与城市的其他建筑相协调。另外在城区施工，要求施工速度快，对现有的交通干扰小。

目前对高架轻轨桥梁设计基本上采用容许应力法，这主要是以《铁路桥梁钢结构设计规范》(TB 10091—2017)作为设计依据的结果。但对一些特别结构如高架车站、道路交通与轻轨共建的一体化墩的设计究竟采用哪一种设计方法，存在着较大的争议。人们通常认为，对于这些结构设计宜采用极限状态法。众所周知，设计方法从容许应力法经历了破坏阶段法发展到今天的极限状态法，是人们在设计理论上的认识发展过程。容许应力法采用安全系数 K 的大小是凭经验制定的，理论上说不清结构设计的安全度。极限状态法采用了分项系数，在一定程度上用概率的观点分析了结构的安全度，概念比较明确。现在除了铁路部门以外，建设部、交通运输部在有关行业规范都采用了极限状态设计方法。铁路部门至今采用容许应力法也是有它的考虑：铁路荷载比较大，疲劳问题比较突出，采用容许应力法比较容易考虑这个问题。但是轻轨交通荷载要轻得多，基本上相当I级公路汽超20荷载，疲劳没有大的问题。因此对高架轻轨中的一体化墩等结合结构，无论从设计理论还是从荷载观点来看，采用极限状态设计方法都是合理的。

桥上无缝线路设计理论研究是轨道工程与桥梁工程的边缘学科，它牵涉复杂结构关系和力学机理，计算难度较大，长期以来一直是无缝线路研究领域的前沿课题。我国城轨建设起步较晚，但城轨高架桥上无缝线路设计直接吸收和利用了铁路桥上无缝线路的研究成果和成熟技术。桥上无缝线路技术已经在城轨建设中成功应用，并取得了良好的效果。上海市轨道交通3号线在小半径曲线大坡度桥上铺设了无缝线路，武汉、天津轻轨高架桥上也采用了无缝线路。随着我国城市轨道交通建设步伐的加快，越来越多的城市会选择高架线路的模式。妥善解决桥上无缝线路的关键技术问题，可为城市高架桥梁和轨道结构的合理选型以及结构优化设计提供科学的依据，同时为桥上无缝线路的施工、养护提供理论指导，推动无缝线路技术在城轨中的应用。城轨高架桥上无缝线路在温度效应和车辆荷载的作用下，钢轨承受纵向附加力，该附加力通过梁体传递至桥梁墩台的固定支座上，使墩台产生变形，墩顶发生纵向位移，对高墩和柔性墩影响尤为显著。为了保证结构安全，提高行车平稳性和舒适性，在城轨高架桥设计中必须充分考虑无缝线路与桥梁间的相互影响，严格控制梁轨间的附加力，使之满足下列四项要求：第一，控制长钢轨纵向压力值，以防桥上无缝线路胀轨跑道；第二，控制长钢轨纵向拉力值，以满足钢轨强度要求；第三，控制钢轨折断时的断缝值，以确保行车安全；第四，控制桥梁墩台的纵向水平力值，以确保桥梁安全使用。

高架桥面建筑限界宽度一般为8600mm。线路中心至防护栏内距离为2400mm，侧向人行道宽度为750mm。如两线之间设接触轨受电，线路间距宜为3800mm。侧式车站桥面建筑限界的总宽度与选用的车辆宽度和侧站台的宽度有关，如选用车辆宽度为2800mm，侧站台的宽度为4000mm，其建筑限界的总宽度宜为14600mm。

在曲线地段的区间和车站高架桥面建筑限界，都应在直线地段的各有关尺寸基础上，根据所选用车辆的有关尺寸以及平面曲线半径是否设置超高进行加宽。

城市轨道交通高架工程包括高架区间和高架车站两部分，均属于城市永久性建筑。在其结构设计时，必须考虑以下几点：

（1）高架结构的造型要与城市景观相协调。

（2）高架桥在必要地段要设置隔音屏障以减轻车辆运行的噪声，桥上应设置养护、维修人员及疏散旅客的安全通道。

（3）当高架桥跨越铁路、公路、城市道路时，桥梁孔径及桥下净空应满足有关规范的限界规定。

（4）当高架桥跨越一般河流时，桥梁孔径应保证设计频率洪水、流冰及其他漂浮物或船只通过的安全。

（5）高架结构的主要技术标准除采用1435mm的标准轨距外，其他尚未有统一标准。

（6）高架桥上安全护轮设施，在直线及$R \geq 400m$的曲线地段，应设钢筋混凝土护轮矮墙结构，在$R<400m$的曲线地段，应设安全护轨。

（7）高架结构的施工应考虑尽可能避免对城市交通和市民生活的干扰，其施工应不中断原有市内交通，设法降低噪声，特别要避免在邻近原有建筑物处采用打入桩，对地下管线要调查探明，若与结构基础有干扰，要采取适当的措施等。

第二节　高架区间桥梁结构

高架结构选型从结构受力合理、使用安全可靠、维护方便、投资经济合理、施工便捷等方面考虑。特别应控制结构变形，保证梁体足够的刚度，结合轨道结构形式、扣件调整量要求、基础形式等因素确定合理的变形控制值。高架区间桥梁可以分为一般地段的桥梁和主要工程节点的桥梁。一般地段的桥梁虽然结构形式简单，然而就工程数量和土建工程造价而言，却可能占据全线高架桥的大部分份额。实际上，一般地段桥梁形式的选定往往是因地制宜、综合考虑的结果。跨越主要的道路、河流及其他市内交通设施的主要工程节点，可以采用任何一种适于城市桥梁的大跨度桥梁结构体系，但必须与当地城市景观相协调。采用最多的是连续梁、连续刚构、杆系拱。

高架桥上应考虑管线设置或通过要求，并设有紧急进出通道，采取防止列车倾覆的安全措施以及在必要地段设置防噪屏障，还应设有防水、排水设施。

一、高架桥立面和横断面布置

城市轨道高架桥选型主要指梁部和墩柱的选型。基础虽受梁部和墩柱形式的影响，但它主要还是由地质情况确定，比较单一。城市轨道高架桥选型时，要考虑景观、经济、功能、施工、占地和工期等几方面问题。

桥梁立面布置的内容包括体系的选择、桥长及分跨布置、桥下净空及梁高的选择等。对于城市轨道交通这种长距离的高架桥，从景观上考虑，应该尽量采用等跨等高度梁。桥梁跨径的选择，应结合周围环境和工程地质条件，从景观、经济和施工等方面综合考虑确定，标准区间梁的合理跨度为20~30m。桥下净空应符合《城市道路工程设计规范(2016年版)》(CJJ 37—2012)以及城市景观对桥梁净空的要求。

桥梁体系按照受力特点可分成简支、连续和悬臂3种基本类型。根据城市轨道交通特点以及整体道床和无缝线路的要求，多采用简支或连续体系，在特殊地段(跨河、谷地段)，也可采用悬臂体系。

简支梁的特点是结构简单，受力明确，容易做到设计标准化、制作工厂化，安装架设方便，施工速度快，适用于中、小跨度。当跨度较大时，多采用连续梁桥，以降低材料用量，减少伸缩缝数量，改善行车条件，提高桥梁的可靠性和耐久性，但其设计和施工比较复杂，对支座的不均匀沉降较敏感。

区间标准横断面，根据高架桥的限界及设备安装位置而定。桥两侧设挡板，挡板内侧设电缆支架，挡板上设人行步道，作为检修及紧急疏散之用，步道边设栏杆。曲线地段及道岔区的桥面宽度，根据曲线半径和渡线形式分别进行加宽。车站宽度根据站台形式及宽度、限界及设备位置而定，并考虑施工误差。

二、高架桥梁断面形式

高架桥梁横断面设计即桥梁结构设计，对于高架桥标准区间的梁结构设计，应从受力、经济、施工及美观等方面综合考虑。一方面，要求结构安全、经济美观、满足桥下交通要求等；另一方面，要结合工程及场地的特点，采用经济成熟的施工方法与结构形式；再者，还需要满足无砟、长枕式整体道床及长钢轨结构对高架桥梁结构的特殊要求。目前，比较适合城市轨道交通高架桥梁的结构有下承式槽形梁结构、预应力混凝土箱梁结构(下承式脊梁结构、上承式箱梁结构)、预应力混凝土板梁结构(空心板梁、低高度板梁)、后张法预应力混凝土 T 形梁结构等形式。

1. 箱梁

箱梁是目前城市轨道交通采用比较广泛的梁型结构，其特点是：建筑高度适中，工程量较省；适用性好，由于其抗扭性能好，既可作为标准区段，也可用在曲线、变宽、出岔地段；整体受力性能好，结构后期变形较小；外观线形流畅、美观；设计、施工经验成熟，既可采用现浇法施工，也可采用预制、吊装法施工。对长达 20~30km 的城市轨道桥梁，现浇法施工存在对周围环境干扰多、施工成本高和工期长等缺点。跨度为 30m 的简支双线梁，一般每平方米桥梁面积需要主要材料为：混凝土 0.51m^3；预应力钢筋 19.5kg；钢筋 95kg。

2. 槽形梁

槽形梁的特点是：建筑高度低，便于与城市道路间立体交叉，降低线路标高，节约工程投资；断面利用率较高，两侧主梁可兼起防噪、防护等作用，景观程度较好。但该梁型施工复杂，需布置多向预应力钢筋，制作时间长，梁片造价较高，且设计、施工国内经验少，适用于较小跨度和车站内的桥梁，以单线梁分修为宜。30m 跨度的简支双线梁，一般每平方米桥梁面积需要主要材料为：混凝土 0.87m^3；预应力钢筋 51kg；钢筋 25kg。槽形梁一般是预应力混凝土结构，属于下承式桥梁，由车道板、主梁和端横梁三部分组成。下面分别介绍槽形梁三个主要结构部分的设计、构造和施工要点。

（1）车道板。道板位于梁体下翼缘，在预应力和竖向荷载作用下，不仅会产生双向弯曲和扭转，而且作为主梁截面的一部分，会产生拉伸（竖向荷载作用下）或压缩（纵向预应作用下）。车道板是直接承受车辆荷载的部分，当桥的长宽比 L/B 较大时，车道板按单向板考虑，荷载主要通过车道板传给主梁，再由主梁传到支座。只有接近桥梁两端的荷载是经由车道板传给端横梁，再由端横梁传到支座。当桥的长宽比较小（$L/B<2$）时，车道板作为双向板考虑，荷载一部分通过主梁传到支座，另一部分则通过端横梁传到支座。

由于列车在车道板上通行，所以车道板的宽度较大。当单线不设检修道时，取宽度 $B=3.8$m（主梁净距 3.5m）；设检修道（宽 0.5~0.6m）时，宽度 $B=4.3$m（主梁净距 4.0m）。双线桥，宽度 $B=8.2$m（主梁净距 7.8m，检修道宽 1m，设在两车道中央）。车道板厚度，单线可取 0.3~0.35m，双线可取 0.50~0.55m。若将检修道设在主梁上翼缘上，由于板宽减小，可做得更薄些，单线可用 0.25~0.30m，双线可用 0.45~0.50m。

槽形梁的车道板和主梁内侧交接处常设置斜率小于 1∶3 的内角隅，一方面可以减小截面突然变化引起的应力集中，另一方面内角隅构造有利于横向预应力筋弯起布置。

车道板作为主梁主翼缘的一部分，在竖向荷载作用下承受纵向拉应力。在板宽方向，该拉应力自板边向中线逐渐降低，即所谓剪应力滞后现象，它影响了车道板作为主梁翼缘有效宽度值，在设计中为了简化计算，取一定宽度的车道板作为主梁翼缘，该宽度即为“计算宽度”。根据国内外资料，板的计算宽度可采用下列三项中的最小值：

① 梁梗每侧取计算跨度的 $1/L$，当梁梗两边伸出的板对称时，合计为跨度的 1/3；

② 梁梗每侧取两相邻轴线间距离的一半；

③ 自梗肋以外每侧再加 6 倍板厚。

当单线桥跨度 12m 以上，双线桥跨度 22m 以上时，可取车道板全宽作为主梁翼缘。在预加应力作用下可取车道板全宽作为主梁翼缘进行计算，不受上述 3 项规定的限制。

槽形梁的纵向必须设置预应力筋，一般情况下，车道板内还应设置横向预应力筋，单线时可不设预应力筋，但需增配较多的非预应力筋。双线槽形梁必须设置横向预应力筋。车道板的计算跨度 B 取主梁腹板中线与车道板中线交点间的距离。荷载取上部列车的最大轴重，横向预应力按计算跨度 B 的简支梁计算。

（2）主梁。主梁是主要的承重结构，由上翼缘、腹板和车道板的一部分宽度作为下翼缘组成，其高度 h 约为 $L/10 \sim L/14$。上翼缘是主要的受压构件，其横向稳定是依靠腹板与车道板组成的 U 形半框架来保证的。在梁端由加厚的腹板与端横梁形成刚度较大的结构，对上翼缘起侧向支撑作用。当上翼缘宽度不小于跨度 L 的 3%时就不会失稳。它的厚度一般可取 $0.15h \sim 0.2h$。

主梁腹板按厚度有薄腹板和厚腹板两种。薄腹板能减轻梁的自重，但要设竖向预应力筋，施工难度较大。厚腹板为普通钢筋混凝土结构，跨中厚度：单线为 0.3m，双线为 0.4m，端部增加到 0.4~0.55m，箍筋间距为 0~0.15m。

（3）端横梁。端横梁是槽形梁的重要组成部分之一，在施工和养护维修时起顶梁的作用，并为车道板的两端提供支撑，保证车道板的整体作用，还为上翼缘的横向稳定起支撑作用。端横梁的高度和宽度一般为：$h_2 = (1.6 \sim 2.0) h_1$，$b_2 = (1.0 \sim 1.3) h_1$，h_1 为车道板厚度。端横梁的计算按简支梁考虑。

（4）施工。槽形梁在设计中一般要进行抗弯强度、抗剪强度、变形、抗裂性、裂缝宽度、运营阶段混凝土和钢筋应力等一系列的验算，各项验算结果必须满足相应的规范要求。

槽形梁的施工一般采用装配式方案，该方法又分为纵向分块和横向分块两种。横向分块，每块为一完整的 U 形截面，横向预应力在预制时已实施完成。施工时在桥头路堤上串联成整体，然后用纵移法移到桥孔，落梁到位。横向分块的每块重量可以做得很小，运输方便。块件连接可以设干接缝，用环氧树脂砂浆黏接，然后在工地上施加纵向预应力，张拉锚固，压浆，封端，纵移落梁，架设就位。

纵向分块是将两侧主梁预制成两大块，主梁之间的车道板和端横梁可以预制，也可以在主梁架设就位现浇。预制的车道板、端横梁和两侧主梁的连接必须采用湿接缝。在工地上要施加横向预应力和纵向预应力。纵向分块运输不便，且湿接头难度较大，唯一优点是可以利用工地现有的架桥机将预制主梁直接架设就位，无须设置临时便梁及纵移就位。

3. 空心板梁

预应力混凝土空心板梁一般在高架线路道岔区采用。在高架线路道岔区，线路走向及道岔布置的方式多样，结构受力工况较多、分析较复杂，采用整体预应力混凝土空心板梁，有利于结构整体受力，也便于道岔布设位置的灵活调整，同时还能提高结构的适应性，满足线路和道岔布设所造成的异形结构。因空心板梁结构体量较大，下部需要采用门式框架结构，对下部空间的影响较大，城市景观效果较差。若采用现浇施工，浇筑量较大，需要严格控制工序才能保证施工质量。

4. T 形梁

T 形梁为目前高架桥梁部结构形式中建筑高度最高的一种，每线 2 片 T 形梁，受力清晰，设计、施工经验相当成熟。但 T 形梁线路标高较高，不利于城市道路之间的立体交叉；且一般需要就近预制，所需预制场地在城市内受到限制。T 形梁桥梁底部呈网格状，美观性最差，特别是 2 片 T 梁间铰接，整体受力性能差。

5. 脊梁式结构

脊梁式结构分上承式和下承式两种。上承式是在单箱梁的上部带大悬臂挑臂结构，下承式是在脊梁的下底板位置带大悬臂挑臂结构。城市轨道交通大多采用后者。这种结构主要靠脊梁来承受纵向弯矩，挑臂板作为行车倒板，同时将列车荷载传到脊梁上，挡墙主要是防止噪声和作为防护车辆倾覆的保护体，也可以作为结构的一部分，起边梁作用，改善挑臂的受力。

下承式脊梁结构具有以下优点：

(1) 建筑高度低。其建筑高度为挑臂板的厚度，脊梁高度的改变对挑臂板的厚度无影响，而跨度的改变只影响脊梁的高度，易于线路的线形布置，这对于城市的高架结构的线形布置来说非常有利。建筑高度低便于压低线路标高，节约总投资。

(2) 施工方便。可以选用预制构件拼装法，先吊装脊梁，然后拼装挑臂翼板，施工便捷。

(3) 结构上需要的部分可作他用，即边缘和脊梁顶面可作检修道等。

(4) 脊梁和边梁构成一个防噪体系。

(5) 外形美观。下承式脊梁翼板式结构的横断面由脊梁、大挑臂翼板和端加劲边梁(或称挡板)3 部分组成。

脊梁一般为单箱，宽为 1.6~2.3m，由于脊梁除了提供纵向抗弯刚度之外，还要提供抗扭刚度，一般壁厚取 0.25~0.42m。在支撑区，由于约束扭转，结构的剪力相当大，所以常设置一段实体脊梁。

挑臂板的结构形式可采用纵向连续板、空心板或者用多根悬臂梁代替，从施工、防震、隔震、防噪性能和美观上综合考虑，以实体板为好。

悬臂行车板的计算方法较多，结果差异很大，总的来说，其计算方法可以归结为以下两类假定：一是不考虑主梁变形影响，即把悬臂板的根部看作固定端；二是近似考虑主梁截面畸变影响，即将悬臂板的根部简化为弹性系数为 K 的转角弹簧约束。第一种假定偏于保守，第二种假定更接近实际情况。

6. 超低高度板式结构

超低高度板式结构实际上是低高度梁或厚板，亦称为板梁。由于结构的建筑高度要求做得小，刚度就成为设计的控制条件。

在设计中应进行以下各项计算：承载能力计算；使用荷载下应力、变形及裂缝计算；施工荷载下应力、变形及裂缝计算；对承受重复荷载的构件必要时进行疲劳强度计算。

若设计成部分预应力时，在构件的受拉边外侧应当布置一定数量的非预应力筋。当预应力度 λ 较高时，非预应力筋宜用小直径及较密间距。当 $\lambda<0.3$ 时，可按钢筋混凝土构件的构造规定布置。

通过对梁型的综合比选，箱梁结构在 20~30m 桥梁跨度中是最优的结构形式，通过对其断面形式的优化处理，完全能够满足城市高架轨道交通各方面的要求。

经济跨度除槽形梁和下承式脊梁为根据资料推测而得外，其余按桩长在 40~50m 和墩高在 4.5~5.5m 分析而得，推荐高架桥梁部采用箱梁形式，理由如下：

第一，箱梁的闭合薄壁截面刚度大，整体受力性能好，适宜斜桥与弯桥。箱梁顶、底板具有较大的面积，通过适当配筋可有效抵抗正负弯矩，适用连续梁结构形式。箱梁具有良好的动力性能，收缩变形数值小。

第二，箱梁截面外形简洁，底面平整光洁，线条流畅，景观效果好。

第三，箱梁适用性强，适于中跨度和大跨度桥梁。既可采用简支结构形式，也可采用连续结构形式，适于各种地段，如直线段、曲线段、出岔段和变宽段等，便于同一条线路上减少桥梁类型。

第四，我国在箱梁桥的设计和施工方面的经验已相当成熟。箱梁的现浇施工法虽有施工工期长的缺点，但如果设计中采用预应力钢束锚固于梁内而不是锚固在梁端，施工中可以多个工作面同时施工，从而达到缩短工期的目的。

第五，从持续发展角度看，箱梁只要解决了大吨位的运输、吊装设备的研制和相关施工工艺问题，实现工厂化、规模化生产，经济指标将会大幅下降。

7. 墩台形式

在高架桥的结构总体设计中，下部结构(墩台)除应有足够的强度、刚度和稳定性以承受荷载，以避免在荷载作用下的过大位移和转动外，还需要考虑美观，其造型应能使上部结构与下部结构协调一致，轻巧美观，与城市环境协调。但造型常受地形、地貌、交通等限制，又与现实世界的建筑及环境密切相关。在墩台选型上，一般应服从梁部形式，同时应遵循安全耐久、满足交通要求、造价低、维修养护少、预制施工方便、工期短、与城市环境协调以及桥墩位置和形状要尽量多透空、少占地等原则。对于全线高架桥，宜减少桥墩类型。墩柱通常有 T 形墩、倒梯形墩、板式墩、Y 形墩、圆柱墩、双柱墩等基本形式及其变形。

(1) 板式墩。板式桥墩是目前广泛采用的下部结构，能适用于各种上部梁型的需要，特别是线间距较小的结构。墩身矩形截面能充分利用其良好的截面特性，满足结构的刚度要求。其墩身一般采用独柱式，和梁部能够较流畅地顺接，可提高整体的景观效果，降低对城市视线的阻隔。主要适于单箱单室箱梁和脊梁等梁部支承点相距较近的梁型。特别是对直腹板箱梁，可使箱梁底宽同墩横向宽度一致，从而使上下部浑然一体，显得挺拔有力度，对墩高的变化适应性极强。受力合理，材料较节省，施工方便。

(2) Y 形墩。Y 形墩主要用于轨道线间距较大的桥梁地段，特别是岛式车站站台两端。通过横梁支承分修的左、右线梁，中部仍可采用独柱，减少下部占地。Y 形桥墩与 T 形桥墩一样，体积小，圬工省，占地少，外观简洁，桥下透空大。但其结构相对来说较复杂，施工也较麻烦。由于高架桥墩高一般都在 5.5~6.0m 以下，Y 形墩在外形上显得较滞重。

(3) T 形墩。T 形桥墩自重小，节省工场材料，能减少占地面积，墩身可做成圆柱、矩形、六角形等，具有较大的强度和刚度，其与上部结构的轮廓线过渡平顺，受力合理。适于板梁、T 梁和槽形梁等梁部为分片结构或梁部支承点相距较远的梁型，用于箱梁时，一般为一线一箱的分离式箱梁。由于有托盘，一般在满足梁部支承需要的前期下，可以减少墩柱的尺寸，节约圬工，减轻墩身重量。主要优点为受力合理，但上下部过渡有转折，造型一般。

(4) 圆柱墩。墩形采用圆形的截面，柔和的外部曲线可降低土建结构的生硬和刻板。但上部需设置墩帽，对城市景观有一定的影响，在截面刚度控制下较矩形墩尺寸会有所增加，主要适于单箱单室箱梁和脊梁等梁部支承点相距较近的梁型，特别是对直腹板箱梁，可使箱梁底宽同墩横向宽度一致，从而使上下部浑然一体，显得挺拔有力度，对墩高的变化适应性极强。受力合理，材料较节省，施工方便。

(5) 双柱式桥墩。双柱式桥墩体积小，圬工省，透空空间大，稳定性好，结构轻巧，适用于各种梁型，用于多线或出岔地段，所适用的上部结构较灵活，适用于并置单线梁、道岔区地段的下部结构。其受力明确，整体稳定性、承载能力较好，墩柱尺寸可以做到纤细，材料利用率较高，但对下部空间占据较大，整体景观性较差，会有凌乱的感觉。但对桥宽仅 8.0m 左右的高架桥来讲，造型上显得不够简洁。

(6) 倒梯形桥墩。倒梯形桥墩构造简单，施工方便，受力合理，具有较大的强度、刚度和较好的稳定性，对于单箱单室箱梁和脊梁来说，选用倒梯形桥墩在外观和受力上均较合理。主要适应于单箱单室箱梁和脊梁等梁部支承点相距稍远的梁型。特别是对于外腹板微斜的箱梁，如墩高适宜，则可使梁的腹板和墩的边线斜度一致，使上下部浑然一体，造型美观。但该墩受力上较合理，材料有浪费，投资增加，在墩高相差较大时，整体造型不易协调。结合上部梁型，经综合比选，采用板式桥墩是区间墩形的最优选择。

第三节　高架车站结构

随着城市轨道交通的迅速发展，线路高架化将会频繁出现，高架车站也应运而生。高架车站属地上高架结构，轨道列车运行于结构最上层，既非单一的房屋结构，也非单一的桥梁结构，而是桥梁和房建融合在一起的结构体系。

一、结构形式和比选

高架车站结构形式，首先应满足车站的功能布置要求，并结合当地的城市规划、地面道路及工程地质条件等综合因素考虑而定。目前，国内外高架车站多为 2~4 层，站台层位于结构最上层，与区间高架桥连接，一般采用现浇或预制钢筋混凝土结构，优先采用预应力混凝土结构。高架车站常见的结构形式有钢筋混凝土空间框架结构、桥梁式结构、框架+桥梁式结构三种。

1. 空间框架结构体系

该结构属桥梁、房建结合方案(见图 7-1)。高架站先形成空间框架结构，再在其上形成连续板梁。该结构体系受力合理，结构整体性和稳定性好。

高架车站的荷载与房屋建筑一般所受荷载完全不同，活载占的比重大且受载点不断变化。框架结构受载不均匀，易造成基础的不均匀沉降，特别是在地质条件不好的地段。一旦发生基础不均匀沉降将损坏结构，而且修复困难。

当列车以一定速度通过高架车站时，高架车站产生振动。框架结构的动力稳定性一般比桥梁结构差，因此高架车站的振动控制成为结构分析和设计的关键问题之一。

2. 桥梁结构体系

属于桥建结合方案。高架站先形成桥梁结构(梁、墩柱、基础)，再在桥上布置站台(见图 7-2)。

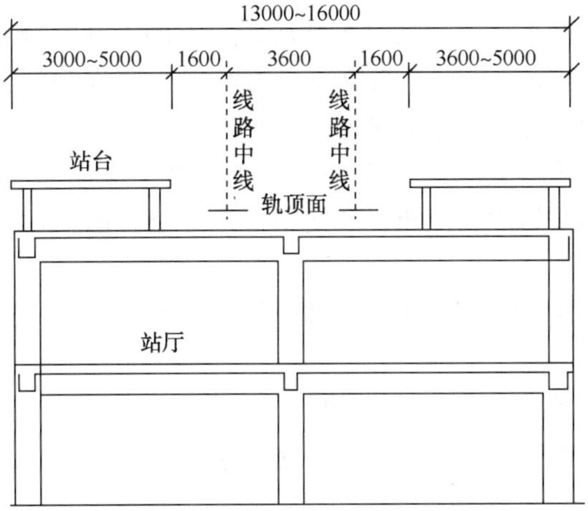

图 7-1　空间框架式车站结构

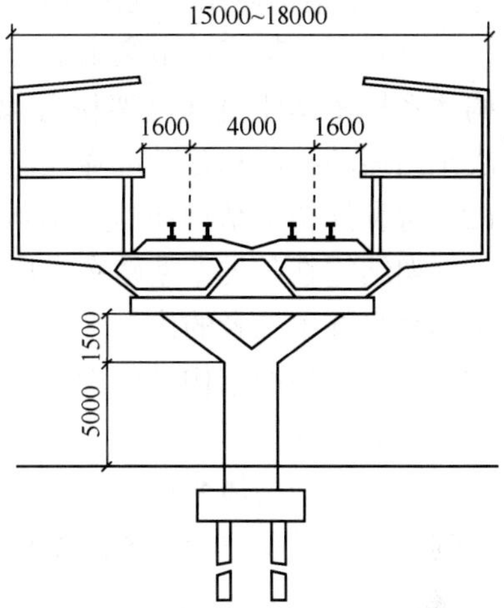

图 7-2　桥梁式车站结构(箱梁，Y 形墩)

桥跨结构可选择的断面形式有箱梁、T 形梁、板梁和槽形梁等。箱梁截面抗扭刚度大，整体受力性能和动力稳定性好。T 形梁刚度大，材料用量省，还可采用预制吊装法施工，宜优先采用。

墩柱常用的结构形式有 T 形墩、双柱墩、V 形墩和 Y 形墩。在高架车站中的墩柱应具有足够的强度和稳定性，在轨道列车作用下应避免产生大位移。

3. 框架+桥梁结构体系

属于桥建分离方案(见图 7-3)。主体结构分为两个部分：车站建筑和高架桥。车站建筑包在高架桥之外，高架桥从房屋建筑中穿过，二者在结构上完全分开，受力明确，传力简洁。车站建筑和高架桥受力自成系统，可防止列车运行对车站的不利影响，基础的不均匀沉降和车站建筑的振动问题可得到解决。

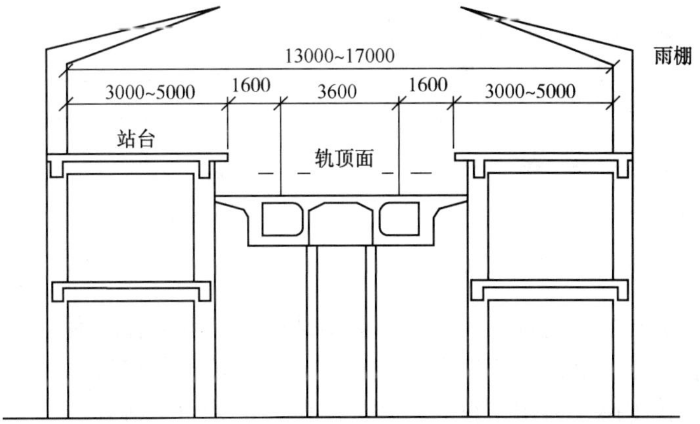

图 7-3　框架+桥梁式车站结构

4. 结构形式的选择

从使用功能上看，空间框架结构体系和框架+桥梁结构体系适用于大中型车站；桥梁结构体系适用于小型车站和中间站。就大型车站而言，从结构性能上对比，我们认为应优先采用框架+桥梁结构体系，理由为：

(1) 可解决高架车站最突出的力学问题，即列车动力荷载对车站房屋建筑的不利影响。该结构体系把车站建筑和高架桥分离成两个完全独立的力学系统，受力及传力明确简洁，可解决车站振动控制和基础沉降控制这两个结构设计施工中的难题。

(2) 可发挥桥梁结构和框架结构各自的特点和优越性。高架桥适于承受列车快速移动荷载，框架结构在各类车站站房中广泛采用，给车站的功能布置和使用带来方便。框架+桥梁结构体系发挥了二者的优点。

(3) 高架车站的结构设计大为简化。高架桥和车站建筑可以依据现行的国家规范，分别进行独立的设计计算。

有人认为该结构体系切断了框架纵横梁的联系，削弱了车站建筑的整体性，需增加柱网。我们认为，只要适当调整高架桥墩柱和房建框架柱的相对位置，这个问题不难解决(见图 7-4)。

而且，框架横向既可以是四柱三跨，也可以是三柱二跨，不受高架桥的影响。

二、振动控制

高架车站必须通过减振措施来减小走行部分对车站主体结构的动力影响。橡胶支座的运用对高架车站的振动控制效果明显。以上海“明珠线”某框架式车站为例，框架上面采用预应力混凝土低高度连续板梁，板梁下设板式橡胶支座。高架桥上荷载通过支座传递至站房结构的中立柱和框架横梁上。板梁单支撑传力于车站中立柱上，双支撑作用在框架横梁上(见图 7-5)。

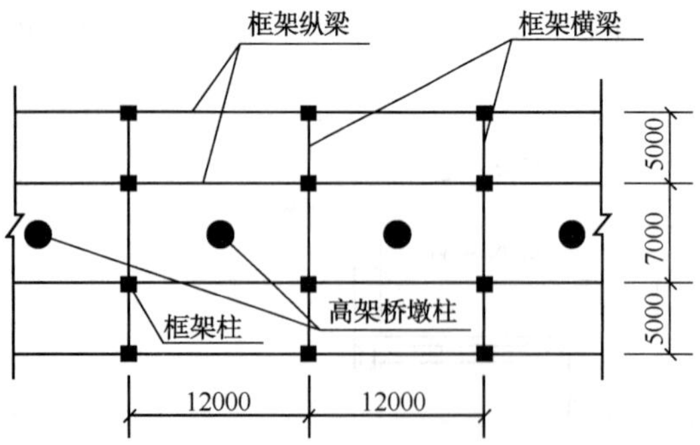

图 7-4　框架+桥梁式车站梁柱布置示意

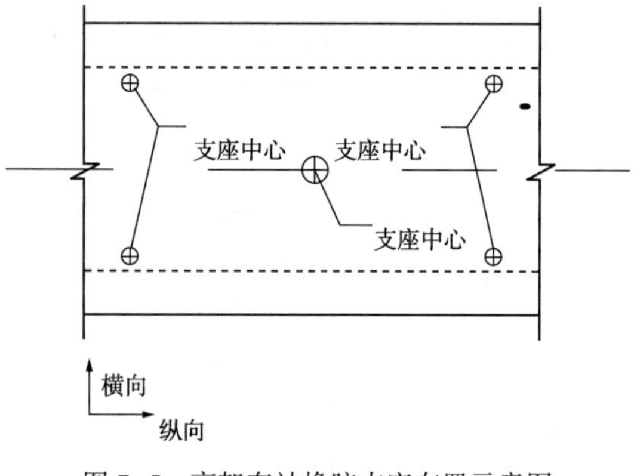

图 7-5　高架车站橡胶支座布置示意图

根据高架车站不同的结构特点，动载和静荷载的大小等综合因素，采用以下不同支座：

(1) 板式橡胶支座。最适用于纵向跨径小，动静载较小的车站。

(2) 四氟滑板式支座。适用于纵向跨径大、位移量大的车站。

(3) 盆式支座。适用于动静荷载很大、位移量大、当地地震烈度不超过八度的车站。

(4) 定向支座或锚固式支座。适用于烈度为八度以上的地震区。

三、基础沉降控制

位于软土地区的高架车站，基础沉降是一个突出的问题。国内外工程实践和理论研究表明：在软土地基上，桩基础是首选的基础形式。桩基可以将上部荷载有效地传递到压缩性小的深层土层中去，以满足上部结构物对基础承载力和变形的要求。桩基能有效地承受横向水平荷载，其抗震及抗动载性能好。

经验表明，在设计中选择合适的桩基持力层以及桩径、桩长、桩间距等参量，可以使各桩基的总沉降量大致相等。饱和黏土地基的沉降过程是一个固结沉降过程。各桩基础在总沉降量相等的条件下，它们的沉降时程曲线基本相同，而且车站横梁对各立柱的沉降能起调节作用。所以，各桩基础在沉降过程中的沉降差，能被控制在很小的范围内。

南京地铁高架车站的桩基础均采用钻孔灌注桩，满足了承载力和基础沉降的要求。上海江湾镇高架车站采用了锤击高强预应力混凝土管桩(PHC 桩)，效果良好。在设计施工中应严格控制各桩基础间的沉降差，比如在验算某横向框架两对基础时得到：中柱桩基础的沉降量为 9.85cm，边柱桩基础为 8.94cm，沉降差为 0.91cm，确保了不均匀沉降差在 1cm 范围以内，满足了设计要求。

第四节　高架结构墩与基础

桥墩结构是高架桥下部结构的核心组成部分之一，其结构和施工不仅关系着下部结构整体的承载性与稳固性，同时，会对城市高架桥的占地面积产生严重的影响。

一、高架桥墩柱构造形式及特点

墩柱形式首先满足受力要求，能够支撑上部结构自重和动荷载，强度和稳定性满足要求，将荷载传递至基础，保证桥下净空高度要求；其次，墩柱的造型能够与上部结构相协调，与周围环境协相和谐，满足城市景观要求，尽量做到经济性与美观度的和谐统一。墩柱通常包含以下的形式：T 形墩、倒梯形墩、Y 形墩、单柱墩、双柱墩等。各墩柱形式如图 7-6 所示。

(1) T 形墩，如图 7-6(a)所示，T 形墩上部具有托盘结构，更加适合与 T 形梁、板梁等分片结构梁型搭配使用，也可以与箱形梁搭配使用，但箱形梁一般为一线一箱的形式，保证上部结构重心与墩柱中心在一条线上，T 形墩柱下部可根据上部结构荷载选择合理的尺寸，最大限度地减少圬工，减轻自重，节约材料。T 形墩造型简单大方，受力合理，但需要注意上下过渡尺寸的控制，避免应力集中。

(2) 倒梯形墩，如图 7-6(b)所示，倒梯形墩柱整体刚度大，适合于较大单箱单室的箱梁以及梁部支撑点较远的脊梁等，如果脊梁桥的腹板是倾斜的且和墩柱的倾斜角度相近，则两者结合起来十分和谐美观；倒梯形梁整体上比较笨重，上宽下窄，受力不够合理，整体性价比较低，应用较少。

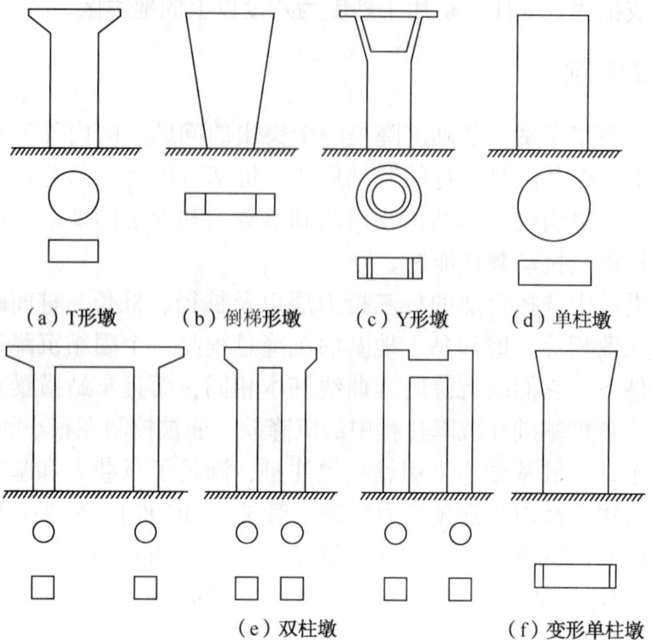

图 7-6　墩柱结构形式

(3) Y 形墩，如图 7-6(c)所示，Y 形墩柱下部如果较短，就是 V 形墩柱，Y 形墩柱上部构成了一个稳定的三角形桁架结构，受力合理，节省材料，但相对于 T 形墩柱及简单的单柱墩施工构造复杂，且易形成应力集中。

(4) 单柱墩，如图 7-6(d)所示，根据截面的形式，有圆形墩、方形墩、变截面墩等，变截面的单柱墩如图 7-6(f)所示，可根据空间及受力做出调整。单柱墩适应性强，构造施工简单，受力合理，特别适合于单箱单室箱梁结构。如果是直腹板箱梁，底部梁宽与墩柱截面横向宽度一致，那么两者的结合能够浑然一体，挺拔有力，且该墩柱形式模板能够重复使用，节省造价，并且可以根据地形变化调整墩柱梁高，简单且易于控制。

(5) 双柱墩，如图 7-6(e)所示，双柱墩适合于各种梁形，较单柱墩的承载力和稳定性大大增强，较其他墩柱则施工简单，受力合理，因而应用最为广泛，墩柱之间可根据桥宽调整，墩柱截面形式也可以根据受力需要做出各种形式，整体上性价比最高，造型简单大方，工期短适应性强。

二、桥墩结构设计方法

桥墩结构设计是高架桥下部结构设计的核心组成部分之一，其结构形式设计的合理性不仅关系下部结构整体的承载性与稳固性，同样会对城市高架桥的占地面积产生严重的影响。在现阶段的高架桥结构设计中一般常常应用如下两种桥墩结构：

(1) 桩柱式桥墩结构。图 7-7 是桩柱式桥墩结构的基本结构简图，其占用高架桥下部面积相对较大，并且下部桥墩结构间的土地也会受到极大的影响。如果高架桥的下部属于市政道路工程，那么该种桥墩结构无法为其提供足够的净空，进而影响了高架桥和市政道路或其他桥梁结构之间的相互穿插情况。但是该种型式的桥墩结构具有很好的稳固性和安全性。

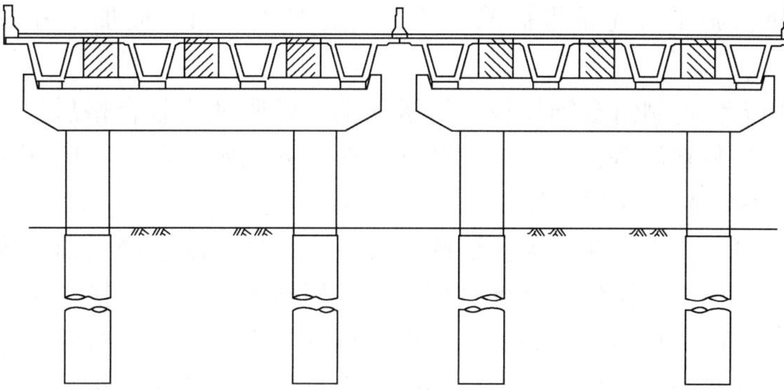

图 7-7　桩柱式桥墩结构简图

（2）花瓶式桥墩结构。图 7-8 是花瓶式桥墩结构的基本结构简图，该种型式的桥墩结构占用高架桥下部的空间与面积相对较小，有利于极大地提升下部结构空间的利用率，并且在后续施工过程中也不会过大地影响高架桥下部空间和土地。常规的接近直线的独柱式桥墩结构的横向稳定性相对较差，之前许多座城市高架桥发生的垮塌问题大都是利用该种接近直线的独柱式桥墩，因为横向稳固性不足而造成桥梁结构的垮塌问题，采用花瓶式桥墩可以拉开桥梁的横向支座间距，增加横向稳定性，同时提供桥下空间的利用率。因此，在实际的下部桥墩结构设计过程中，设计人员需要兼顾桥墩结构的稳固性与安全性等设计要求，兼顾生态环保效益等，力求可以结合城市高架桥现场建设的实际情况等，选择最佳的下部桥墩结构设计方案。

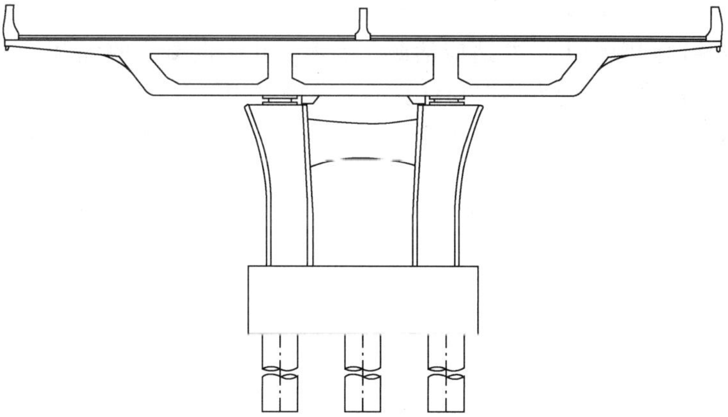

图 7-8　花瓶式桥墩结构简图

三、高架桥墩柱施工

墩柱的施工工序流程主要为：承台施工→基坑回填→脚手架搭设→墩柱钢筋绑扎→模板安装→墩柱混凝土浇。

由于脚手架搭设在墩柱外围，所以必须先完成基坑回填并浇筑一层混凝土作为脚手架基础，一般在承台达到设计 75%强度后可施作回填。

脚手架主要包括上下坡道及操作平台两部分，为墩柱钢筋绑扎、模板安装及混凝土浇筑提供操作空间。

墩柱钢筋在承台施工时先预埋插筋，其余钢筋按图在加工棚加工好后运至现场绑扎安装。

墩柱模板采用大型定制组合钢模板，待墩柱钢筋经监理验收合格后进行安装。墩柱模板采用汽车吊逐块吊装到位后，由人工安装连接螺栓并固定到位。待墩柱模板安装好后检查平面位置、垂直度等指标，符合要求后可进行混凝土浇筑。

桥梁墩柱施工属于高空作业，为保证施工安全，墩柱混凝土浇筑前必须搭设专门的脚手架施工操作平台。由于该操作平台使用周期短、周转速度快，但搭设平台需要花费较大的人力物力，成本较高，故而一半施工单位在墩柱混凝土浇筑施工时并不搭设专门的操作平台，施工人员直接骑跨在模板上或者使用钢筋简易挂篮外挂在模板上进行墩柱混凝土浇筑施工，存在较大的安全隐患，违背安全施工要求。在对不同区域施工时，施工人员爬上爬下来移动操作平台，费时又费力，影响工作效率。

第五节　高架桥附属结构

高架桥的附属结构主要包括支座、伸缩缝、防水排水系统、人行道、接触电网、通信设备等。

一、支座

支座是设置在桥梁上部结构和下部结构之间的传力和连接装置。其作用是将桥梁上部结构的各种荷载传递到墩台上，并适应活载、温度变化、混凝土收缩和徐变等因素所产生的位移，从而使结构的实际受力情况与计算的理论图式相符合。

支座按其容许变位方式分为固定支座与活动支座，活动支座又分为单向活动支座和多向活动支座(图 7-9，图 7-10)。

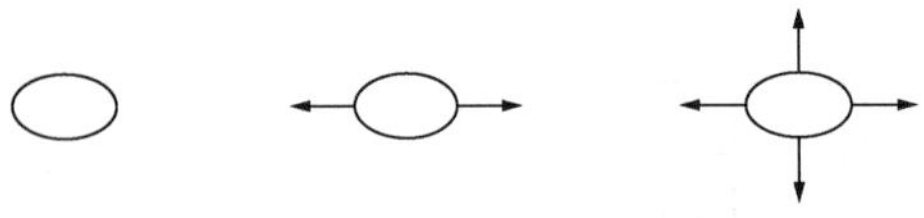

（a）固定支座　（b）单向活动支座　（c）多向活动支座

图 7-9　支座平面图示

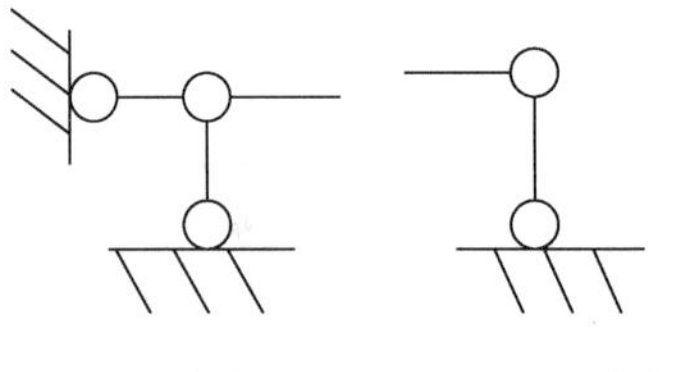

(a) 固定支座　(b) 活动支座

图 7-10　支座立面图示

支座按制作材料分为钢支座(平板支座、弧形支座、摇轴支座、辊轴支座)、橡胶支座(板式橡胶支座、聚四氟乙烯板式橡胶支座、盆式橡胶支座、球形支座、铅芯橡胶支座)、混凝土支座等。

轨道高架桥的支座宜采用橡胶支座，跨度不大于 30m 的梁可采用板式橡胶支座，应区分固定和活动两类，并且应有横向限位装置。橡胶板反力应按现行规范《铁路桥梁橡胶支座》(TB/T 2331—2020)的规定取值。跨度大于 30m 的梁采用盆式橡胶支座，其反力应按现行规范《铁路桥梁橡胶支座》(TB/T 2331—2020)的规定取值。活动支座(纵向或多向)的纵向位移量可按±50mm、±100mm、±150mm、±200mm和±250mm设计；多向活动支座横向位移可按±40mm设计。支座计算应符合现行《铁路桥涵混凝土结构设计规范》（TB 10092—2017）的规定。

二、防水排水系统

轨道高架桥的桥面必须设置性能良好的排水系统，排水设施应便于检查、维修与更换，应防止桥面出现积水。双线桥桥面横向宜采用双侧排水坡，单线桥可设单向排水横坡，坡度不小于2%。排水管道直径与根数应根据计算确定，且直径不宜小于150mm。排水管出水口不得紧贴混凝土构件表面。应设滴水檐防止水从侧面淌入梁板底面。桥面应设防水层，且在梁的封锚及接缝处，应在构造上采取防水措施，防止雨水渗入。管道压浆材料和压浆工艺应严格控制，有条件时应优先采用真空压浆工艺，确保压浆密实。对于结构有可能产生裂缝的部位，应适当增设普通钢筋防止裂缝的发生。

三、伸缩缝

伸缩缝是在桥梁温度变化、混凝土收缩、徐变及荷载作用等产生梁端变位的情况下，为了使车辆能够顺利地在桥面上行驶，同时满足桥面变形的要求，而在梁端和桥台背墙之间、两相邻梁端之间设置的装置。在高架桥梁处应设伸缩缝，伸缩缝除保证梁部能自由伸缩外，还应有效防止桥面水渗漏。

四、人行道

人行道设于线路两侧，供养护人员行走用。如设在桥梁建筑限界范围以内，则每隔30m应设避让台。人行道板的顶面应低于桥枕底面，以方便抽换桥枕。高架结构桥面上电缆支架、声屏障、接触网立柱等附属设施应与主体结构有可靠的联结。

五、接触电网

轻轨交通的供电系统包括牵引供电系统、动力照明供电系统和高压电源系统。牵引供电系统供给轻轨车辆运行的电能，由牵引变电所和接触网（或接触轨）组成。动力照明供电系统提供车站和区间各类照明、扶梯、风机、水泵等动力机械设备电源，以及通信、信号、自动化等设备电源，由降压变电所和动力照明配电线路组成，接触网采用双边馈电或开式馈电。当跨河通信线的杆距大于150m时，应在桥涵墩台上设置信号通信支架，通信支架从形式上可分为立体桁架、单片榆架。

六、通信设备

通信系统是实现行车指挥和列车运营管理，保证行车安全和提高运营效率的重要手段。轻轨交通的通信系统由以下分系统组成：调度指挥通信系统，无线通信系统、公务通信系统、广播系统、电视监控系统、传输系统和通信系统。

第八章

结构防水

第一节 地下结构防水要求

地铁防水是地铁建造质量的重要环节，防水的好坏关系到地铁的使用性、耐久性、安全性，这就要求地铁需具有良好的防水性能，主要表现为以下几方面。

良好的防水是地铁正常运营的需要。地铁车站是人流密集、乘客上下车和换乘的场所，也是地铁工作人员和商业网点员工长期工作的地方，同时也是机电设备集中的地点，这就要求地铁车站必须保持干燥，确保人员舒适、物品不霉变；而地铁区间隧道是检查维修人员的工作场所，同时要保持电力线路、轨道、通信、信号元件免遭受潮浸水损坏失灵，也需要保持良好的防水状态。

良好的防水是工程本身坚固性和耐久性的要求。地下水特别是侵蚀性地下水对混凝土结构本身的侵害是很大的，它不但与混凝土发生化学反应，导致混凝土强度降低，还会对结构内部的钢筋发生侵蚀，直接导致结构承载能力的下降。

良好的防水是环境保护、水资源保护的需要，是避免引发地质灾害事故的需要。盲目的排水会导致地面草木枯萎，也是对城市宝贵地下水资源的一大浪费，更为严重的是由于地下水水位的下降会导致地层压密、地表下沉，从而使地层建筑物产生不均匀沉降甚至破坏。

良好的防水对减少地铁运营阶段的维修成本起到重要的作用。地铁渗漏水不但会使钢轨锈蚀损坏，内部潮湿的环境也会加剧地铁内部装修的霉变损坏，同时可能引发地铁供电线路的安全事故，给运营维护留下隐患。渗漏水处理本身也是费工费时往往效果不佳的工作。

由以上分析可知，地铁对防水提出了较高的要求，防水是地铁工程中的一项重要内容，它直接关系到地铁运营环境、结构的坚固性和耐久性、城市环保水保、地铁运营成本和运营安全，因此，做好地铁防水具有很重要的现实和经济意义。

如表 8-1 所示，为地下工程防水等级划分。地下工程不同防水等级的适用范围，应根据工程的重要性和使用中对防水的要求按表 8-2 选定。

表 8-1　地下工程防水等级划分

防水等级	防水标准
一级	不允许渗水，结构表面无湿渍
二级	不允许漏水，结构表面可有少量湿渍；工业与民用建筑：湿渍总面积不大于总防水面积的1‰，单个湿渍面积不大于 $0.1m^2$，任意 $100m^2$ 防水面积不超过 1 处；其他地下工程：湿渍总面积不大于总防水面积的 6‰，单个湿渍面积不大于 $0.2m^2$，任意 $100m^2$ 的防水面积不超过 4 处
三级	有少量漏水点，不得有线流和漏泥砂
四级	有漏水点，不得有线流和漏泥砂，整个工程平均漏水量不大于 $2L/d$，任意 $100m^2$ 防水面积的平均漏水量不大于 $4L/d$

表 8-2　不同防水等级的适用范围

防水等级	适用范围
一级	人员长期停留的场所；因有少量湿渍会使物品变质，失效的贮物场所及严重影响设备正常运转和危及工程安全运营的部分；极重要的战备工程、地铁车站
二级	人员经常活动的场所；在有少量湿渍的情况下不会使物品变质、失效的贮物场所及基本不影响设备正常运转和工程安全运营的部位；重要的战备工程
三级	人员临时活动的场所；一般战备工程
四级	对渗漏水无严格要求的工程

第二节　防 水 材 料

防水材料在地下工程中的使用主要是采取在混凝土背水面使用的方法，对混凝土起到保护的作用。现在在地下工程中被运用的防水材料已拥有了很多品种，功能和效果也各不相同。地下工程广泛地使用防水材料，很好地提升了地下工程的防水效果。但是防水材料并不能解决地下工程防水的所有问题，防水材料有优点也有缺陷，有适合被使用的环境要求。地下工程中常用的防水材料有以下几类。

(一) 防水卷材

防水卷材适合被运用在地下水环境中，且有振动产生的地下工程。卷材防水的分类主要为高聚物改性沥青类或合成高分子类。对于防水卷材的性能要求，应具有良好的耐水性、耐久性、耐刺穿性、耐腐蚀性和耐菌性。防水卷材施工前，应保证基面干净、干燥，并涂刷基层处理剂。卷材防水层应铺设在混凝土结构主体的迎水面。防水卷材的种类和特点如表 8-3 所示。

(二) 防水涂料

防水涂料的种类主要分为有机型和无机型。防水涂料在使用时候需要基层处于干燥的状态。涂料防水层应具有良好的耐水性、耐久性、耐腐蚀性及耐菌性，而且应无毒、难燃、低污染。防水涂料的种类和特点如表 8-4 所示。

表 8-3　防水卷材种类和特点

类　别	品种名称	特　点
高聚物改性沥青类防水卷材	弹性体改性沥青(SBS)防水卷材 塑性体改性沥青(APP)防水卷材	在改性沥青防水卷材中绝大多数为SBS、APP改性沥青防水卷材，SBS改性沥青卷材具有优异的耐低温性能，适应北方气候。APP改性沥青防水卷材具有优异的耐高温性能，更适应南方气候
	改性沥青聚乙烯胎防水卷材	
	自黏聚合物改性沥青防水卷材	
合成高分子类防水卷材	三元乙丙橡胶防水卷材(EPDM)	匀质性好，耐腐蚀性强，耐老化性能好。延长了防水耐用年限，但热收缩和后期收缩较大
	聚氯乙烯(PVC)防水卷材	
	聚乙烯丙纶复合防水卷材	
	高分子自黏胶膜防水卷材	

表 8-4　防水涂料种类和特点

类　别	品种名称	特　点
无机防水涂料	水泥基防水涂料	具有良好的湿干黏结性和耐磨性
	水泥基渗透结晶型防水涂料	
有机防水涂料	反应型防水涂料	具有较好的延伸性和较大适应基层变形能力
	水乳型防水涂料	
	聚合物水泥防水涂料	

两种涂料在使用上不相同，无机防水涂料可以在潮湿的环境中使用而有机涂料不允许。这样，有机防水涂料只能运用在结构的背水面，并且与基层能很好地黏结在一起。

在使用水泥基防水涂料时，要求其厚度不得小于 3.0mm。在使用有机防水涂料时，要求其厚度不得小于 1.2mm，水泥基渗透结晶型防水涂料的厚度不应小于 1.0mm。

(三) 塑料防水板

地下工程中塑料防水板可选用乙烯-醋酸乙烯共聚物(EVA)、乙烯-沥青共聚物(ECB)、聚氯乙烯(PVC)、高密度聚乙烯(HDPE)或其他性能相近的材料。

塑料防水板在使用时应注意：幅宽宜为 2~4m，厚度不得小于 1.2mm，具有良好的耐水性、耐久性、耐刺穿性、耐腐蚀性和耐菌性。

防水板的使用应在初期支护完成后开始铺设。

(四) 防水混凝土

防水混凝土的抗渗等级应符合表 8-5。

表 8-5　防水混凝土抗渗等级

工程埋置深度 H/m	设计抗渗等级	工程埋置深度 H/m	设计抗渗等级
$H<10$	P6	$20 \leq H<30$	P10
$10 \leq H<20$	P8	$H \geq 30$	P12

防水混凝土的抗渗等级不得小于P6，防水混凝土要满足环境的各种影响因素，很好地起到地下结构的自我保护作用。在浇筑防水混凝土施工前要保证浇筑的环境是无积水的，不得在有积水的环境中浇注防水混凝土。

第三节 防水技术措施

根据对地下水的控制技术可将地铁防水技术分为主动防水技术和被动防水技术。所谓主动防水技术是指通过降水、引流等手段实现地铁工程施工区域的地下水转移、降低。被动防水技术是指通过围护结构材料、布置形式实现被动防水。

一、主动防水技术

（一）降水

在地下水位下开凿隧道或深挖基坑时，采用降低地下水的作用是：截住基坑或隧道侧面及基底的渗水，满足施工的需要；增加侧壁及边坡的稳定性，并防止侧壁或基层土壤流失；减少侧桩和隧道初期支护的压力，减少隧道内的空气压力；改善基坑和填土的砂土特性；防止基底隆起和破坏。

总之，不仅施工作业面能够降水，同时水位降低能使土的有效应力增加，有加固基坑、隧道侧壁和基础强度的作用。

降低地下水位方法有集水明排和井点降水两大类。集水明排是在基坑中开挖集水井和集水沟，用泵将水从集水井中抽出的方法疏干地下水；井点降水是通过对地下水施加作用力来促使地下水的排出，从而达到降低地下水位的目的。

不过，对当今社会而言，水资源十分宝贵，而且地铁线一般处于人口稠密、建筑物林立的繁华地区，长时间、大量抽排地下水，将对建筑物的稳定性造成影响，甚至产生区域性地面沉降。同时，考虑到对地下水资源的保护，在降水的同时，增加回灌措施，采用降水与回灌相结合的方法，既达到了无水施工的目的，又保护了地面建筑物的稳定和地下水资源。

（二）引流

引流是指在地铁工程隧道开挖支护施工过程中，通过设置排水管、排水沟方式，使地下水从势能高地方向势能低的地方流动，最后通过水泵将水流抽出。

（三）区域性水分转移

区域性水分转移是指利用大自然的规律，实现在枯水期修建地铁工程。如武汉长江隧道修建过程中，其入口段地处长江三级阶地，与长江水、汉江水有密切的水力联系，当长江水处于枯水期时地下水补给长江水，从而地下水压力、流量减小，有利于地铁施工。

二、被动防水技术

被动防水技术可以分为结构防水和材料防水。地铁工程自身结构在起到承受围岩荷载作用的同时又是防水结构，所以称之为结构防水。不参与承受围岩荷载而只依靠自身的防水性能产生防水作用的，称为材料防水。因此结构防水和材料防水的区别就在于是否参与了承受荷载。

（一）结构防水（堵水）

当采用钢筋混凝土和混凝土做围护结构时，强调做好围护结构的防水，把其视为治本的项目和永久防水线，做到不渗不漏，称之为结构防水。

在地铁车站施工中常用的方法有：①连续墙堵水。在施工前构筑的钢筋混凝土地下连续墙结构，利用其自身具有的整体性和混凝土的抗渗性，能达到堵水的效果。②旋喷桩堵水。即在基坑支护坡桩完成后，再在支护桩之间的不连续部分补插旋喷桩，以封堵住地下水。但其对于渗透系数大的含水层，往往达不到堵水的目的。③深层搅拌水泥土墙挡土止水技术。通过水泥与土层的搅拌混和，提高了土层的承载能力和止水能力，起到堵水的作用。

浅埋暗挖法地铁工程中的结构防水主要是通过混凝土衬砌来实现的。复合式衬砌系分内外 2 层先后施做的隧道或车站衬砌，即在隧道开挖后立即施作喷射混凝土配合超前小导管注浆、网构钢架、挂钢筋网作为初期支护。对于盖挖法修建车站则是连续墙或钻孔桩围护结构，经监控量测确认围岩及初期支护基本稳定后，即铺设防水隔离层，防水隔离层多采用不透水、表面光滑的塑料板材；然后，立即灌注防水混凝土，作为二次衬砌。复合式衬砌防水构成 3 道防水防线：初期支护、防水层及二次衬砌模注防水混凝土，三者相辅相成，缺一不可，共同形成了地铁区间隧道的防水体系。防水层不仅起到防水作用，而且对初期支护喷射混凝土和二次衬砌的模注混凝土来说，起到隔离和润滑作用，防止二次衬砌模注防水混凝土开裂，保护和发挥二次衬砌的模注防水混凝土的防水作用。复合式衬砌防水结构做法如图 8-1、图 8-2 所示。

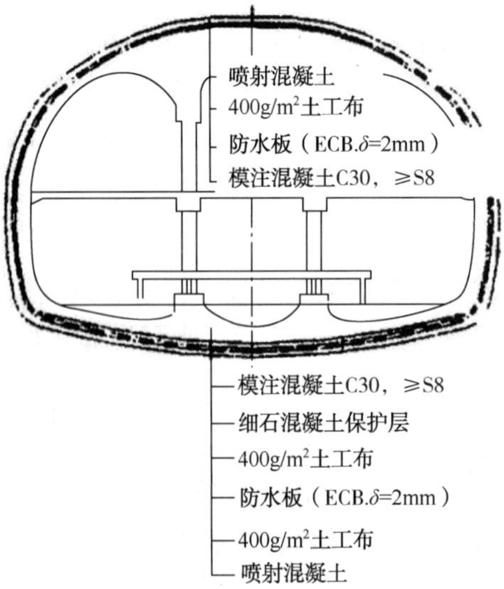

图 8-1　浅埋暗挖法修建的地铁站复合衬砌防水示意图

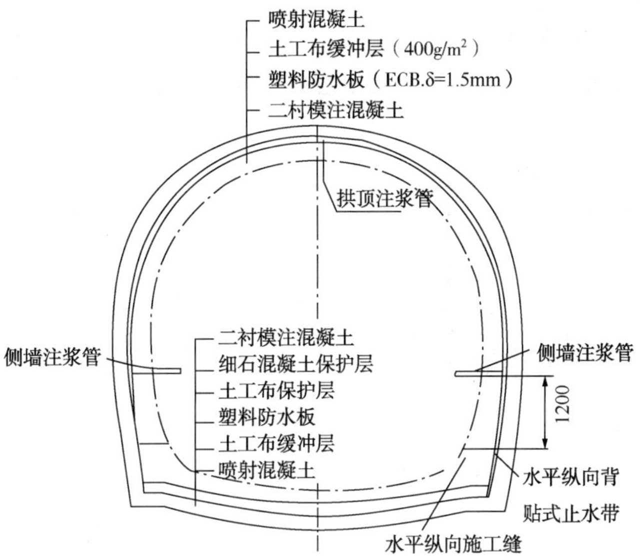

图 8-2　浅埋暗挖法修建的地铁区间隧道复合衬砌防水示意图

在盾构法施工的区间隧道中，结构防水主要是通过管片自身以及管片接缝处的防水处理来实现的。例如，北京某地铁工程采用盾构法修建区间隧道为圆形，内径 5.4m，外径 6.0m，管片厚 0.3m，长 1.2m，每环由 6 片管片组成，管片间用弯螺栓连接，环向每接缝有 2 个螺栓，纵向设 16 个螺栓。钢筋混凝土管片采用防水混凝土，管片接缝采用橡胶密封垫止水，对螺栓孔、注浆孔等特殊部位要进行防水密封处理。其中，用防水混凝土预制的钢筋混凝土管片就属于所说的结构性防水。

（二）材料防水（堵水）

在地铁防水工程中，只采用结构防水并不能满足防水要求，必须增加附加防水层。这附加防水层并不能承受围岩荷载，因此称之为材料防水。附加防水层作为隔离层是一道重要的防水线，起隔水作用，目的是补偿增强结构总体防水效果。

在浅埋暗挖法施作的地铁工程中，材料防水主要是采用柔性外包防水层，作为地下车站结构的“辅助防水层”，其设置在初期支护结构内表面、包裹在二次衬砌结构的外表面。例如，在初期支护喷射混凝土和二次衬砌模筑防水混凝土之间采用高分子树脂板材（如 ECB、EVA 板材等）作防水隔离层，就能起到较好的防水效果；而且对二次衬砌模筑防水混凝土来说，亦非常有利。ECB 及 SBS 防水卷材材料防水示意如图 8-3 所示，施工缝防水处理如图 8-4 所示。

而在盾构隧道中，一方面，材料防水主要是通过管片外防水来实现。管片外防水包括设置管片外防水防腐层及管片外注浆两方面内容；另一方面，特殊部位的防水措施也属于材料防水措施。例如：①衬砌管片外弧设置 1 道防水弹性密封垫，弹性密封垫在管片张开量为 5mm 时应能承受 0.6MPa 的水压；②衬砌管片内弧侧预留嵌缝槽，管片拼装完毕后在预留凹槽内采用密封胶进行嵌缝密封；③对每个螺栓孔、注浆孔均设置密封垫圈；④衬砌管片环向密封垫圈选用三元乙丙橡胶，螺栓孔密封垫圈和注浆孔密封垫圈选用缓膨胀遇水膨胀橡胶；⑤在盾构隧道变形缝部位的密封垫表面粘贴 1 道遇水膨胀橡胶条进行加强防水处理；⑥区间联络通道两端采用背贴式止水带和预埋注浆管的方法进行防水处理。管片止水带构造如图 8-5 所示，遇水膨胀橡胶圈示意如图 8-6 所示。

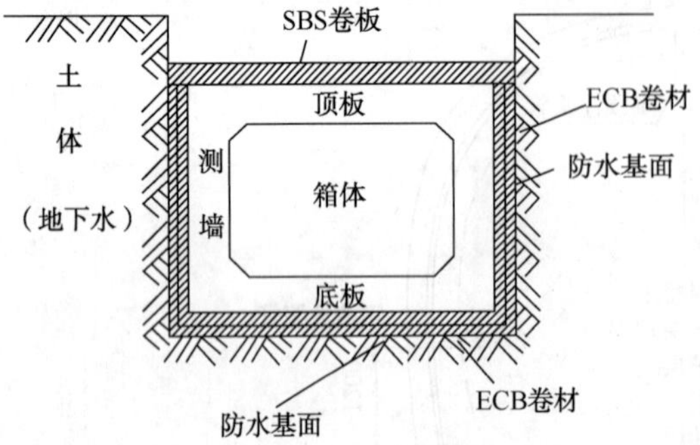

图 8-3　ECB 及 SBS 防水卷材材料防水示意

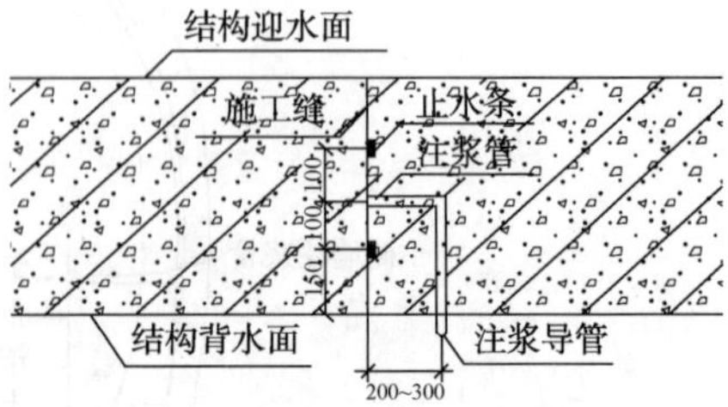

图 8-4　施工缝防水处理(单位：mm)

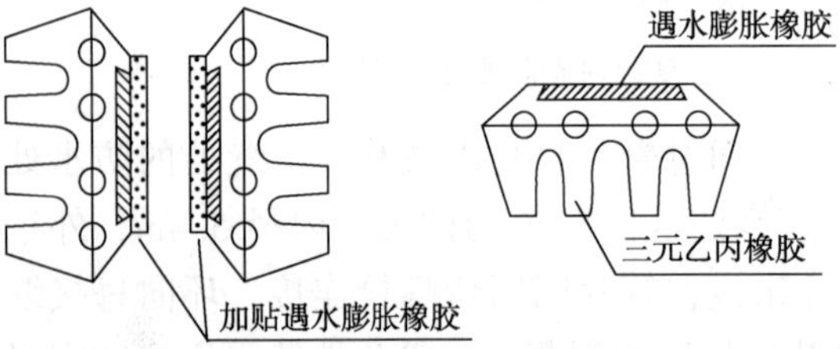

图 8-5　管片止水带构造

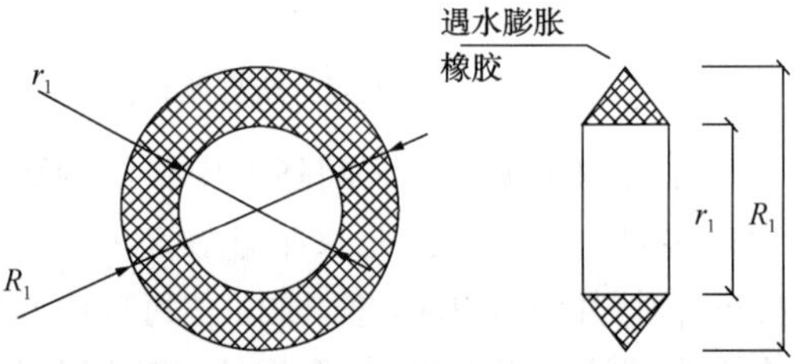

图 8-6　遇水膨胀橡胶圈示意

注：r_1 为内径，R_1 为外径

第四节　渗漏水的治理

近年来，许多大中城市都相继进行了城市轨道交通的规划和建设。作为地下工程，结构渗漏水一直是工程设计和施工人员都想彻底解决的问题，在设计和施工上也采取了多种手段、工艺和技术质量控制措施来尽力确保地铁工程的防水质量。然而，地铁车站及区间结构局部出现渗漏水的现象还是普遍存在。绝大部分渗漏水现象发生在结构施工缝、变形缝和原模板对拉螺杆等防水薄弱处。渗漏水现象对地铁的正常运营和车站电气设备的安全使用均带来了一定影响。因此，有效地治理渗漏水，对保证地铁结构安全及正常使用都是非常重要的。

一、渗漏治理要求

在地铁工程施工中，渗漏水原因有很多，包括施工环境问题、施工技术问题和施工材料问题等。需要对施工中存在的各种隐患进行处理，改进施工技术，提高施工质量。如果施工方没有认识到设置防水设施的必要性，且施工人员不具备相关专业知识，具体施工中就会出现问题。渗漏水治理普遍有以下几点要求：

（1）混凝土结构的强度、稳定性和结构尺寸满足设计要求，结构变形处于稳定状态。

（2）完善渗漏水调查资料，并提供相关设计和施工资料。

（3）根据渗漏部位和渗漏大小，在认真分析结构漏水的原因后，采用注浆堵漏和封缝封面防水相结合、排堵相结合（排是指排除结构内的水，不得打通防水层）、防堵为主，应刚柔结合、因地制宜、综合治理。

（4）在治理渗漏水过程中，不得破坏原结构，尤其不得大面积凿除混凝土和凿深槽，不得裸露钢筋。

（5）渗漏水治理方式为先排后堵、大漏变小漏、线漏变点漏、片漏变孔漏，使大面积渗漏水汇集一点或几点，最后集中封堵。

（6）渗漏水治理顺序为先堵小漏，后堵大漏，先高后低，先顶板再墙身、后底板。

（7）防水堵漏的同时，应把永久防水和补强加固统一考虑。

（8）渗漏水治理中的注浆材料、堵漏材料、封面封槽要满足防水可靠、施工易做、材料耐久、经济适用、环保的要求，应符合设计和材料规程要求，采用经过检测和鉴定，并经实践检验、质量可靠的材料。

（9）方案合理，选材得当（防水和耐久性），施工可靠，监督到位。

二、地铁工程结构渗漏原因

通过对地铁车站及区间结构渗漏水发生部位的调查统计和分析，总结出导致渗漏水产生的原因主要有 6 种：

（1）地下工程的防水设计不当或不合理。这主要是由于防水设防未根据结构的使用功能、结构形式、周边水文地质环境、施工方法的限制和材料性能等多种因素予以综合考虑或设防手段不够。

（2）使用的防水材料品质不佳、防水材料的使用安装不当或不正确。这主要是由于防水材料未按产品使用说明的要求进行施工、安装、安放不到位或无固定和保护措施，导致后续施工时发生移位或破损，造成局部防水失效而出现渗漏。

（3）防水施工质量不佳。由于防水施工未选用专业防水队伍或是参与防水施工的人员专业素质低、未接受过技能培训，无证上岗，导致防水施工质量低下，防水失效而产生结构渗漏。

（4）结构混凝土的局部缺陷。结构混凝土在浇筑过程中，由于浇筑工艺控制不当，例如混凝土坍落度、浇筑高度、浇筑时间、振捣等没控制好等，使混凝土局部不密实造成蜂窝或孔洞，进而形成渗漏通道，产生渗漏，尤其是在浇筑施工缝、变形缝、后浇带等薄弱环节处，处理不当极易发生渗漏水。

（5）结构混凝土裂缝的产生。裂缝产生的原因较为复杂，大致上有设计、混凝土原材料、浇筑工艺控制、混凝土的体积收缩变形、温度应力和局部裂缝等。

（6）模板对拉螺杆止水措施安装处理不当和局部模板拼缝处理不严。出现上述情况时，就会发生跑浆，产生蜂窝，进而形成渗漏通道，导致结构局部渗水。

上述多种原因使地下水直接通过结构混凝土的毛细孔、裂缝、施工缝及对拉螺杆等缺陷和薄弱处，形成渗流途径而产生渗漏水。

三、地铁工程结构渗漏水的治理

目前，建筑市场上有许多防水公司从事于地下工程的渗漏水治理，其治理方法和效果良莠不齐，但总的来说堵漏效果不持久，常需反复修补且治理缺乏系统性、科学性和持久性。

地铁工程的车站及出入口通道的防水等级标准一般均为一级，不允许有渗漏水现象且表面无湿渍。要达到上述标准，需将治理的设计思路、治理顺序、治理方法及所用材料等各个环节有机系统地结合起来。同时兼顾考虑到结构的永久防水和补强加固，才能确保治理效果的有效性和持久性。

（一）治理设计思路

在认真分析渗漏产生原因的基础上，兼顾考虑防水永久性和对结构的补强加固，对渗漏处采用充填注浆堵漏和封槽、封面防水相结合的治理手段，做到排堵结合、刚柔结合、因地制宜、综合治理。通过注浆可使浆液完全充填到混凝土的毛细孔和裂缝中，封闭渗水通道，并利用浆液置换地下水在混凝土中的位置。对注浆孔口、明水及槽体的临时封堵则采用高效的堵漏材料进行。基于堵漏材料的防水耐久性较差，在堵漏完成后，基面需再涂抹防水材料进行加强处理。切实做到先堵后防。

（二）治理方式和顺序

渗漏治理按先排后堵、先堵后防、先高处后低处的顺序。先堵小漏、后堵大漏，使大漏变小漏、线漏变点漏、片漏变孔漏。最后再集中封堵。

（三）治理材料

1. 充填注浆材料

注浆材料可用于结构混凝土局部不密实、孔洞、裂缝及施工缝等渗漏水部位的充填堵漏。注浆材料应具有较好的渗透性、可灌性、耐久性和耐腐蚀性，无污染、无收缩、无腐蚀，足够的强度、良好的黏结性，在列车振动下也不分体、不脱落等特点，并具补强功能。

注浆材料分为无机（如超早强自流平水泥灌浆料和超细水泥灌浆料等）和高分子注浆材料（如 EAA 或 KS-7 改性环氧树脂化学灌浆液等）2 类。选用何种注浆材料应根据渗漏部位的渗漏情况和注浆试验的实际效果而定。需要指出的是高分子注浆材料中不宜选用单组分水溶性聚氨酯。其耐久性和与混凝土的黏结力差，有自收缩性且不能进行 2 次重复注浆。从实际充填注浆治理效果来讲，宜优先选用 EAA 改性环氧类化学灌浆液等。

2. 堵漏材料

堵漏材料应具有如下特点：①凝固速度快，可根据需要调节；②有足够的强度，短时间内不会开裂；③抗渗能力强，与混凝土黏着力好，可带水作业等。双快水泥、堵漏灵、堵漏王、金汤水不漏等堵漏材料的临时堵漏效果较好，但耐久性差，不宜作为内衬混凝土的修补防水材料，只能作为注浆孔口、明水部位等处的临时封堵材料。

3. 防水材料

防水材料应具有：防水抗渗能力强，不开裂；无污染、无腐蚀且耐久性好；有足够的强度、与混凝土基面黏着力强，能与结构形成整体等特点。R1 型防水涂料、塞帕斯和

PQ-200 水泥基渗透结晶、高分子聚合物防水砂浆等防水材料可用在渗漏部位堵漏完毕后的基面，以加强防水，确保治理效果。

4. 变形缝的注浆堵漏材料

基于变形缝适应结构变形和具有防水的功能，充填注浆时不宜采用强度高、刚性大的材料，而应采用丙烯酰类的注浆材料。这种注浆材料黏度低、可灌性好，能渗入微细裂隙和气孔；凝固时间快，可调整；止水效果好，浆液渗透到槽缝中时对结构变形功能不产生影响。

四、结构各部位渗漏水的治理施工

（一）结构施工缝

先沿施工缝渗漏水处开凿深 2cm、宽 3cm 的槽，两端各延长 20cm；沿槽缝钻孔（孔径 20mm、间距 50cm、孔深为混凝土厚度的 1/3～1/2），钻完后进行槽缝清洗和清孔。

安好铝制注浆嘴后用堵漏材料进行临时封槽和封孔，经 1MPa 压力的注水试压，检验无旁渗后，将高分子化学注浆料用抽吸式高压灌浆机由端部第 1 个注浆嘴开始依次压入，压力控制在 0.5～2.0MPa，直至缝顶端孔。灌注严实后继续稳压 20min，直至整条缝充满浆液。

浆液完全固化后进行注水检查，当压力在 1MPa 时不进水，说明试验符合要求。拆管后需用防水材料封孔。将封孔时突出的堵漏材料凿平，沿槽缝两侧各抹宽 5cm、厚度 3mm 的防水涂料，进行基面防水加强处理。

（二）结构混凝土裂缝

沿裂缝方向，与裂缝成 350°钻设斜注浆孔，孔深为混凝土厚度的 1/3～1/2，间距 50cm 左右，孔径 10～20mm，并在裂缝两端收口处各加设 1 个钻孔。用高压水反复几次清洗钻孔直至干净无杂物，安装好铝制注浆嘴，孔周用堵漏材料环向封闭固定。用压力不小于 4MPa 的注水试压来检查封孔效果和裂缝进水压力。封孔处如有渗漏需返工直至不渗水。

采用高压灌浆机将高分子化学浆液由端部第 1 个注浆嘴开始依次压入孔中，直到缝顶端孔。当裂缝宽度大于 0.3mm 时，压力调为 1.6MPa；裂缝小于 0.3mm 时，可适当提高压力至 2.5MPa。直到缝顶端孔。注浆时进浆压力由低到高，直至压力稳定。浆液完全凝结固化后，进行注水检查试验，当注水压力达到 6MPa 后还继续上升，说明注浆符合要求，然后拆管并用防水材料进行封孔。

裂缝经注浆无渗漏水后，沿裂隙击成宽 10cm 的麻面，用高压水冲洗干净，清除浮浆，做到基面粗糙、干燥和坚固，最后沿裂缝涂抹厚 3mm、宽 10cm 的防水涂料。

（三）结构变形缝

在止水带两侧错开布置钻孔，孔径 20mm、间距 50cm；钻孔时浅孔和深孔相结合，浅孔深约 10cm，深孔深约 45cm，均为斜孔形式；钻深为结构内衬墙或底板混凝土厚度的2/3；钻孔时不得钻破止水带。

清孔后安装好铝制注浆管，孔口用堵漏材料环向密封堵严；用手持式注浆机将丙烯酰类浆液灌入注浆孔，压力控制在 0.5MPa，边注边停直至无渗漏水为止。

将变形缝槽体内的杂物和已失效的防水材料清除干净，清除到止水带为止，且不可破坏止水带。槽缝清理后要保持干燥、洁净，同时检查止水带有无破损。如有破损可用双组分聚硫密封膏射涂在破损的止水带上进行修补。按防水设计施工图的要求，在止水带内侧填充填缝材料，恢复变形缝构造。

（四）结构混凝土不密实

面渗漏水的治理：①对面渗漏区域及其周边30cm范围内的基面进行清理，做到基面干净无浮浆，无松动块体。②在渗漏水严重处，呈梅花形布置注浆孔，孔径8~12mm、孔深约为混凝土厚度的1/2，间距50cm。钻孔完毕后用高压水清洗注浆孔，安设注浆嘴并用堵漏材料进行封闭，使渗水改由注浆嘴中流出，为涂抹防水材料创造条件。③对渗漏区域及周边范围基面涂抹防水材料，从弱渗水面逐步向强渗水面涂抹，涂抹时基面上不得有明水。④用高压灌浆机将充填浆液注入孔中，压力控制在0.8~2.0MPa。先压小漏孔后注大漏孔，使大面积渗漏水汇集至一点或几点，最后集中封堵。⑤浆液凝结固化后，进行注水检查试验。注水压力为1MPa时不进水，说明注浆符合要求。达到要求后拆管，需用防水材料进行封孔。

点渗漏水治理在渗点处凿直径3cm、深3cm的孔，用冲击钻钻成直径12mm、深15cm的孔，清孔后安设注浆嘴，用堵漏材料封堵注浆孔；将凿孔外周边5cm范围内的混凝土基面击打成毛面并用水清理干净；经压水检查无旁渗后，将浆液注入孔中，压力为压水试检压力的1.5~2倍；待浆液完全凝结固化后进行注水检查试验，注水压力在1MPa时不进水，说明注浆符合要求。拆管后用防水材料进行封孔，凿孔处及周边5cm范围也要涂抹3mm厚的防水涂料。

（五）模板对拉螺杆处

凿除对拉螺杆周围的混凝土，要求深3cm，直径大于螺杆直径2cm，并切除螺杆，割除深度3cm。将孔眼处清理干净，埋设好铝制注浆嘴并封堵好孔眼。

经压水试检无渗漏后，用高压灌浆机将浆液注入孔中（注浆压力通过压水试验确定），待浆液完全固化后进行注水检查试验。注水压力在1MPa时不进水，说明注浆符合要求。拆管后用防水材料进行封孔防水处理。

（六）结构混凝土面上湿渍基面

把混凝土基面上湿渍处的浮浆、残余物、钢筋头清理干净，并将基面击打成麻面，但不要凿除或破坏混凝土表面，然后用清水冲洗干净。

钻出直径12mm、深10cm的孔，埋设注浆管并引水，在处理干净的基面上涂抹厚3mm的防水材料。

通过注浆管注水检查是否还有大面积渗水，确认无渗水后即可进行注浆，如有渗水则需重新涂抹防水材料。注浆达到要求后拆管并用防水材料进行封管。

第九章

城市轨道交通设备

第一节　车　　辆

城市轨道交通车辆主要是地铁车辆和轻轨车辆，它是城市轨道交通系统的重要组成部分，是直接为乘客提供服务的设备，也是技术含量较高的机电设备。地铁车辆应具有先进性、可靠性和实用性，应满足容量大、安全、快速、美观和节能的要求。在满足基本行车要求的同时，城市轨道交通的车辆系统还必须适应现代轨道交通系统中先进的列车控制系统(ATC)、环境控制系统(BASO)、电力监控系统(SCADA)等诸多系统的联动要求，通常需要在车辆上安装上述子系统的车载设备(如车载 ATP 设备等)，以实现列车自动控制、列车位置精确定位和监控。车辆一般可按有无动力分为动车(M，Motor)和拖车(T，Trailer)两类，也可按有无驾驶室分为带司机室和不带司机室两类。动车本身具有动力牵引装置，而拖车本身无动力牵引装置；动车又分为带有受电弓的动车和不带受电弓的动车。

地铁车辆在运营时一般采用动拖结合、固定编组，形成电动列车组。由于它本身带有动力牵引装置，兼有牵引和载客两大功能，因此和铁路列车不同，不需要再连挂单独的机车。

我国推荐的轻轨电动车车辆有 3 种型式：4 轴动车、6 轴单铰接式车和 8 轴双铰接式车。

一般城市轨道车辆由以下 7 个部分组成：

(一) 车体

车体是容纳乘客和司机驾驶(对于有司机室的车辆)的地方，又是安装与连接其他设备和部件的基础。车体结构按使用的主要材料可分为普通碳钢车(现已停产)、高耐候结构钢(耐候钢)车、车辆专用经济不锈钢(不锈钢)车和铝合金车，目前车体主要采用挤压铝型材整体承载结构，车门采用内藏式门，驱动形式为电驱动。车门窗采用固定式大平面双层安全玻璃；司机室的前面窗采用安全层压玻璃。防火及安全设施采用高阻燃、低烟、低毒释放材料；每辆车配灭火器，灭火器适合电气装置的灭火，列车司机室前端设紧急疏散门。按承载方式分类，有底架承载、侧壁承载、整体承载三种方式。按结构形式分，有板梁组合结构、开口型材与大型中空型材组合结构以及大型中空型材结构三种形式，这些结构又同时属于整体承载结构。从板与梁(柱)、梁(柱)与梁(柱)之间的结合方式来分，有焊接、铆接、螺栓(钉)黏结连接或混合连接结构。我国和日本大多采用焊接结构。焊接-铆接或焊接-螺栓(钉)连接在欧洲应用较多。整体承载结构，即所有车体承载构件和外板都参与承载，这样能充分发挥所有承载零部件的承载作用，有效减轻车体重量。特别是板梁组合结构，原则上可按照有限元法的车体强度、刚度计算结果来分配材料：强度不足部位补强，刚度不足部位补刚，强度刚度富余的部位将材料去掉，从而收到最佳的轻量效果。

近代城市轨道车辆车体均采用整体承载的钢结构或轻金属结构，以达到在最轻的自重下满足强度要求的目的，一般有底架、端墙、侧墙及车顶等。车体还有如下设备：

(1) 车门。以压缩空气为动力完成开关动作，司机可以在司机室操纵按钮通过电气控制系统实现列车所有车门的同步开关动作，也可对没关好的车门单独进行再关门的控制。车门上有显示灯，当车门即将关闭时，灯光闪烁，并发出提示音，催促乘客尽快上车。关门后灯光熄灭，声音停止。车门带有自动检测装置，可以感应到车门在关闭时是否遇到外界阻力、是否关好，若有则会自动开启，以防发生夹人夹物事件。车辆具备一个机械闭锁装置可以使车门固定在全关闭位置，保证列车在运行时车门绝对不会打开；同样，在车门未关好时，列车也绝对无法启动开行，以保证乘客的安全。

(2) 安全疏散门。在司机驾驶室的前端设有安全疏散门，在紧急情况下可向前放下到铁路路基上，作为通向地面的踏板，用于疏散乘客。

(3) 应急装置。万一司机因本身及电路烧断等原因在紧急情况下不能打开车门时，每扇门上方还有一紧急开门机械锁扣，打开后可以用手扒开车门以疏散乘客。车内还设有备用电源，当失去外部供电时，车上的备用电源可提供照明和通风达45min，保障有足够的时间处理事故或疏散乘客。

(4) 座椅。在乘客室两侧设有纵向座椅，中间设有立柱与拉环，以保证站立乘客的安全。

(5) 厢体。质量轻、强度高，具有隔音、隔热作用，可减小车厢内因列车运行产生的噪声。

(6) 空调。在车辆两端设有空调机，由用微型计算机等组成的空调控制单元进行自动控制，通过设在车厢两侧的纵向通风带使客室内保持足够的新鲜空气和适宜的温、湿度。每辆车空调制冷功率约为2×40kW。

(7) 减振装置。具备一系悬挂人字弹簧、二系悬挂空气弹簧、横向液压减振器、垂直液压减振器、H型无摇枕转向架、抗侧滚扭力杆和横向橡胶减振器等一整套组合减振装置，能有效减少车辆在线路上运行通过道岔、弯道及车辆加速、减速等原因产生的各种冲击和振动，保证了车辆运行的平稳和乘客的舒适。

(8) 报警装置。每节车厢内设有两个报警按钮，乘客可通过按钮告知司机有异常情况发生，司机将加速运行至前方站，并以无线电话与前方站联络做好应急准备。

(二) 动力转向架和非动力转向架

动力转向架和非动力转向架装置位于车体和轨道之间，用来牵引和引导车辆沿着轨道行驶，承受与传递来自车体及线路的各种载荷并缓冲其动力作用，是保证车辆运行品质的关键部位。转向架一般由构架、弹簧悬挂装置、轮对轴箱装置和制动装置等组成。对于动力转向架，还装设有牵引电机和传动装置。转向架的结构形式为无摇枕、二系弹簧二轴转向架。构架为 H 型焊接钢结构，构架轴箱外置。一系悬挂为橡胶弹簧，二系悬挂为自由膜式空气弹簧。车轮采用国产整体碾钢轮。基础制动采用单元式踏面制动，由制动缸、闸瓦间隙调整器等组合而成。

（三）牵引缓冲连接装置

车辆编组成列安全运行必须借助于连接装置，即所谓的车钩。为了改善列车纵向的平稳性，一般在车钩的后部装设缓冲装置，以缓和列车的冲动。另外，还必须有连接车辆之间的电气和空气的管路。

（四）制动装置

制动装置是保证列车安全运行不可缺少的装置，不仅在动车上需要设置制动装置，而且在拖车上也要设置制动装置，这样才能使运行中的车辆按需要减速或在规定的距离内停车。城市轨道车辆制动装置除常规的空气制动装置外，还有再生制动、电阻制动和磁轨制动等类型的制动装置。系统采用微机控制的模拟式空气制动机，通过再生制动、电阻制动和摩擦制动三者的合理结合，组成制动系统，系统具有防空转和防滑保护功能。地铁车辆的空气制动装置采用的是电子模拟控制制动系统，电气制动和空气制动相结合，能够使列车按要求减速或及时停车，并且制动非常平稳。

（五）受流装置

从接触导线（接触网）或导电轨（第三轨）将电流引入动车的装置称为受流装置或受流器。

采用 IGBT 元件作为牵引调控系统的主要逆变器，实现 VVVF 交流变频，控制三相感应电机驱动，以及列车加速、减速等功能。受流装置按其受流方式可分为以下 5 种形式：

(1) 杆形受流器。外形为两根平行杆，上部有两个受电轨（导线），广泛用于城市无轨电车。

(2) 弓形受流器。属上部受流，弓可升可降，其接触有一根导线，下面有导轨构成电路，用于城市有轨电车。

(3) 侧面受流器。在车顶的侧面受流，又称为“旁弓”，多用于矿山装货物的电力机车上。

(4) 轨道式受流器。从底部导电轨受流，又称为第三轨受流，空间可得到充分利用，多用于速度较高的隧道列车运行。

(5) 受电弓受流器。属于上部受流，弓可升可降，适用于列车速度较高的干线电力机车。

（六）车辆内部设备

车辆内部设备包括服务于乘客的车体内的固定附属装置和服务于车辆运行的设备装置。

属于前者的有车内照明、通风、取暖、空调、座椅、拉手等；服务于车辆运行的设备装置大多吊挂于车底架，如蓄电池箱、继电器箱、主控制箱、电动空气压缩机组、总风缸、电源变压器、各种电气开关和接触器箱等。

（七）车辆电气系统

车辆电气系统包括车辆上的各种电气设备及其控制电路。按其作用和功能可分为主电路系统、辅助电路系统和控制电路系统三个部分。其包括：辅助逆变器(静止逆变器)，其采用 IGBT 元件，向车辆提供 AC 380V 和 AC 220V 两种 50Hz 的交流电源和 DC 110V 的直流电源。蓄电池采用镍镉碱性电池组，每列车 2 组，作为 DC 110V 的备用电源，其容量可满足 45min 事故照明及通风的需要。

第二节 环 控 系 统

地铁环境是一个人工创造的环境，包括站内温度、湿度、气流组织形式、空气卫生条件、声环境、照明、建筑装潢等诸多部分。通过对上述多个参数的控制进而保证整个地铁环境安全稳定的系统我们将其称之为地铁的环境控制系统。随着人们对地铁的使用愈加依赖，以及对站内环境的要求越来越高，地铁环境控制问题也得到了更多的重视。地铁环控系统是站内人员舒适性的保障，同时也为车站内设备运行营造适宜环境，可以说建立合理有效的环控系统是保证地铁高效、稳定、节能运营的重要基础。环控系统牵涉相关专业较多，整个系统运行依赖多个子系统分工合作，系统组成十分复杂。环控系统虽然系统总造价较低，但运行费用十分惊人，因此在设计之初制定环控方案之时，不管设备选型还是控制方式，设计者都需要将多个方案仔细分析对比，在满足使用需求的情况下，寻求最优环控系统方案。

一、地铁环控系统的作用

地铁的主体建筑位于地下，被周边土壤包围，使得地铁环境相对独立，除地铁出入口和通风井，内部环境基本与外界隔绝。同时地铁站内有明显的内热源、湿源和污染源，在相对封闭的环境里，无法通过空气自然流动来消除这些负荷与污染，如果没有环控系统则地铁内部环境将无法得到保障。

一般来说，地铁运行模式分为三种情况：列车正常行驶、列车阻塞和紧急情况。通常地铁处于正常运行模式，这在环控系统运行中占核心地位，是设计者首要考虑的情况；列车阻塞是指因某些不确定因素而致使的列车延误或停止，阻塞在隧道内或车站里的情况；紧急运行模式一般指行驶中的列车内或地铁车站内发生火灾或其他突发紧急事件，这时需要紧急中断地铁交通，尽快将站内和列车内的乘客疏散。

综合考虑上述三种地铁列车运行模式，可以知道为保证地铁环境安全稳定，环控系统的作用主要体现在如下 3 个方面：

(1) 地铁系统正常运行时，环控系统需要依据站内负荷的变化来调整通风空调系统中各个设备运行情况，科学合理地调节地铁系统内空气温度、湿度、空气流速和送风量，为站内人员营造一个舒畅、洁净的环境。除了保证地铁车站区间人员的使用环境之外，还需要给车站各间设备和管理用房创造适宜的温湿度环境，并按需求提供一定的换气次数。

(2) 列车阻塞运行时，为保证列车里的空气质量，列车上空调系统会继续正常运行，空调冷凝器将车内的热量不断释放到周围空气中，导致列车周围的隧道空气温度快速升高。这种情况下不能通过列车运行产生的“活塞效应”来促进行车隧道内空气与外界交换，只能依靠环控系统加强隧道内空气流通，给车上人员提供足够的新鲜室外空气，保证车上空调系统能正常运行，降低乘客的不舒适感。

（3）出现火灾类紧急情况时，环控系统排烟系统开始运行，除迅速排出烟气外还需向地铁站内送风。一方面向地铁站内撤离的人员和救援队员提供足够的新鲜空气，同时，通风气流方向也起到引导乘客的作用，乘客可以逆着风向找到向外撤离方向。另一方面就是迫使烟气流动方向与通风气流相同，控制烟气、热量的扩散，将烟气尽快排出地铁车站。

根据地铁建筑结构划分，地铁可大体上可以分为地铁车站区间和隧道区间两个部分，其中隧道区间又分为行车隧道区间和车站隧道区间，行车隧道区间是列车行驶轨道那部分隧道区间，站台隧道区间指与地铁车站站台相连的那部分隧道区间。整个地铁环控系统主要分为以下几个子系统：①隧道通风系统，包括区间隧道通风系统和车站隧道通风系统；②车站通风空调系统；③屏蔽门空气幕帘系统；④折返线通风系统等。其中，按照控制对象的不同又可将车站通风空调系统划分为 3 个子系统：地铁车站公共区间通风空调系统；设备管理用房通风空调系统以及车站空调循环水系统。环控系统各个组成部分及其主要作用如表 9-1 所示。

表 9-1　地铁环控系统组成及各子系统主要作用

项　　目	主要作用
隧道通风系统	控制区间隧道和车站隧道的温度、湿度，保证列车和车载设备的正常运行
公共区间通风空调系统	向车载公共区间提供足够的新风，控制温、湿度，发生火灾时能及时排除烟气
设备管理用房通风空调系统	及时排除地铁站内运营设备散热，避免设备温度过高
车站空调水系统	为通风空调系统提供冷源以及必要时提供消防用水

二、地铁环控系统分类

地铁环控系统分类一般是按照地铁通风系统的运行方式来区分，同时考虑到车站站台区间与行车隧道区间的连通方式有所不同。因此，现在国内通常将地铁环控系统分为 3 种：开式运行系统、闭式运行系统和屏蔽门系统。

（一）开式系统

开式系统与另外两种环控模式相比是能耗最低的一种运行模式，低能耗带来的负面影响就是其舒适性相对来说最差，因为这种模式不能科学合理地组织站台气流，在列车进出站时会给乘客带来不适感，只能满足基本使用需求，早期地铁车站大多使用这种环控方式。开式运行模式下，地铁隧道内空气能与大气相互连通，通过隧道区间内设置的多座通风竖井，利用列车在隧道内运行时产生的"活塞效应"引入外界空气，在某些时候还需辅以机械通风，以此来达到隧道内空气与外界进行气流交换的目的。车站区域则通过站台底部排风系统和车站隧道区间轨顶风道进行排风，利用外界空气冷却车站。由于只能依靠外界空气来冷却隧道和车站，因此开式系统只适用于室外空气焓值明显低于室内空气焓值的时候，同时对地铁运量有一定要求。

（二）闭式系统

闭式系统相较开式系统，建造费用较高，但舒适性好。闭式系统特点是通过控制隧道风井阀门，阻隔隧道区间环境与外界空气的连通，仅提供满足列车中乘客需求的新鲜空气量。车站区间采用空调系统，利用回风机将站内空气送回混风箱，这种方式能最大限度降低进入空调系统的室外新风，可以有效降低车站空调负荷。闭式系统并非一直处于闭式状态，列车进出站口两端隧道中设置的活塞风井，可以让地铁环控系统在开式运行和闭式运行之间自由切换：当室外空气焓值大于空调回风空气焓值时，环控系统闭式运行，仅通过风机向站内人员提供所需最小新风量；当室外空气焓值低于空调回风空气焓值，而室外空气温度又大于空调送风温度时，环控系统开式运行，启用全新风机，利用室外空气降低车站和隧道区间的温度。

（三）屏蔽门系统

屏蔽门系统是如今运用最广的地铁环控系统，安全性高，舒适度最好。屏蔽门系统在候车站台与隧道接合处设置玻璃幕墙，将车站与隧道隔离，分隔出 3 个独立区间。列车未到站时电动门关闭，隧道空气无法进入站台，仅有少量空气从屏蔽门缝隙中渗透，当列车到达时电动门开启供乘客上下车，这时隧道空气，列车车内空气和站台空气会进行一个短暂的热质交换。地铁车站区间采用空调系统，隧道区间采用活塞风和机械通风，通过通风井将隧道内热湿空气排向外界。屏蔽门系统基本避免了列车活塞风对站台环境造成影响，将列车刹车产热、车载空调系统散热和污染物隔绝在隧道中，因此屏蔽门系统能大大减少车站空调系统的负荷，大概为闭式系统的二分之一至三分之一，降低了车站空调系统能耗。同时屏蔽门系统能减少环控机房 50% 的建筑面积，空调系统耗电降低 30%，有明显的节能效果。然而车站空调系统能耗的降低，意味着区间隧道内的热量积累将会大幅增加，需要采用机械通风方式来维持隧道内温湿度的稳定。当计算地铁环控系统总能耗时，应将车站和隧道两者综合考虑。屏蔽门系统的使用不受地域和气候条件限制，同时安全美观，节约能源，现在我国广州、上海、深圳、天津、北京、武汉等城市均安装了地铁屏蔽门。

武汉地铁采用的是屏蔽门系统，因此车站内环境控制通过组合式空调机组和机械通风来完成。对于车站公共区间的通风系统（不考虑设备管理用房的通风系统），其中包括：空气处理机组、新风机、回/排风机、用于排烟的风机以及风量控制阀。对于空调水系统，组成部分包括：制冷机组、冷却塔、水泵、水流量控制阀。其中通风系统和水系统的示意图分别见图 9-1 和图 9-2。

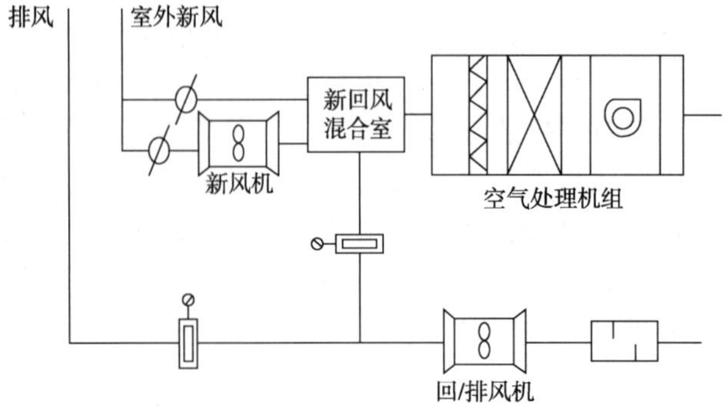

图 9-1　地铁车站通风系统示意图

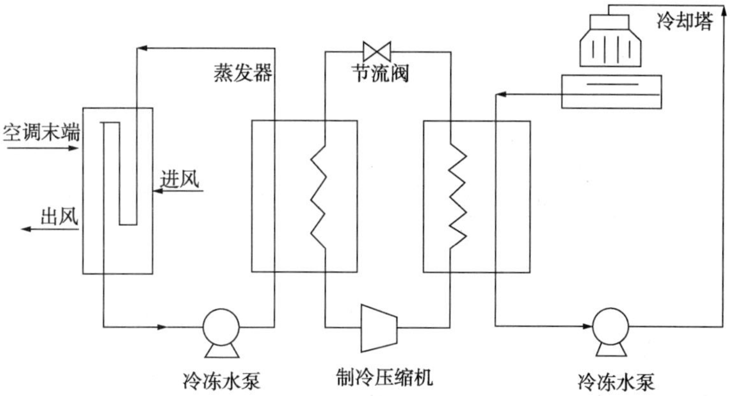

图 9-2　地铁车站水系统原理图

对于地铁通风系统，新风机的运行模式按季节不同有所差异。对武汉地铁而言，每年 5～10 月属于空调季节，室外空气焓值通常要高于室内的空气焓值，这时系统按最小新风量运行，新风机每秒向站内提供 3. 1m^3的室外新鲜空气；到了过渡季节，新风机按每人 30m^3/h 向室内送风。由此可见新风机的运行方式十分固定，节能潜力很小，所以降低风机能耗的主要节能控制目标是系统中的送风机与回/排风机。系统向车站的送风量是随负荷变化而改变的，因此对地铁通风系统变频控制的重点在于如何根据站内负荷的变化，相应改变送风机与回/排风机的频率，实现降低风机能耗的目的。

地铁空调水系统有冷却水和冷冻水两条环路，水系统工作仅在空调季节工作，据统计全年能耗仅占风机能耗的 1/3，节能潜力较风机小。为降低水系统运行能耗，重点是要根据站内负荷变化情况，调节水泵转速或运行台数，针对一次泵系统，还可以按实际负荷来改变冷水机组的制冷量。

第三节　供电系统

作为城轨交通关键的组成部分，其供电系统主要由城市电网担任的外部电源、改变电压等级的主变电所、传输电能的中压环网、牵引负载供电系统和动力照明供电系统组成，它为整个城市轨道交通得以顺利运行提供了基本保障。一般情况下，外部电源通常为所在地的城市电网。

图 9-3 所示是城轨交通供电系统的结构示意图，位于供电系统进线处的 PCC 是公共连接点，此处的功率因数就是供电部门收费罚款参考的指标。系统的电能从城市电网中直接引入 110kV 电能经主变电所降为中压网络所承载的 35kV 电能后被运输给全线的牵引变电所和降压变电所。降压变电所将 35kV 电压转换为电梯、风机等动力照明负荷应用的 0. 4kV。而牵引变电所将降压并进行交直流转换最后输出列车运行所需的直流电源，各部分分工明确，共同保障了城市轨道交通的安全运行。

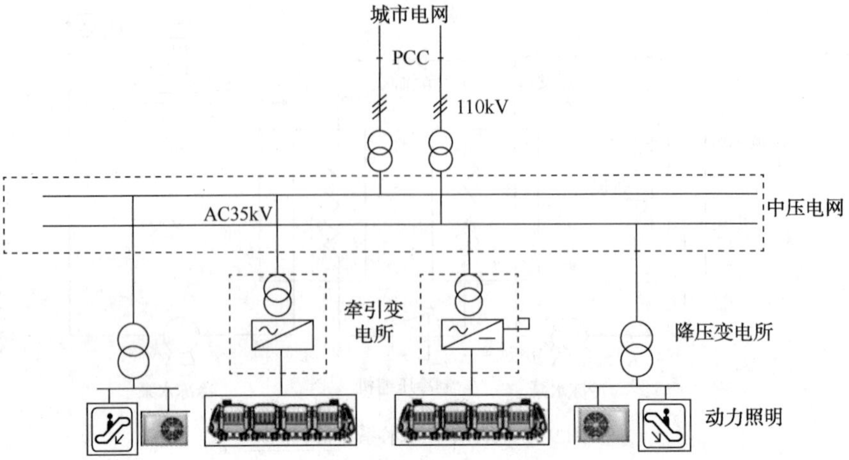

图 9–3　城市轨道交通供电系统示意图

一、外部电源

外部电源一般来说是城市电网，是城市轨道交通电能的外部来源，城市轨道交通供电往往直接从城市电网接入，结合中远期城市轨道交通客运量的规划以及当地城市电网电压等级，电源容量等确立其供电方式，主要有集中供电、分散供电以及混合式供电三种形式。不同的供电模式，外部电源的电压等级也各不相同。110kV、63kV、35kV 和 10kV 等多个不同城市电压等级均可以在城轨交通供电中使用，具体用到哪个电压等级依据该城市已有的城市电网条件进行选择。

集中式供电是我们国内常见的供电方式，其主要是从城市电网引入 110kV 高压进行供电，所以需要建立主变电所。主变电所的建设需要充分考虑线路的具体规划和负荷大小差异，安装在线路沿线尽可能靠近负载的地方。它的功能主要是将城市电网高压转换为 35kV 电压等级后输出到中压网络，为牵引供电和动力照明供电提供电能，由于其独立给城市轨道交通供电，不易受其他普通用户用电的影响，所以集中式供电受外界影响小，载荷比较稳定，维修方便，有利于城市电力系统的调度管理和城市轨道交通供电系统的运营和维护，中压环网给变电所供电的方式提高了供电可靠性，减少停电次数。国内城轨交通如上海、广州地铁等均采用集中式供电方式，但这种方式中压网络中的容性无功不容忽略，且需要依据供电区间和负载系统设计情况安装主变电所，需要的整体投资成本很大。

分散式供电是城轨交通直接从线路沿线的城市配电网中输入 10kV 的电压，与集中式供电相比电压等级降低，省去了引入电能再降压的过程，因此不需要建主变电所。为了保障供电的可靠性以及避免因停电造成的损失，牵引变电所、降压变电所以及牵混所的输入侧需要两回独立的电源，互为备用，在一路电源发生故障时依旧保证牵引供电系统和降压变电所的供电。这种方式不需要建立主变电所，因此较集中式供电来说减少了设备的投资和供电成本，但它对沿线的城市配电网有苛刻的要求，需要充足的容量和符合电能质量要求的电源；如果在不符合要求的区域使用分散式供电，需要对城市电网配电网进行扩容扩建，工程复杂。在列车运行时也会产生很多的谐波污染城市电网，产生不好的影响。同时容易受其他电力用户使用的影响，供电可靠性不如集中式供电强。这些都是分散供电需要考虑的因素。

混合供电方式是同时采用集中式供电和分散式供电，兼顾了供电可靠性和实际成本预算的考虑。根据线路布局和城市电网规划，以集中供电方式为主，在城市配电网充足和所需电能要求不苛刻的部分线路中采用分散供电的方式，两者结合，优势互补。这种方式充分考虑了当地的实际情况，降低了建设成本，但是会不利于供电系统的管理和调度，会影响电能质量，不过这种方法在城市轨道交通线路较长或者远郊等情况下会有明显的优势。

供电方式的选择需要结合当地实际允许情况，容量和电网电压等级等多因素综合决定。在城市配电网容量不够时采用集中供电方式，保证供电可靠性，降低运维成本。若预算经济有限，我们可以采用分散供电或混合供电方式，满足我们的供电需求，成本最优化。

二、主变电所

在集中供电方式下，主变电所是必不可少的组成部分之一，它将外部电网引入的电源经过降压流入中压系统，从而为各个变电所供电。主变电所的主要设备是变压器，它将 110kV 电压等级转换为 35kV，在空载或轻载运行时其功率因数很低，导致 PCC 端不符合国家允许指标。

根据城市轨道交通线路分布情况，主变电所应设立在线路沿线且靠近负荷中心的位置，尽可能减小中压网络电缆传输的距离，保证中压网络末端的压损在所允许的范围之内。

主变电所的建设过程中，变压器容量选择是一个重要的问题。城市轨道交通主变电所的总容量应能支持“N-1 准则”。“N-1”是指在供电系统中某一设备发生故障后，列车的运行不受任何影响。例如两台变压器同时给列车供电，当一台变压器退出运行时，另一个变压器可以承担所有的一二级负荷，保证列车的正常运行。综合考虑供电分区调度后保证正常运行的电能需求和运营成本最优化来确定变压器的容量和数量选择。牵引供电系统示意如图 9-4 所示。

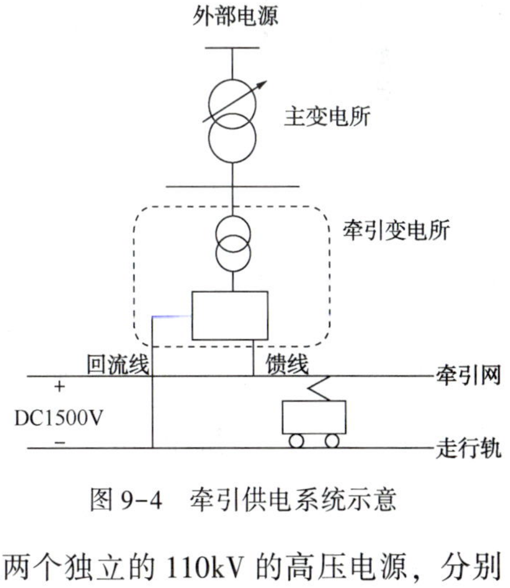

图 9-4　牵引供电系统示意

主变电所高压侧通常采用内桥接线形式，正常运行时，两台变压器并联运行，各自承担 50% 的负荷。当其中一台变压器处于故障或要进行检修时，另一台变压器应能承担起所有的负荷。内桥接线的特点是两进线之间具有断路器，两线间断路器正常运行情况下处于断开状态，当主回路进行检修时，断路器合上，使得另一条进线对负荷供电，保证了供电的可靠性。

若主变电所采用单母分段的接线方式，需要引入两个独立的 110kV 的高压电源，分别接入主变电所的两个变压器中，这两台主变压器独立运行，互不干扰，使城市轨道交通的运行不受影响。

三、中压环网

城市轨道中压电网由两条以上线路沿线电缆构成，是主变电所将 110kV 高压降压成为

35kV 中压给牵引变电所和降压变电所、混合变电所供电的中间连接网络。中压供电网络具有两方面作用，即纵向连接主变电所和各牵引所、降压所和牵混所，横向将整个线路所有的牵引变电所和降压变电所连接并供给电能。根据中压网络客户的不同，分为动力照明网络和牵引网络，前者为降压变电所供电，后者网络则为牵引变电所供电。中压环网主要考虑的衡量因素是网络承载的电压等级和组成形式。

中压网络电压等级的确定需要我们结合当地外部电源情况和所建线路长度及客流量等众多因素决定。目前我国现行中压配电电压等级和国内既有线路主要采用 35kV、20kV 和 10kV 等几种，近年来随着大家的探讨研究，20kV 最具有发展前景成为了大家的共同认知。20kV 等级配电设备和变电设备目前已经完全具备国内自主生产条件。为以后 20kV 的推广使用奠定了强有力的工业基础。为了系统全面的了解各电压等级的区别，表 9-2 列出了不同电压等级的中压供电网络主要技术指标和综合指标。

表 9-2 不同电压等级的中压供电网络主要技术指标和综合指标

指标比较	35kV 电压等级	20kV 电压等级	10kV 电压等级
供电线路长度之比	12. 5	4	1
电缆压损之比	1	4	12. 5
输送能力之比	3. 5	2	1
线路功率损失	小	中	大
配电设备尺寸和变电所面积	较大	适中	小

在表 9-2 中，我们的供电线路长度之比是在相同的压损、负荷和导线截面积下得出的；电缆压损之比是在完全一致的输送功率和截面积下得到；输送能力比较是在保证线路计算电流一致下所比较的。从表中我们可以看到，中压网络电压等级越高，输送距离也越长，输送能力也越强，造成的压损越低，但相应的设备占地面积也越大，需要增加一次成本。

不同供电方式下，中压网络的构成也有所不同。在集中供电方式下，我们可以使用牵引和动力照明相互独立的形式即牵引动力照明独立网络；同时也可以用牵引动力照明共同使用同一中压网络即牵引动力照明混合网络。而分散式供电只可以使用牵引动力照明混合网络的形式。目前这两种组成形式均有在我国不同的城市轨道交通中应用到。牵引动力照明独立网络将 35kV 电压等级网络给重负载牵引供电，10kV 电压等级给动力照明负荷供电，两者相互独立、可靠性强。牵引动力混合网络整体性好，可充分考虑设备布置的相关问题。

四、牵引供电系统

城市轨道交通类牵引供电系统包括牵引网和牵引变电所两部分。牵引供电系统将中压网络输送的 35kV 电压等级的电源经牵引变电所降为 1500V/700V 的直流电源。DC 1500V 主要用于接触网，允许电压在 1～1. 8kV 之间。DC 750V 主要用于接触轨，允许电压为 500～900V。馈线将直流电源送至牵引网，列车运行时，通过受电弓从牵引网中获取电能，最后经走行轨回流至牵引变电所。牵引变电所与中压网络的接线方式有桥式接线和双 T 接线，目前普遍使用的是双 T 接线，两路回路同时使用，一主一备，形式简单，可靠性强。

将中压 35kV 转换到接触网等级下的 1500V/750V 过程中，牵引整流机组发挥着极大的作用，它完成了交直流和电压等级的转换，提供优质的直流电源。在整流过程中，谐波污染是不可避免的问题，目前，为了减小谐波含量，牵引供电系统往往选择加装电力电子器件组合而成的大功率 PWM 整流机组，通常使用 12 脉波或 24 脉波整流技术，输出谐波分量少以及电压波形好的直流电源。由于直流电压可调，四象限运行使系统能量可以双向流动，可改变功率因数等优点，将整流组应用到牵引供电系统中，还可实现牵引供电和制动能量的回馈利用。如图 9-5 所示，当列车正常运行时，PWM 整流机组与二极管整流机组处于并联运行整流工况，共同给接触网供电。当列车处于制动工况下，二极管组处于反向截止，PWM 整流机组处于逆变工况，将列车的制动能量输送至中压环网循环利用，实现了能量反馈，降低了整体的能量损耗。

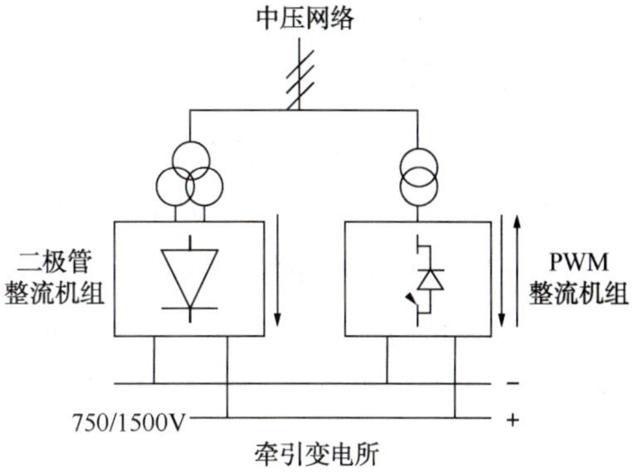

图 9-5　牵引变电所结构示意图

PWM 整流机组由整流变压器和三相电压型 PWM 整流器组成，PWM 整流器是一种交、直流侧可控的可四象限运行的交流装置，要实现 PWM 整流器的四象限运行，我们可以通过控制 PWM 整流器交流侧电压的幅值和相位，进而控制网侧电流，通过网侧电流和电网电动势相位的不同实现相应的工况，在未来的工程应用中将得到更多的推广。

五、动力照明系统

动力照明系统是供电系统给照明和动力设备所供电的网络的统称，主要有降压变电所、配电所和配电线路。降压变电所通过将中压网络供应的 35kV 电压等级降压为 0.4kV 交流电源，分配给内部的动力照明设备使用。

传统的动力照明设备中的动力设备主要有照明、自动扶梯、水泵、风机、空调暖通，自动售票系统、通信以及消防设备。依据《地铁设计规范》和负荷的重要程度，我们将负荷划分为三个等级。一级负荷应包括车站应急照明、通信系统、信号系统、火灾报警系统、变电所电源设施、站台区+照明、防排烟风机、监控系统、用作应急疏散的防护门、扶梯、防淹门、排水水泵等设施，一级负荷通常使用双回路供电，互相独立。二级负荷包括非事故风机、污水泵、维修电源、办公照明和公共区域常规照明。三级负荷有冷却设备机组、广告牌照明、用于清洁的机械设备。二类、三类负荷供电分别采用一路供电方式。在上述所有设备中，一级负荷最为重要，当供电系统发生故障时，应优先为一级负荷供电，保证一级负荷的正常运行。

降压变压器接线方式通常为单母线分段的形式，降压所的两段母线由断路器断开，两个母线的电源相互独立，每个降压所均设置两台变压器，正常运行时分列运行，各自分担供电范围的负载；当其中一台故障或者检修时，自动切除三级负荷，另一台变压器承担全部一、二级负荷。动力照明中包括的许多电机、电源和变频装置使得在运行中产生了大量的无功损耗，使运行的功率因数降低，为了满足国家对用户功率因数的要求，我们需要进行无功补偿。

第四节　给 水 排 水

一、概述

轨道交通的给排水及消防设计有一般建筑工程的共性，也有作为轨道交通工程的特点。它在轨道交通系统中占有十分重要的地位。

（一）对给排水系统的要求

对于城市轨道交通系统，特别是车站的给排水系统，一般要求主要有：

（1）地铁给水系统包括生产生活给水系统与消防给水系统。

（2）地铁排水系统包括污水、废水及雨水系统。

（3）地铁消防系统包括水消防系统、气体灭火系统及建筑灭火器配置。

（4）给水系统应安全可靠，能保证全线备用水点对水量、水压、水质和水温的不同要求，并应贯彻节约用水和综合利用的原则。

（5）排水系统应能及时排除各车站、点、段及区间所产生的污水、渗漏水，排水应通畅，并便于清通。

（6）地铁消防系统应做到"安全有效，经济合理，技术先进"。

（7）给排水及消防设备和材料选用要求：①各种设备应技术先进、性能优良、可靠性高、规格统一、便于维修。②管道材料应经久耐用，便于安装维修。出入地面的金属管及在有杂散电流分布的地点所设置的设备，应采取防止杂散电流腐蚀的措施。

（8）设计中所有与城市给、排水管道衔接和污水处理工艺及排放点，应根据当地有关规定报请主管部门审批或与当地管理部门达成书面协议。

（二）给排水设计原则

给水排水设计主要遵照下列设计原则：

（1）遵循节约用水和综合利用的原则。

（2）给水系统设计需满足车站生活与生产对水量、水质和水压的要求。

（3）车站所有用水水源均采用城市自来水，不设备用水源。

（4）水泵等给水排水设备的选型，本着尽可能采用国产设备，采用技术先进、安全可靠、经济合理和高质量的产品的精神。

（5）生活饮用水水质需符合国家现行生活饮用水卫生标准；排入市政下水道的污、废水，其主要水质指标必须符合有关市政接管水质标准。

（6）水泵按照常规设计，设置可曲挠橡胶接头、阀门、止回阀等。水泵基础设置减振装置。

（7）管道从出入口、风道或专用通道进出车站，不得随意穿侧墙（连续墙）。

二、生产、生活给水系统

城市轨道交通的给水水源应优先选用城市自来水，除人防工程要求及特殊情况外，不宜选用地下水或地表水。当选择城市自来水时，其设计应符合当地自来水公司等有关部门的规定。地铁水源的供水量必须满足地下铁道各项用水量(生产用水、生活用水、消防用水)的需要，给水管路必须是环形供水。

地铁车站所在地一般为城区，周围有较完善的市政给水管网，以市政自来水为供水水源。

每个车站、段、点由两条独立的城市自来水管引入消防和生活、生产给水管道，引入管应从城市不同的环状主管接入。如从同一主管接入，应采取相应的保证措施，以确保供水的可靠性。采用生活、生产用水和消防用水分开的给水系统，分别设置水表及阀门井，水压按卫生器具用水要求和生产用水要求确定，给水方式应根据当地的自来水供水情况经计算确定。地铁车站用水量包括车站工作人员生活用水量、车站冲洗用水量、环控系统所需冷却补充水量。地铁车站位于地下，市政水压一般能满足生产、生活给水系统水压要求，采用市政给水直接供水给水系统。生产、生活给水干管在站厅层、站台层呈枝状布置，以满足各用水点的要求，站内生产生活系统和消防水系统宜分开设置。消防水系统管网应形成环状，其中生产生活系统管网可布置成枝状。

车辆段室外采用生产、生活与消防合用管道，干管布置为环状；室内生产生活水系统和消防水系统宜分开设置、其中消防水系统管网应形成环状，生产生活水系统管网可布置成枝状。

(一) 供水系统的主要标准

1. 用水量标准

工作人员生活用水量 50L/(班・人)，时变化系数 2.5。冲洗水量应按冲洗方式确定，宜采用 3L/(m^2・次)。冷却系统的补充水量按循环冷却水量的 2%计。生产用水量按生产工艺要求确定。各附属建筑物用水量按《建筑给水排水设计标准》(GB 50015—2019)确定。

2. 进出车站的给排水管道布置

站厅层管道宜敷设在站厅层吊顶的两侧，每隔 4.0m 设管支架。站台层管道宜敷设在站台板下，每隔 4.0m 设管支墩。站厅、站台层应设置冲洗沟，其位置根据冲洗设备确定。管径小于等于 ϕ80 采用镀锌钢管，大于 ϕ80 采用卷焊钢管。站台层宜采用球墨铸铁管，站外采用配套铸铁管。给排水管道不能穿过连续墙，宜在出入口或风井部位布置，因地铁车站连续墙厚度近 1m，预留空洞给结构工程的施工带来不便。

3. 管道绝缘

由于地铁车辆采用接触网供电，对于这种直流牵引供电系统，要防止杂散电流对给排水管道的腐蚀。进出车站的给排水管道均需进行绝缘处理后引入或引出，可在进出车站的给排水管道靠车站主体外侧安装 1m 长的绝缘短管。

4. 管材

要防止杂散电流对给排水管道的腐蚀，一般情况下生产与生活给水管管径小于等于 ϕ100 的采用新型塑料给水管，大于 ϕ100 的采用镀锌钢管或可延性铸铁管。

5. 生产、生活给水管线布置注意事项

给水管道严禁跨越通信和电器设备用房。给水干管最低处设置泄水阀，最高处设置排气阀，排气阀一般设于设备用房端部没有吊顶的部位。给水干管穿越沉降缝处，宜设置波纹伸缩器。由于生产、生活给水管一般采用塑料管材，塑料管材的线膨胀系数大，地铁车站站厅、站台层长度一般在 100m 以上、管线布置时要有效地减少或克服管道的线性变化值。在可能暗敷的场所，尽量采用暗敷的安装方式，管道直线长度大于 20m 时应采取补偿管道胀缩的措施，支管与干管、支管与设备的连接应利用管道折角自然补偿管道的伸缩。当不能利用自然补偿或补偿器时，管道支架均应为固定支架。管道支架不仅起管线固定的作用，还要求能承受管线因线性膨胀而产生的膨胀力，其间距应比传统的镀锌钢管小得多。

6. 冲洗栓箱的设置

考虑到地铁运营中需要对车站进行清扫，因此站厅、站台层两端和长度大于 20m 的通道内均设置冲洗栓箱，暗敷于侧墙内。

7. 给水立管的设置

从站厅层至站台层的给水立管宜设置在端部风井内，避免给水立管影响接触网供电系统。

（二）消防用水

为满足地铁消防用水的要求，按消防部门批准的位置需配置一对消防进水口，每一进水口应有一个标准的瞬时作用的连接器，并装有一个止逆阀。

如果城市自来水的压力和供水量能满足地铁消防给水的压力和用水量，则地铁车站可不必设消防泵房和消防水池，青岛地铁就属于这种情况。如果城市自来水的压力和供水量不能满足地铁消防给水的压力和用水量，则必须在地铁车站内设置消防泵房，沈阳市有轨交通 1 号线的地下车站就属于这种情况。当城市自来水的供水量能满足消防用水的需要而压力不能满足消防给水的压力时，则可在地铁车站设消防泵，上海地铁 1 号线就属于这种情况。地下车站的消防水池一般设在地下车站内，也可设在车站附近地面的适当位置，这样可以降低工程造价。

（三）给水干管

车站的城市自来水给水管引入位置，应根据车站主体结构的施工方法决定。当车站为暗挖施工时，给水引入管宜由人行通道和通风道引入；当车站为明挖或盖挖施工时，给水引入管可以由人行通道或通风管内引入，也可穿过主体结构的顶板或侧墙引入。根据需要和可能，给水引入管也可由区间风道引入。

车站站厅的给水干管，可以设在侧墙(一般指暗挖施工的结构)。明挖及盖挖法施工，给水干管没在站厅层吊顶内。站台层的给水干管一般设在站台板下。车站的给水干管和区间隧道的给水干管相接。区间隧道的给水干管一般应设在供电轨的对侧。给水干管的敷设应考虑安装维修的方便。

铺设在站台板下及区间隧道的给水干管，采用给水铸铁管及柔性胶圈接头。设在站厅层侧墙内、人行通道及通风道内的给水管，可以采用给水铸铁管或镀锌钢管。设在站厅层吊顶内的给水干管，宜采用镀锌钢管法兰盘接头，并应根据气温条件考虑温度变化时对管道的影响，采取相应措施。

当给水引入管穿过主体结构外墙时，应设防水套管。北方寒冷地区的地铁给水干管，当敷设地段在0℃以下时，应采取防冻措施。当给水干管穿过主体结构伸缩缝、沉降缝时，应设柔性接头。在车站及区间给水干管的最低点应设泄水阀，最高点应设排气阀。为了防止地铁迷流对金属管道的腐蚀，在给水引入管穿过主体结构内部干燥地点的管道上，应设绝缘接头，接头的材料及承受压力必须符合国家有关规定及给水管网的设计要求。

三、排水系统

排水系统的种类主要包括污水、雨水、废水三类。城市地铁沿线的粪便污水、结构渗水，各种生产、冲洗及消防废水和出入洞线、车站露天出入口的雨水，应分类集中、就近分别设泵排入地面道路雨污水管网系统(粪便污水要经地面化粪池处理后排放)，并与城市排水管理部门签订排水协议。

(一) 排水系统分类及排水量

城市轨道交通排水系统可分为结构渗漏水排水系统、消防及冲洗废水排水系统、粪便及生活污水排水系统和隧道洞口及露天出入口雨水排水系统等。计算各系统排水量时，可参考下列标准：结构渗漏水按水道结构每昼夜不大于0.5L/m^2计算，消防废水按消防用水量计算，冲洗废水按2~4L/m^2计算，粪便污水量按我国现行《建筑给水排水设计标准》(GB 50015—2019)的规定计算，雨水系统包括车站出入口雨水系统和出入隧道线路堑雨水系统，隧道洞口及露天出入口的雨水量按当地30年一遇的暴雨强度计算，出入隧道线路堑宜按面积集流时间计算，一般宜按10min计。出入隧道线路堑雨水经水泵抽入城市排洪管道或河渠。

车站每次冲洗时间宜按1h计算，区间隧道冲洗时间按冲洗车喷头的喷水量、隧道断面及长度计算。

车站、区间的污水、废水及雨水均应就近排入市政排水系统，污水应按规定达标后才能排放。地下车站及地下区间应设置废水泵房、污水泵房和雨水泵房。废水系统包括消防废水、地面冲洗废水、事故排水、结构渗漏水等，这些废水均通过线路排水沟汇流集中到线路区段坡度最低点处的废水泵站集水池内。污水系统主要指车站内卫生间生活污水。在折返线车辆检修坑端部、出入口和局部自流排水有困难的场合需设置局部排水泵房，在地铁洞口及敞开出入口处应设雨水泵房。

1. 排水量标准

工作人员生活排水量按生活用水量的90%计，消防废水量与消防用水量相同。冲洗排水量为3L/(m^2·次)，结构渗漏水量为1L/(m^2·昼夜)。

2. 排水点设置

地铁车站属地下建筑，污废水一般不能自流排出，需用泵提升后排出，所以在设计时排水点要考虑周到。除各排水点汇流集中到废水泵房、污水泵房的污废水用泵提升后排入市政排水系统外，还需考虑出入口处电梯基坑排水和站台底板下的结构渗漏水。为排除站台底板下的结构渗漏水，需在站台层端部设集水坑，坑内设潜水泵将积水定期提升后排至线路排水沟内，由该沟流至废水泵房的集水池内。在折返线车辆检修坑端部、出入口和局部自流排水有困难的场合，需设置局部排水泵房。

3. 排水泵

排水泵应设计成自灌式，采用水位自动、就地和远距离 3 种控制方式，并要求在车站控制室显示排水泵工作状态和水位信号。排水泵站的设置应符合下列要求：①主排水泵站：主要排出结构渗漏水、事故水、凝结水和冲洗及消防废水，一般设在车站和线路纵坡最低处。②污水泵站：排出站内生活污水，一般设于厕所附近。③局部排水泵站：设于折返线车辆检修坑端部、自动扶梯基坑等低洼处。④临时排水泵站：设于分期修建的隧道的最低处。⑤雨水泵站：设置在地铁露天出入洞线洞口和车站露天出入口雨水不能直排的地方。⑥辅助排水泵站：根据工程具体情况设置。

4. 集水池有效容积的确定

确定集水池有效容积时，既要防止容积过大增加工程造价，又要防止容积过小频繁开启水泵。废水泵房集水池有效容积可按不小于 10min 的渗水量与消防废水量之和确定，但不得小于 $30m^3$。污水泵房集水池有效容积不应小于最大一台泵 5min 的流量，但不得大于 6h 的污水量，防止污水停留时间过长而沉淀、腐化。

5. 排水泵房与雨水泵站

车站露天出入口的雨水不能自流排出时，宜单独设置排水泵房；地下铁道隧道洞口雨水宜采用自流排水，当不能自流排水时必须在洞口设雨水泵站。如果雨水涌进地铁车站将影响地下铁道安全运营，甚至造成事故。为保证地下铁道安全运营，地下雨水泵站暴雨重现期取 30 年。

6. 车站站厅、站台层地面及设备用房

这些地方根据需要应设排水地漏，出入口通道与站厅接合处，需设置排水横截沟。地漏和排水横截沟排水立管应接至道床排水沟。

7. 废水泵房、污水泵房

废水、污水泵房内应设置通气管道，与环控系统空气管道连通，避免臭气污染其他房间。

8. 各类排水系统的排水方式

结构渗漏水，主要通过设在车站及区间隧道的线路排水沟，自流集中到线路某区段坡度最低处的排水泵集水池，然后提升排至地面城市雨水或雨污合流排水系统。消防及冲洗废水也通过线路排水沟集中到邻近的区间或车站排水泵排出。线路排水沟的流水坡度一般不小于 3%。

粪便及生活污水，主要是车站及折返线厕所的粪便及卫生器具的生活污水。这些污水通过下水管道集中到厕所附近的污水泵房的污水池，利用排水泵提升排至地面的化粪池，然后再自流到城市污水排水系统。

隧道洞口及露天出入口的雨水，应在入口部就近设置排雨水泵站，将雨水汇流至泵站集水池。然后提升排至地面城市雨水排水系统。该泵站所处位置如能利用地形高差使雨水按重力排放，则不必设排雨水泵站。

（二）排水泵站的设计

1. 污水泵房

污水泵房的设计应满足下列要求：地下车站的污水泵房宜设置于卫生间下的站台上，

污水池应设置于站台的底部。污水泵宜采用 2 台潜水排水泵，水泵启动按每小时不超过 6 次，污水泵按一用一备考虑。污水池容积按不大于 6h 的污水量计算出水量。污水扬水管宜采用一条管道，直接加入市政污水管道系统。

2. 废水泵站

废水泵站的设计应满足下列要求：废水泵站应设于车站和区间线路纵坡的最低点，包括主排水泵站、局部排水泵站、临时排水泵站、辅助排水泵站等。废水池的有效容积不应小于 1 天结构渗水量和消防废水量之和，主排水泵站废水池有效容积不应小于 $30m^3$。局部排水泵站废水池有效容积，可按 10min 渗水量和平时该处冲洗水量之和确定。废水泵宜采用两台潜水排污泵，主排水泵站废水泵能力按消防确定，平时用一备一，消防时同时开启；其余泵站废水泵能力按实际排水量确定，按一用一备考虑。废水扬水管宜采用两条，每条均能通过全部流量。

3. 雨水泵站

雨水泵站的设计应满足下列要求：雨水泵站应设于出入隧道线路堑及车站出入口处，包括入洞口雨水泵站和车站出入口雨水泵站。入洞口雨水泵站水泵宜采用 3 台，两用一备，必要时，可以 3 台同时运行，其集水池有效容积不得小于 2 台泵同时工作 30s 的出水量，扬水管宜设 2 条。车站敞开出入口雨水泵站水泵宜设 2 台(暴雨强度按 10 年一遇)，扬水管宜设 1 条。

第五节　消 防 系 统

一、城市轨道交通消防系统概述

城市轨道交通消防系统主要包括地下车站和隧道，地下车站为地下负一层，与隧道一同构成封闭的建筑区，车站内的消防系统设备多，运行负荷比较大，在城市轨道交通运行过程中火灾是城市轨道交通遭受损失的关键因素。随着我国城市轨道交通的发展，以及以往轨道交通火灾的经验的积累，城市轨道交通的消防系统也在不断得到提高。城市轨道交通消防系统就是正确地布置和使用消防措施，可以最大程度减少火灾造成的生命财产损失。城市轨道交通消防的设计包括防火烟分区设计、防灾报警设计、设备监控设计、安全疏散设计以及消灭栓灭火系统和电气防火系统等各种灭火设计。城市轨道交通消防设计采取的大部分是消防水系统，在进行城市轨道交通消防系统设计的过程中，根据实际情况，采取因地制宜的灭火系统，从而达到最好的消防效果。

城市轨道消防系统与其他的建筑区存在不同，如果城市轨道内部发生火灾的话就会造成严重的后果，与其他建筑物相比较，城市轨道交通具有非常显著的特点。城市轨道交通消防系统地下出口比较少，地下通道比较长，再加上人群密集，人流量大，如果发生火灾，疏散系统不完善的话，就会发生严重的踩踏事故，在地下的城市轨道交通系统比在地面上的建筑物要造成更严重的后果。地下交通疏散系统不完善的话，浓烟不容易被发现，造成人员逃生困难，给消防火灾救援造成严重障碍。城市轨道交通通道狭长，大部分是地下建筑物，内部太过于封闭就会使一些可以燃烧的物体得到充分的燃烧，事故现场引发大量的浓烟，因为地下轨道的火灾故障，在地下通风作用又非常小，自然浓烟的排出就非常困难，再加上火灾发生之后，热量迅速聚集，温度上升非常快，在封闭的空间之内温度上升更快，在高温下燃烧更猛烈，将给人员逃生造成严重的干扰，而且对城市轨道交通建筑结构的破坏程度更大。

在城市轨道交通系统进行救援的过程中，人员疏散困难非常大，人员逃生在地下向开阔地面逃生的时候，比在普通地面上更加困难，其一是地下封闭的系统火灾产生大量浓烟；其二是地下逃生通道非常狭小，导致在轨道交通中的人员浪费更多的体力，逃生也非常困难，人员在由下到上逃生的过程中与高温浓烟的运动方向是一致的，这也就加大城市轨道交通消防救援和疏散的难度。在城市轨道交通消防系统中，地下空间有限，因为浓烟、高温、视线不清和通信不畅的原因，消防人员很难进到地下，大型灭火设备很难进到地下，这些因素增加了城市轨道交通消防系统的救援难度。

二、地铁消防设计组成要素

地铁消防系统设计是十分复杂的，它涉及许多方面，并且贯穿于整个地铁系统的全部，与地铁整体上形成一种互相关联的关系。地铁是有轨交通的一种，在功能方面要实现各相关专业如信号、车站机电设备、线路、通信、隧道、供电、车辆以及消防系统的整合，保证良好运行状态，所以单一考虑消防系统是不现实的，要从整体上与地铁系统的各个要素相结合，然而，要实现完备的系统整合又要求地铁消防系统内部的协调统一，这就涉及消防系统设计的方方面面。可将地铁消防系统划分为以下方面：建筑结构设计、紧急疏散系统、防排烟系统、给排水系统、建筑灭火器配置、低压配电与照明系统、火灾自动报警系统及防灾通信系统。

(一) 建筑结构消防设计

建筑结构消防设计是在地铁建筑结构设计时就从消防专属结构、防火材料、防火分区等各个方面考虑的消防专项设计内容，也是建筑结构领域消防系统的主要硬件设计内容，总体原则为根据国家“预防为主，防消结合”的消防工作方针，合理设计。

(二) 紧急疏散系统

紧急疏散系统是火灾发生时最为关键的一个环节。为了减轻火灾带来的人员伤亡，及时将人流进行疏散，在地铁建筑设计时预留出车站和区间隧道的疏散通道是必要的。紧急疏散系统的主要组成部分包括：①车站疏散方式。车站是汇集人流最为密集的区域，当发生火灾时，车站需要具备紧急疏散的能力。主要包括的方面有：车站出入口与楼梯、扶梯的人员容载量；自动检票机闸机门状态；直通地面出入口数量等。②区间隧道疏散方式。当地铁在区间隧道高速运行的过程中，火灾突发造成的危害比车站内发生的火灾更为严峻。隧道内的紧急疏散需要设置对应的疏散平台、疏散楼梯、疏散通道、安全出口等安全疏散设施。

(三) 防排烟系统

防排烟系统是为了实现对地铁内被困乘客在地铁工作人员的带领下安全顺利疏散，以及可以在发生火灾的第一时间及时排出火灾烟气，这样就可以有效的阻止其向其他防烟分区扩散，同时也可以给消防人员创造有利的灭火条件。防排烟系统的主要组成部分由隧道通风系统、车站公共区防排烟系统和车站设备区防排烟系统 3 部分组成。隧道通风系统主要是由区间隧道活塞通风系统和区间隧道机械通风系统两部分组成。对隧道通风系统的设计，有严格的要求。车站通风空调系统由车站公共区蒸发冷却通风降温系统（简称大系统）和车站设备管理用房空调通风系统（简称小系统）组成。车站公共区蒸发冷却通风降温系统由站厅公共区通风空调兼排烟系统和站台公共区及站台轨道区通风空调兼排烟系统两部分组成。风道、风亭是防排烟系统的一个重要的子系统，风亭风道的布置应满足相应的要求。

（四）给排水消防系统

给排水消防系统主要是包括消防栓给水系统和自动喷水灭火系统两方面。消防栓给水系统在建筑物中是最基本的一种消防装置，发生在建筑物内的火灾都是通过该系统对水进行调节、输送以达到灭火的目的。该系统内还包含消防水枪、水喉等用于扑救火灾初期的水量。自动喷水灭火系统通过火灾初期感应器接收到火灾烟气、光热等信号触发报警系统，自动打开喷头进行喷水，能有效遏制火灾的蔓延。

（五）建筑灭火器配置

火灾初期火势较小、影响范围也较局限，是扑救的最佳时段，在这个时段多采用的是灭火器装置。灭火器的工作原理是利用灭火器内部压力，将灭火器内充装的灭火剂喷射出来，从而实现扑救火灾的目的，它的优点在于轻便，可以由人力移动。灭火器配置有多种形式，按移动形式来分有手提式灭火器和推车式灭火器；按灭火剂类型来分有泡沫灭火器、干粉灭火器、卤代烷灭火器、二氧化碳灭火器和清水灭火器等；若按灭火器动力来源则可分为储气瓶式灭火器、储压式灭火器、化学反应式灭火器等；还有一种是按照可燃物类型分类，包含用于扑灭纸、木、棉织物等物质引起火灾的灭火器，用于扑灭油脂、石油、氢气等可燃物或可燃气体引起火灾的灭火器，用于扑灭钾、磷、镁等化学物质引起火灾的灭火器，还有用于扑灭以上提及到的所有类型火灾的通用灭火器，其填充物主要为干粉。

（六）低压配电与照明系统

城市轨道交通的供电系统是由牵引供电系统和外部供电系统两部分组成的。低压配电与照明系统在地铁运营中起着不可替代的作用，它的安全性决定着信号、通信、自动报警、售检票等各个联动系统的协同运作，尤其在非正常工况下是地铁运营不可缺少的重要保障。低压配电与照明系统，顾名思义是由低压配电系统和照明系统两部分构成的。低压配电系统由电源、输电线和负荷构成，作用是安全、合理地安排用电负荷。

一般按照供电的重要程度，把供电系统分为三级：一级负荷、二级负荷和三级负荷。其中，一级负荷是最为重要的部分。低压配电系统的负荷级：一级负荷主要负责应急照明、变电所操作电源、火灾自动报警系统设备、消防系统设备、消防电梯、地下站厅站台照明、地下区间照明、排烟系统用风机及其风阀、通信系统设备、信号系统设备这几个方面。而其中的应急照明、变电所操作电源、火灾自动报警系统设备、环境与设备监控系统设备、通信系统设备、信号系统设备这几方面是特别重要负荷；二级负荷主要负责地铁的空调设备、非消防疏散用的自动扶梯和自动人行道、非消防疏散用的直梯、乘客信息系统、排污泵、普通风机等相关设备供电负荷；三级负荷主要负责地铁内的相关配套商业设施、广告照明配电、区间检修设备、清洁设备、电热设备、培训及模拟系统设备等。

照明系统是保证地铁能否安全运行最重要保障之一，地铁照明系统均经过精心设计，以保证舒适性和照明亮度。特别是在紧急情况发生时能保障疏散活动正常推进。照明配电系统也分为三级负荷。

(七) 火灾自动报警系统

火灾报警系统(Fire Alarm System, FAS)在组网上具有自已的网络结构和布线系统，这样就可以实现在任何情况下就都会独立地进行操作、运行以及管理。火灾自动报警系统以及消防联动控制系统的这两个系统的工作原理主要是对发生火灾时火场内的火焰带来的热、烟气以及光等相关信息进行捕捉和收集，触发烟雾报警系统，并且同步开启自动灭火系统。随着技术进步，现阶段的火灾自动报警系统已经和原来的大不相同了，已经可以自动进行信号分析，当收集到火灾数据时，可以自动开启照明系统、广播播报系统、疏散标志显示和给水灭火、防排烟设施等系统。如此对火灾现场进行精准的检测，及时反馈警报，迅速启动灭火程序，以求从最大程度上降低火灾的危害。火灾自动报警系统需要全自动化的处理模式应对紧急情况的发生，通常由火情触发装置、自动报警装置和其他相关辅助功能设施组成。

(八) 防灾通信系统设计

防灾通信系统是地铁消防设计的重要保障，该系统能够在紧急情况发生时与救援中心或控制中心进行语音、通信或视频传输等功能，以快速反映火灾火情，保障人员安全，实现更高效的救援活动。防灾通信系统是一个综合性很强的系统，它涵盖了话务、通信、广播等方方面面，具体分为：

(1) 应急通信系统，轨道交通通信系统在发生事故或者灾害的第一时间可以自动转换成应急处理、抢险救灾的应急通信，这样通信系统传输子系统就可以作为整个系统的最重要部位来为防灾报警信息提供传输通道。

(2) 无线通信技术，无线通信系统设有防灾调度通话组，供控制中心防灾调度员与车站、车辆段/停车场及沿线固定和移动的防灾人员之间进行通话。

(3) 公务电话系统，公务电话系统将“119”“110”“120”特种业务呼叫自动转移到市话的“119”“110”和“120”上。

(4) 专用电话系统，专用电话系统设有防灾专用调度电话：控制中心防灾调度员可对设于各车站值班室的防灾调度分机进行单呼、组呼、全呼，防灾调度分机可以对中心防灾调度员进行一般呼叫以及紧急呼叫。

(5) 广播系统，广播系统兼作消防广播，控制中心防灾调度员和车站防灾值班员均可对车站进行防灾广播，控制中心防灾调度员优先级高于车站防灾值班员。

(6) 通信电源，在交流电源中断情况下，通信不间断电源设备可为通信设备提供一定时间的电源供给，等待交流电源的恢复。

(7) 公安无线通信系统，公安无线通信系统为轨道交通公安值班员提供无线通信手段。

第六节　城市轨道交通运营管理设备

一、轨道交通信号设备

在轨道交通的各项设备系统中，信号系统是非常重要和关键的设备系统，具有不可替代的作用。轨道交通的列车速度控制、列车运行间隔、列车通过能力及输送能力、列车运行安全等均与信号系统密切相关。信号系统不仅是轨道交通列车安全运行的保证，而且已成为轨道交通调度指挥和运营管理的“中枢神经”。

轨道交通列车密度高，行车间隔短，行车间隔最小可达90s，所以对信号系统有非常高的要求：①安全性要求高。列车运量大，导致发生事故影响面非常大。②通过能力大。不设站线，进站列车均停在正线上，先行列车停站时间直接影响后续列车进站时间，所以要求信号设备必须满足通过能力的要求。③抗干扰能力强。轨道交通电气设备众多，EMC环境复杂，易干扰信号。④可靠性高和可用性高。信号设备复杂，有些出现故障难以短时间修复，而且早晚高峰情况下，如果出现列车延误晚点，将严重影响乘客出行效率因而必须要求信号系统有高可靠性和可用性。⑤自动化程度高。目前信号系统的发展趋势已经朝着无人驾驶方向发展，越来越智能和舒适，而这势必更加使得信号系统更复杂，对安全性带来新的挑战。

轨道交通信号系统是保证列车运行安全，实现行车指挥和列车运行现代化，提高运输效率的关键系统设备。轨道交通信号系统通常由列车运行自动控制系统(ATC)和车辆段信号控制系统两大部分组成，用于列车进路控制、列车间隔控制、调度指挥、信息管理、设备工况监测及维护管理，由此构成一个高效综合自动化系统。

列车自动监控子系统(ATS)子系统主要负责管理线路上运行的列车，实现列车的控制以及监视，辅助调度人员对全线列车进行管理。列车自动防护子系统(ATP)的功能是对列车运行进行安全防护，对于与安全有关的设备实行监控，实现列车位置检测，保证列车间的安全间隔，进行超速防护，保证列车在安全速度下运行。列车自动驾驶子系统(ATO)是自动实行列车加速、减速惰行、停车和开关门等控制技术的总称，是自动控制列车运行的设备。ATO系统是列车运行自动化系统中的高层次环节，在系统的安全防护下实现列车自动驾驶对提高运行效率，提高列车运行的准点率和安全性，完成运行自动调整，改善司机劳动条件，实现列车经济运行和节能等具有重要作用。联锁子系统(CI)是保证列车运行安全的设备，实现列车进路上道岔、信号机、轨道区段之间正确的联锁。

二、计算机子系统

计算机子系统是由计算机设备、软件及通信设备将AFC设备连接在一起构成一个完整系统的重要控制、管理部分。计算机子系统包括中央计算机和车站计算机两大部分。

中央计算机是AFC系统的控制、管理中心。中央计算机通过通信设备及线路与每个车站的车站计算机相连接，并通过车站计算机与所有AFC设备相连接。

在正常工作期间，中央计算机可实现与车站计算机、编码分拣机之间的数据通信。可不断地监视每台车站计算机和编码分拣机的工作状态，定期收集设备状态、售票收入、客流、维修及其他数据。所有接收到的数据经过编辑处理后存入系统数据库内，计算机操作员和其他终端用户可以在他们的终端上显示这些数据或根据需要打印成报告。同时，计算机管理人员也可通过中央计算机向车站计算机和编码分拣机下达系统控制参数和其他信息、命令。

车站计算机与车站内的所有 AFC 设备相连接，并通过通信线路与中央计算机进行通信。

车站计算机具有以下主要功能：①定时询问和收集车站 AFC 设备记录数据、工作状态和其他信息，并将收集到的数据信息传送给中央计算机。②接收设备故障警报和其他请求信息，并由计算机操作人员进行管理。③向车站 AFC 设备传送中央计算机下传的指令和控制参数。④完成车站运营统计报告，包括乘客数量、售票收入、设备维修等。⑤对设备操作人员进行安全检查。

三、通信系统

城市轨道交通通信系统是能传输语言、文字、数据和图像等各种形式信息的综合业务数字通信系统，需要充分结合现阶段的轨道交通建设线路分布及扩展延伸的建设要求，确保通信系统设计满足高安全性、可靠性、易维护性及易扩展和升级等特点。

通信技术应用功能有以下方面：①通信和信号系统紧密结合，形成高级自动化的通信、控制、指挥和信息系统。②通信技术的应用应确保运营管理的高效率，确保行车调度指挥及为旅客提供多种服务的效率满足轨道交通的发展需求，确保提高信息的传输、存储及处理的效率。③多种通信方式有效的集成，无线通信技术、卫星通信及移动通信、光纤通信及程控交换需要密切结合，为通信可靠性提供保障。

通信系统设计包括传输子系统、无线系统、专用通信系统、公务电话子系统、视频监控子系统、广播子系统。

（一）传输子系统设计

传输子系统是轨道交通通信系统中最重要的子系统，为轨道交通和控制管理系统如自动售检票、防灾报警及设备监控、电力监控及信号系统等提供数字视频、音频信息、低速数据信息、高效数据信息等各种信息的传输，并采用设备保护、冗余配置及网络保护等多种保护措施为网络的可靠及稳定提供保障，避免事故隐患的发生，是城市轨道交通专用通信网的基础。

传输子系统的需求分析，在控制中心到公安指挥中心及其他线路控制中心建立点对点链路，实现各节点之间的调度、无线、图像、时钟、以太网、电话、广播、公务等多种业务的信息传播和储存等。传输子系统的系统架构需要保持技术的先进性。现阶段城市轨道交通传输子系统常用的是同步数字系统架构和 MSTP 技术相结合的系统体系，其先进性表现在集成度更高，稳定性更高，对以太网业务的保护性能更好，增加了动态分配带宽技术，对总线型宽带数据业务的支持能力提高。

（二）无线系统设计

无线通信系统为轨道交通内部流动工作人员与固定工作人员之间提供高效频率稳定的话音通信及短信息通信等，同时系统还具有相应的检测、呼叫、录音、广播、显示、存储及优先权等相应功能，并根据列车的运行需要实时传递列车的状态信息等。

轨道交通通信无线系统中常用的是集群系统技术，该技术的基本原理是由中央控制器集中管理和控制系统中的各个信道，在用户发起呼叫时以动态的方式迅速实现空闲信道的分配，在用户通话结束后自动收回信道并转接给其他等待呼叫的用户，为频道的实用率提高提供了保障。集群通信系统的关键技术包括数字话音编码、抗衰落技术及数字调制技术等。数字通信的主要特点是信号形式的数字化，因此需要在通信的发送端及接收端配置相应的模拟信息转化装置实现模拟信号与数字信号的有效转换。

话音编码技术的低速率高质量特点结合数字调制技术的高效率特点，为数字集群移动通信网提供了优越的系统容量，保障了通信质量及频谱利用率的提高。

（三）专用通信系统

专用电话子系统是车站值班员与调度员指挥列车运行和指导设备操作的重要通信工具，是为电力供应、列车运营、防灾救护及日常维修提供指挥手段的专用通信系统，具有组呼、全呼、紧急呼叫、单呼及录音等功能，由站间电话系统、调度电话系统及站内集中电话系统和紧急电话系统组成。

专用通信系统由枢纽主系统和车展分系统两级结构组成，以2M的数字通道传输设备实现可靠的连接，实现功能业务的有效集成和综合，保障业务功能的有效发挥，保障列车运行的安全性及可靠性。

（四）公务电话子系统设计

公务电话子系统适用于在建线路一期工程内部各部门间的电话联系，服务范围覆盖控制中心、车站、车辆段、公安派出所及沿线区间风井等。公务电话系统采用数字程控交换机组网技术，连接相应城市的公用电话网，向轨道交通的用户提供内部交互及国内、国际长途和传真、数据等多种电信业务服务。确保其设计满足高可靠性及稳定性是本系统的关键内容。

（五）视频监控子系统设计

视频监控系统是轨道交通运营管理现代化的配套设备，包括运营视频监控系统和公安视频监控系统两个独立的系统，为控制指挥中心的调度员和车站值班员监视列车运行、掌握客流大小和流向及车站状况提供信息支持，可以提高行车指挥透明度，是列车司机在车站停车后监视旅客上下车、掌握开关车门时间的重要手段。

公安通信视频监视系统通过设置在现场的摄像机，对地铁各车站重要区域旅客流动及治安情况进行实时监控，及时发现、震慑和打击违法犯罪行为，为查缉破案提供录像取证。

在车站发生火灾及其他险情时，电视监视系统可作为防灾调度员指挥抢险的指挥工具。各站摄像头图像经前端转换盒处理后，在字符时间发生分配器对图像进行站名、地理信息、时间信息的字符异加，之后经过画面合成后进入视频矩阵，可以通过车站车控室的监视器调用，同时输入硬盘录像机进行存储。在车控室或警务室设置控制键盘和监视器，以满足车控室或警务室的调用图像要求。

（六）广播子系统

广播子系统为中心调度员、车站值班员提供对相应区域进行有线广播，并实现事故抢险、组织指挥和疏导乘客安全撤离时的中心防灾广播。车站广播系统供控制中心调度长、列调、环控(防灾)及各车站值班员使用，为乘客播放列车到发信息、安全提示和导向，以及向工作人员播发通知等。在紧急情况下控制中心广播系统人工切换至环控(防灾)调度员控制，车站广播系统人工切换为消防广播，引导站内人员疏散。

四、环境与设备监控(BAS)系统

2003年5月，国家质量监督检验检疫总局和建设部，联合发布了国家标准《地铁设计规范》(GB 50157—2003)，标准中正式将其定义为："是对地铁建筑物内的环境与空气条件、通风、给排水、照明、乘客导向、自动扶梯及电梯、屏蔽门、防淹门等建筑设备和系统进行集中监视、控制和管理的系统"。为了叙述上的方便，并区别一般的智能建筑领域的建筑设备自动化系统，将城市轨道交通环境与设备监控系统称为"BAS系统"，而智能建筑自动系统为"BA系统"，如无特殊说明，后续"BAS"一词专指城市轨道交通环境与设备监控系统。

BAS系统提供与通风空调系统、火灾自动报警系统、给排水及消防、动力照明、电梯等机电系统接口，以监控各设备的运行状态及提供故障报警。

BAS系统除负责日常的机电设备运营管理外，还担负着火灾时的防排烟控制任务。防排烟与送排风系统共享的风机和风阀均由BAS直接控制，执行正常和救灾两套运行模式。在非灾害的情况下。BAS系统对环控系统进行全面、有效的自动化监控及管理，调控环境舒适度及节能管理；发生灾害时，BAS系统根据火灾自动报警系统信息，控制车站设备在灾害模式下运行。车站发生火灾时，火灾自动报警系统(FAS)发出指令，BAS接受并执行，将某些送排风运行模式转换为防排烟运行模式，在BAS维护工作站的人机界面(MMI)图面上显示防排烟运行模式的执行状态。

BAS系统由中央级监控、车站级监控系统以及就地级监控(包括IBP后备盘)以及将它们连接的BAS监控网组成。为避免中央控制和车站控制同时操作同一对象而引起冲突，在操作员站有"运行控制中心/车站控制"选择开关。当开关在运行控制中心位置时，运行控制中心的操作员站可操作。当开关在车站位置时，车站控制操作员可操作。如BAS系统结构为无中心功能，则中央级监控及IBP盘为综合监控系统设置。

1. 中央控制

中央控制装置设在中央控制中心，可对地铁线路的隧道通风系统进行监控。执行隧道通风系统预定的运行模式或向车站下达各种隧道通风系统运行模式指令；同时还能对全线车站通风空调系统进行监视，向车站下达各种大小系统和水系统运行模式指令。中央BAS监控系统由OCC冗余实时服务器、冗余历史服务器、操作员工作站、网络通信设备等部分组成，用于监视全线各个车站机电设备系统的运行状态，完成中央级的操作控制功能。

2. 车站控制

车站控制室配置车站级工作站，在正常情况下可监视车站所管辖范围内的隧道通风系统、车站大小系统和水系统，向中央控制室传送信息，同时可执行中央控制室下达的各项运行模式指令；在紧急情况和控制中心授权下，车站级工作站为车站应急指挥中心，能根据实际情况将车站大小系统转入紧急运行模式和执行控制中心下达的区间隧道紧急运行模式；当车站工作站出现故障时，在 IBP 后备盘上可以执行下达的所有紧急模式运行指令。

车站级 BAS 监控系统由车站 BAS 总线网络、冗余控制器、RI/O、UPS、BAS 工程师站等部分组成，用于监视车站机电设备系统的运行状态，完成车站级的操作控制功能。

3. 就地控制

就地控制设备包括就地控制柜（箱）和传感器等，主要设置在各车站环控电控室等位置，其具有单台设备就地控制功能，以方便设备的调试、检查和维修。就地控制具有优先权。

4. BAS 系统网络构成

车站 BAS 控制网采用二层布置：第一层冗余双环型总线结构，实现 PLC 间数据信息的传输，网络具备高度实时性，网络的刷新时间、数据的传送时间是有保证的。网络支持主从、对等等多种灵活的数据通信结构，网络节点具备两个冗余通信通道，在其中一个通道发生故障时，能够自动切换到另外一个通道，不需要应用软件协助，符合 IEEE802.3 标准，支持 TCP/IP 协议。网络发生故障后重新配置网络时间不超过 0.1s。网络拥有现成的、灵活的网络组态工具和强大的网络诊断功能。第二层现场工业设备级网络为双总线现场工业设备级网络（如工业总线），担负控制器与现场远程 I/O 站间的数据交换。

五、自动售检票（AFC）系统

AFC 系统是基于计算机技术、网络技术、自动控制技术等技术能够实现购票、检票、计费、收费、统计全过程的自动化系统，是城市轨道交通运营企业实现票务管理自动化的重要了系统。随着轨道交通在城市公共出行中发挥越来越重要的作用，客流量持续不断的攀升，传统的人工售检票模式已越来越不适应新形势下城市轨道交通运营的实际需要。AFC 系统优点明显，解决了许多人工方式下无法消除的顽疾，引入 AFC 系统进行替代已成为国内外各轨道交通运营企业的共识。AFC 系统在城市轨道交通中的应用，为轨道交通运营企业奠定了现代化管理的基础，这是城市轨道交通发展的必经之路，也是社会发展的必然选择。

轨道交通 AFC 系统是涉及多个通信及数据处理节点的、网络化的信息传输处理系统，AFC 系统网络一般采用五层架构，根据功能从上到下依次划分为：清分清算系统层（ACC）、线路中央系统层（LC）、车站系统层（SC）、车站终端设备层、车票层。各层通过互联网连接，进行数据的采集处理。

（一）清分结算系统层（ACC）

ACC 系统在轨道交通各条线路中央、系统之上，服务于整个网络。统一 AFC 系统内部的各种运行参数，实现轨道交通路网内各运营商与 AFC 系统相关的统一业务协调及系统和安全管理，收集 AFC 系统产生的交易和审计数据并进行数据清分和对账以及与城市一卡通等其他清分中央、系统的对接。ACC 系统层规定了对车票管理、票务管理、运营管理和系统维护管理的技术要求。

该系统是城市轨道交通网络化运营条件下 AFC 系统的管理中屯，主要完成账务清分、数据管理、客流分析、运营参数管理、安全管理、票卡发行、票务管理、系统监控、公共信息发布及与外部系统互连等功能，可适应多线路 AFC 系统联网运营模式。该系统通常包括通信前置子系统、清分管理子系统、票务管理子系统、运营管理子系统、安全管理子系统、票卡发行子系统、信息管理子系统、系统管理子系统、测试培训子系统、决策支持子系统和异地义备系统等组成。ACC 系统还负责与轨道交通外的系统(如公共交通卡清算中屯、银行卡交换中屯、等)进行互联和数据交换。ACC 系统是整个 AFC 系统中功能最复杂，数据处理要求和安全性要求最高的系统，技术实施难度很高。一般而言，每个城市的轨道交通都会建设一个轨道交通票务清分系统。

其主要功能有：AFC 系统内轨道交通专用票及一卡通的运营管理及票务管理；AFC 系统与一卡通系统的清算、对账、各线间的清算；轨道交通专用票卡的发行管理；各线路中央系统(LC)的接入及各 LC 之间的信息交换；AFC 系统的密钥管理；AFC 系统整体与外部系统之间的交互及对外的信息服务。

(二) 线路中央系统层(LC)

LC 负责线路 AFC 系统整体与 ACC 系统进行交互，负责管理线路系统运营，管理线路内各车站系统，实现线路 AFC 系统的运营管理。LC 是线路 AFC 系统的运营管理中心和票务交易数据存储、管理和分析中心，用于监控和管理线路 AFC 系统的运营和各种业务报表处理。LC 系统可接收 ACC 系统下发的运营参数并下发至 SC 系统，同时接收 SC 上传的各类交易和管理数据，并按照 ACC 系统的要求上传。LC 系统层规定了对该线路的车票票务管理、运营管理及系统维护的技术要求。

一般而言，每条城市轨道交通线路都会设置一套线路中央计算机系统。

其主要功能有：LC 接受 ACC 系统指令，从 ACC 下载票务运营参数，结合线路运营管理需要定义 AFC 系统参数将其下发给 SC 使用，实现所辖线路的运营管理；LC 将 ACC 要求的交易数据传送给 ACC，与 ACC 进行清算对账，实现所辖线路的票务管理；LC 接收 SC 上传的数据，进行数据处理；LC 接收 SC 传输的各类状态，进行运营监控，实现所辖线路的设备管理及维修维护管理；LC 通过权限管理控制各站内人员对功能的访问，记录各类操作情况(功能包括：权限管理、运营管理、收益管理、参数管理、数据管理、报表管理)；当发生与 ACC 的通信故障等必须由线路独立运行时，独立管理所监控线路系统的运行。

(三) 车站系统层(SC)

SC 主要对车站终端设备层进行状态监控，表示出终端设备最新的状态变化，以及收集本站产生的交易和审计数据。SC 系统层规定了系统的数据管理、运营管理及系统维护管理的技术要求。SC 用于接收 LC 下达的运行和票务参数并下传给各终端设备、接收终端设备上传的票务交易数据等并转发给 LC，负责车站终端设备的监控和管理。一般而言，每个城市轨道交通车站都会设置一套车站计算机系统。

其主要功能有：接受 LC 的系统指令，实现车站内的运营管理、票务管理、设备监视和维修维护管理。接收 LC 下发的 AFC 参数，并下发给终端设备；接收终端设备发送的数据，并转发给 LC；接收终端设备发送的状态及运营数据，监视车站运营，实现终端设备的控制和现场管理。当发生与 LC 的通信故障等必须由车站独立运行时，独立管理所监控系统的运行。

(四) 车站终端设备层

AFC 系统的服务功能主要是通过终端设备来进行完成的，终端设备是直接为乘客提供售检票服务的设备，各种 AFC 操作终端，如自动售票机(TVM)、半自动售票机(BOM)、自动检票机(AG)等、票房售(补)票机、自动加值(查询)机等，用于对乘客提供各类售检票服务。车站终端设备安装在轨道交通各车站的展厅层内，通过车站网络连接到 SC 系统。车站终端设备一般同时支持联网和脱机两种工作模式，各种终端设备均包含主控单元、输入输出设备及读写部件等。车站终端设备层规定了车站终端设备及其运营管理的技术要求。

TVM 的结构比较复杂，设计难度高，是 AFC 设备中复杂程度最高的设备。在自动售票机产品中，车票发售处理单元、读写器和现金处理设备均属于专用的核心模块或部件。

BOM 是以工业计算机为核心的综合票务处理终端，主要部件还包括读写器、车票发售处理模块、乘客显示器、打印机、UPS 等。

AG 是 AFC 系统中的基本设备，安装在车站付费区与非付费区的分界处，用于完成对乘客所持车票的自动检票操作。AG 按照功能的不同可分为进站检票机、出站检票机和双向检票机 3 类。根据阻挡装置的不同又可分为口式自动检票机和三杆式自动检票机。核心模块或部件是读写器、车票处理回收单元和阻挡装置。

AFC 终端设备的主要功能有：实现票卡的发售及查检功能；接收 SC 下发的 AFC 参数并执行；生成交易数据并上传至 SC；将其他需要上传的数据上传至 SC；将设备自身状态上传至 SC；当发生与 SC 的通信故障等必须独立运行时，进行孤岛运行。

(五) 车票层

车票作为乘客乘坐轨道交通费用支付和 AFC 系统基础数据采集的媒介，是票值、进出站等信息的物理载体。AFC 系统的所有功能，都是围绕车票来展开的，轨道交通常用的车票种类有单程票、储值票、出站票、乘次票、优惠票、纪念票、员工票、测试票等。车票层规定了在轨道交通线路中使用的票卡类型的物理电气特性、应用文件组织以及安全机制等技术要求。车票与终端设备配合使用实现自动售检票功能。

六、电力监控(SCADA)系统

电力监控系统又称 SCADA 系统，是保证在监控中心对供电系统中的主要变电所、牵引变电所及降压变电所的供电设备及接触网电动隔离开关的运动状态进行监视、控制及数据采集的系统。其具有以下功能：①控制功能，对各变电所进行遥控；②遥测功能，对各变电所的主要参数量值进行遥测；③遥信功能，各变电所的实时信息显示在模拟屏上；④自检功能，能够对事故进行追忆，对自身故障进行自检和巡检；⑤培训功能，为调度员及操作人员提供培训材料。

第十章 城市轨道交通工程建设管理

第一节 城市轨道交通工程建设管理机制与模式

一、城市轨道交通建设管理机制

（一）轨道交通建设管理机制含义

所谓轨道交通建设管理机制，是指与轨道交通相关的建设管理活动的内在工作方式，包括建设管理结构组成部分的相互关系，以及其间相互作用传导方式与约束条件。因此，轨道交通建设管理机制不仅仅包含建设管理体制问题，而且涵盖轨道交通建设管理的所有方面。一个有效的管理机制要求在宏观、中观和微观各层面上的管理活动全方位达到良性互动、协调统一、高效运行，而不是互相抵触或各行其是。

（二）轨道交通建设管理机制研究的意义

1. 进一步深化轨道交通建设管理体制改革

随着轨道交通建设规模不断扩大，轨道交通建设任务日益繁重，不仅需要拓展投融资渠道，而且需要有高效、有序、可控的管理体制规范轨道交通建设管理，保证轨道交通建设安全可控，促进轨道交通建设顺利开展。一个适合轨道交通建设发展的管理体制应该是避免出现管理重叠和管理空白，适应轨道交通项目建设的特点，能够有效管理轨道交通建设涉及的规划、用地、投资、建设等各环节。

2. 有效建立线网规划与用地控制规划良性互动

随着我国轨道交通建设规模不断发展，更加凸显了城市空间发展、土地开发利用、轨道交通规划三者之间的相互协同的重要性。土地控制性规划与线网规划紧密联系，相互制约。轨道交通项目建设实施前需要与土地利用规划进行有效的互动。线网规划成果需要土地规划进一步深化，同时，线网规划对土地规划具有一定的引领作用；土地控制性规划能够保证轨道交通项目的线路、车站、车辆场段、风亭等附属设施未来的建设用地条件。

3. 探索更加高效的征地拆迁规划管理

轨道交通工程建设受征地拆迁影响很大，地铁的功能拆迁范围与各区的规划拆迁意图需经过多轮对接才能最终确定“双赢”的拆迁方案；拆迁过程中一旦遇到阻力，通过司法程序解决需要很长时间才能最后执行拆迁，极大影响地铁建设进程。

二、城市轨道交通工程建设管理模式

（一）按建设规模分类

轨道交通工程属于特大型工程项目，是一项十分复杂的综合系统工程。一条线路的多个标段(项目)构成一个项目群，多条线路构成多个项目群。它需要多工种、多专业、多单位、多部门的密切合作，协同作战，需要建设单位组织实施科学、高效、及时的项目群管理。根据建设规模的不同分别采用一般项目管理模式和项目群的集成式管理模式。

1. 一般项目管理模式

轨道交通工程建设管理一般以施工现场为中心，以建设单位为主体，以咨询、监理为中介，建设单位向所在城市政府负责，勘察、设计，施工、监测、检测，材料物资供应等承建单位通过投标方式承担工程建设任务。建设单位与审图、咨询、监理、勘察、设计、施工、监测，检测、供应商之间的关系都是合同关系，建设单位依据合同对上述单位进行履约管理。一般轨道交通工程建设管理模式如图 10-1 所示。

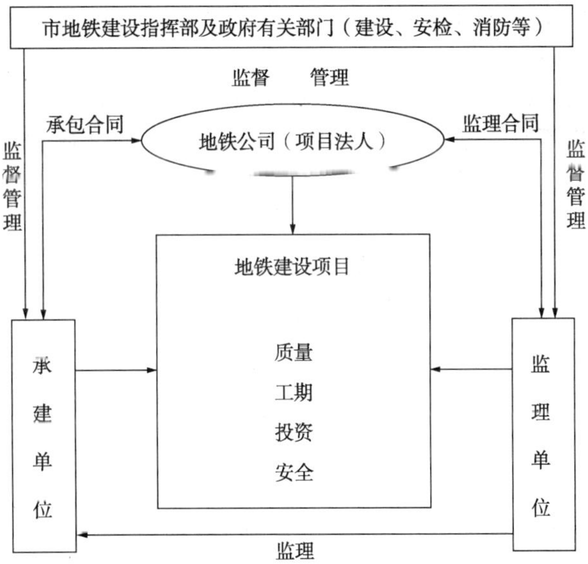

图 10-1　一般轨道交通工程建设管理模式

在工程建设过程中的基本做法：①工程设计一般采用设计单位总体总包，勘察设计与工点施工图设计相结合的模式，由业主委托总体设计单位进行前期的各项工作，并在相应阶段进行踏勘、初勘、详勘、总体设计、初步设计、施工图设计，以及委托勘察设计图审查单位进行勘察及施工图审查。总体设计单位建筑师、咨询工程师与承包商没有合同关系，但承担业主委托的管理和协调工作。②在设计阶段即可进行施工招标文件准备，随后进行招标，选择监理单位及承包商，工程监理一般将土建工程监理和车辆及机电设备系统监理分开，采用总分包模式或平行承包模式。在施工、设备材料采购方面，较多的地铁工程采取平行承包合同模式。③受建设单位委托的第三方监测、检测和测量中心机构，根据国家规定和合同约定承担相应检测、监测及相关专业的管理工作。④业主单位一般指派业主代表与咨询方、承包商联系，负责相关的项目管理工作，委托政府进行质量安全监督工作。

2. 项目群的集成式管理

随着越来越多的城市轨道交通工程建设单位同期进行多条线路的建设、运营，业内人士在不断探索符合我国国情的基于多项目群理论的工程项目管理模式，构建有利于工程参与各方之间的信息沟通和交流平台，即集成式多项目群管理团队(IPMT)。典型的轨道交通工程建设集成式多项目管理(IPM)模式的总体组织架构。各层次的集成式多项目群管理团队(IPMT)是以业主为核心，以专业咨询机构(如社会专业的项目管理团队)为支撑，以项目为导向的网络式组织，作为"加强型业主"对工程进行全过程、全方位管理。这种模式能使集成式多项目群管理团队(IPMT)在轨道交通工程多项目群建设管理中高效地发挥作用，实现项目群及项目之间的并行与协调，使得并行的工作模式能够顺利有效地进行。

(二) 按建设运行模式分类

城市轨道交通是准公共产品，有很强的公益性，决定了其不可能作为商业产品，通过市场竞争获得资金来源和健康发展，政府通常要参与地铁的投融资和经营活动。根据政府参与程度、参与方式的不同，轨道交通工程管理可分为以下几种模式：国有国营、国有民营、公私合营、民有民营。

自20世纪80年代开始，我国工程建设领域逐步加大对外开放力度，40年来各种投融资模式及管理模式层出不穷，国家也在不断地完善和总结工程项目建设的运行模式，使基本建设趋于多元化、规范化、市场化。目前主要有传统模式，代建模式、BT(Build-Transfer，即"建设-移交")模式，BOT(Build-Operate-Transfer，即"建设-经营-转让")模式，PPP(Public-Private-Partnerships，即"公共部门-私人企业-合作")模式。而一个项目也会根据需要分段、分专业按不同管理模式进行管理。

1. 传统模式

传统模式属于一种典型的业主管理性质，也是一种最为基本的承发包模式，其管理内容见上文的"一般项目管理模式"。

2. 代建制

代建制(Design-Build，即"设计-建造"，简称DB模式)：是指由业主选定一家专业机构作为承包机构，根据合同约定由其负责工程项目或部分(子)单位工程的施工图设计、施工、安装全过程的总承包。因城市轨道交通工程建设的系统性，工程建设的代建一般从工程立项及总体设计完成后或施工图完成后开始。这一模式的基本做法是：①工程设计一般采用设计单位总体总包勘察设计与工程施工图设计相结合的模式，由业主委托总体设计单位进行前期的各项工作，待项目评估立项后再进行踏勘、初勘、详勘、总体设计，初步设计，委托施工图审查。总体设计单位建筑师、咨询工程师与承包商没有合同关系，但承担业主委托的管理和协调工作。②专业承包机构根据合同约定进行代建工作，负责施工用地的拆迁、协调，委托施工图设计。③专业承包机构后续过程对施工、监理、检测等单位的管理及质量安全监督的委托工作同一般项目管理的相关要求。④按合同要求完成相关内容后，移交给业主单位。代建机构不承担资金投融资工作，倚重的是发挥其比较优势的专业特长。

3. BT 模式、BOT 模式、PPP 模式

（1）BT、BOT、PPP 这三种模式是包含相关机构按合同约定投融资并参与项目建设、经营等内容的建设管理模式，其中 BT 模式项目由 BT 民营资本项目机构按合同约定建设完成后即移交给业主单位，目前国家已限制此类项目。BOT 模式项目由 BOT 民营资本项目机构按合同约定建设完成后进行一段时间的经营再移交给业主单位。PPP 模式项目由政府投资和民营资本加入组成项目机构并按合同约定建设完成后进行一段时间的经营再移交（或直接移交）给业主单位。这三种模式的资金将通过政府回购、用地补偿、运营等方式进行偿还。

（2）业主单位和项目承包机构在建设过程中按合同约定分工完成总体设计、初步设计、施工图设计、施工图审查、监理、施工、检测、监测、测量等单位的招标及过程管理工作，项目承包机构完成委托的工程质量安全监督工作。

三、轨道交通建设管理机制的优化

1. 完善城市轨道交通建设领导体制和协调机制

轨道交通建设工程投资巨大，涉及范围广，从线网规划、项目投融资、征地拆迁等各个阶段需要整合社会公共管理资源，调动各方经济力量，发挥全市合力。就目前发展阶段，企业难以发挥这样的作用，政府要在轨道交通建设中发挥主导地位，成立由政府担任领导的轨道交通工程建设指挥部来引领和推进轨道交通建设，可以在轨道交通网络规划方面得到政府的有效指导，在项目投融资、土地划拨、进行物业开发等方面得到政府的有力支持。

由政府担任领导的轨道交通指挥部应该是一个组织领导机构，能够充分发挥政府的引导功能，实现对轨道交通建设的强有力领导。有效行使政府的领导权和决策权，利用有效的考核机制，发挥有力的监督效力，调节利益分配机制，具有协调力度大、沟通顺畅、执行力强等特点，可以有效衔接全市各有关部门，及时沟通协调解决轨道交通建设过程中遇到的重大问题、化解建设过程中产生的社会矛盾。

2. 健全轨道交通建设运营投融资管理

公共经济学依据社会生产消费品的生产、消费、效用等方面的特点，将其分成公共物品、准公共物品和私人物品三种类型。城市轨道交通属于准公共产品。准公共产品完全由市场进行资源配置的体制或完全由政府计划控制的体制都不能适应。需要在政府的引导和组织下，制定理想的融资模式，资金筹措实行多元化，建立良好的回报机制。同时在保证建设运营安全的前提下，按照注重实用、满足使用的原则，建立激励约束机制，实施全过程投资控制。城市轨道交通企业作为政府授权经营的独立法人实体，全面负责地铁投融资、建设、运营以及资源开发，对国有资产负有保值增值的责任。既要承担城市轨道交通建设重责，不断提升运营服务水平，又要优化资源配置，创新资源开发经营模式，提高资源开发投资回报。

3. 强化轨道交通建设规划和用地控制规划

城市轨道交通是现代化大都市公共交通的骨干，要发挥城市轨道交通线网的公共交通骨干作用，必须科学制定轨道交通线网规划。将城市轨道交通规划融入到城市总体规划当中去，做深规划研究，树立系统思维，坚持整体谋划，用经营城市的理念推进城市轨道交

通建设，通过轨道交通建设引领城市建设发展。轨道交通线网规划是轨道交通建设最基本的原形和框架，必须与城市区域功能定位相一致，以实际客流数据为依据，具有前瞻性，符合城市的未来发展规划，对实现城市未来规划起到引领作用。线网规划一经确定就应该稳定，能够经得起时间的检验。线网规划具有很强的综合性，应符合城市规划以及城市交通规划。既要解决当前交通客流存在的问题，又要结合城市规划适应城市未来的发展。

4. 加强城市轨道交通建设管理

(1) 优化项目审批服务。市级相关部门要积极参与轨道交通工程的设计审查，对于完成初步设计审批(或审查)的项目，具备条件的工程点位或部位(不涉及集体土地、新增建设用地)，在建设单位承诺所有工程在竣工验收前完成全部审批手续的前提下，可先行出具规划设计方案审查意见函、用地审查意见函、建设项目施工登记函等，保障项目建设依法进行，相关部门可根据轨道交通工程实际，落实项目分段分块许可，并将配线段上方开发区域配套设施纳入项目同步审批。

(2) 规范土地房屋征拆安置政策。在项目可行性研究阶段要充分考虑土地房屋征收工作的可行性，充分进行经济社会效益评价分析，坚持权责对应的原则，可以由沿线各区政府负责本区域内城市轨道交通项目征迁安置工作，并承担征迁安置部分资金。建立城市轨道交通工程建设指挥部，负责按进度下达征迁目标任务、组织征迁考核与验收。相关主管部门加强对具体拆迁安置工作的指导和协调。城市轨道交通建设涉及的土地和房屋征收、征借决定由各区政府(管委会)发布，按市统一征收政策和奖励政策执行。

5. 优化城市轨道交通项目管理模式

(1) 广泛采用工程总承包建设模式。轨道交通项目工程造价高，投资大。采用工程总承包建设模式，可以有效降低工程造价，满足业主对项目整体管理的需求，是目前我国所广泛采用的项目管理模式，符合与国际接轨的需要，已成为项目管理发展的必然趋势。为保证轨道交通建设可持续发展，应逐步推广采用工程总承包建设模式。

(2) 积极推行“PPP+EPC”模式。近年来，为有效减轻财政负担，转变政府职能，促进轨道交通建设投资主体的多元化，国家积极推广在轨道交通建设中采用 PPP 融资模式。在当前 PPP 模式不断深入应用的背景下，工程建设领域出现了“PPP+EPC”的建设模式。PPP 与 EPC 模式相结合，发挥彼此在工程领域的优势，迎合了当前城市对于轨道交通供给的需求。

第二节　城市轨道交通工程建设管理策略

目前，我国城市轨道交通建设工程的施工条件较为复杂，普遍存在建筑物和构筑物种类繁多、地下管线数量多、交通项目结构形式复杂等问题，使城市轨道交通建设难度增大。对其进行有效的风险控制，全面提高城市轨道交通建设工程的管理水平刻不容缓。

城市轨道交通建设工程是一项系统性较强的建设工程，其建设周期长、建设量大，且需要多专业、工种相互配合才可顺利完成工程。为提高城市轨道交通建设工程的管理水平，在施工期间须积极引入国内外先进的施工技术，同时对各环节的工序进行有效监督，采取有效措施控制施工风险，加大对城市轨道交通建设工程的管理力度，保证城市轨道交通建设工程保质保量按时完成。

一、增强管理意识

城市轨道交通建设工程管理者应增强自身的管理意识，通过参加培训和进修，充实建设工程管理理论知识，完善管理方法，树立正确的管理观念，针对城市轨道交通建设工程实施过程中出现的问题，制订出针对性较强的管理方案，尤其是在安全管理、质量管理等方面的管理方案。只有重视建设工程管理工作，才可从根本上提高城市轨道交通建设工程的质量，促进我国建设工程管理工作的完善和发展。建设单位应定期为建设队伍和施工队伍工作人员组织专业的培训，为提高工作人员专业素质打下基础。通过考核可帮助工作人员增强自身的专业知识，增强其社会责任感。长期采取这一措施，可培育一支优秀、专业的建设队伍和施工队伍，为建筑企业和施工队伍带来长远的经济利益和社会利益。

二、宣传交通疏解

在轨道交通施工期间，工地附近居民的生活将受到一定影响，突出表现为市民的交通出行问题。因此，需要对轨道交通工程建设意义以及交通疏解方案的具体内容进行大力的宣传，如在开始施工前，可在施工场地的周边设置标志和宣传栏，让居民能够提前做好交通疏解的准备，同时还可通过网络、电视新闻等方式，引起市民的注意。做好轨道交通疏解工作不仅能让市民更好地理解和支持轨道交通的建设，还可让施工对城市交通秩序的影响得到缓解。

三、建立健全质量管理体制

轨道交通是典型的技术密集型和资本密集型的产业，在轨道交通的建设过程当中，牵扯到的单位和部门相对来说较多，如勘察单位和建设单位等，只有让各部门落实各自的职责，才可让轨道交通安全有序的完成得到有效的保证。同时，轨道交通具有一定的营利性和公益性，故需要政府对其给予政策和经济上的支持。目前，我国的轨道交通的技术规范跟民用建筑相比，在全面性和准确性上还存在着一定的差距，故需要政府建立健全的法律和法规，使轨道交通的质量安全监督管理工作和总体协调能够做好，设置安全质量管理机构，安排高质量的安全管理人员；采取相关措施，让地下管线、周边环境、构筑物、建筑物及地面交通的安全得到有效的保证。在各个阶段对设计文件进行勘察时，须要保证资料齐全，让建筑工程规划、设计、选址和施工的需要得到满足。

四、落实建设施工主体的职责

城市轨道交通建设的工程管理所涉及主要内容为管理城市交通建设中的每一过程，包括电器施工部分、土建施工部分以及设备安装部分。施工单位要建立和完善安全质量管理体系，按照相关的法律法规对安全质量管理机构进行设置，配备足够的符合要求的管理人员，成立工程施工项目经理部，实行项目经理负责制，随后根据每个项目经理部的不同职责，对管理体系进行组建。项目经理须有足够的相关工程管理经验，在选定项目经理之后，不得随意更换，并实行领导带班制度。

五、完善监理检查机制

由于城市轨道交通工程涉及的环节比较多，整体工程是比较复杂的，项目投资也比较大，同时，我国的城市轨道交通工程质量安全防范措施尚未得到完善，因此要对轨道交通工程质量的管理检查工作给予高度的重视，并完善监理检查机制。建设单位应根据相关的法律和法规，对城市轨道交通工程施工质量监理工作进行进一步加强。相关部门还需要对城市轨道交通建设工程进行全面的管理和监督，定期到施工场地进行考察和检查。工程项目监理部门应该配备高素质的监理人员，与技术难度和工程项目的规模相适应，建立安全质量监控责任制，对监理人员安全质量监理职责进行进一步的落实。在城市轨道交通的施工过程当中，要对现场巡视检查进行加强，若发现有质量安全隐患，应督促施工单位，及时整改。从事第三方检测业务的工程监测单位必须根据有关资料编制第三方监测方案，并将监测报告及时提供给监理、设计以及建设单位。

六、建立风险点动态管理档案

为城市轨道交通建设工程建立风险点动态管理档案，其目的是为了确保城市轨道交通建设工程的施工过程和后期的使用过程风险发生几率保持在可控范围内，一旦出现风险，相关的政府部门和管理人员也能及时根据风险的实际情况采取有效的解决措施，减少甚至消除风险出现所带来的负面影响。一般的风险点动态管理档案包括了编制应急预案和重大风险点预防控制方案，其中包括不同施工阶段重大风险点的识别、应急预案、专项预案、组织机构、执行程序及物资设备情况、相关人员和单位的联系方式等，建立科学、合理的风险点动态管理档案能够有效减轻风险所带来的负面影响。

第三节　BIM 技术在城市轨道交通建设管理的应用

一、城市轨道交通建设项目 BIM 技术应用目标

1. 总体目标

结合项目的基本概况、功能定位，为更好地开展项目管理工作，达到项目设定的安全、质量、进度、投资等各项管理最终最佳目标，实现项目数字化管理，达到建设过程精细化管理深度等方面的目标。

2. 具体目标

（1）碰撞检查，减少返工。对机电管线结合建筑、结构模型，对平、立面布置进行碰撞检查，查找碰撞点，并根据碰撞情况及空间位置要求进行合理优化，提前解决设计问题，减少返工量。

（2）虚拟施工，有效协同。通过三维建模进行漫游以及施工模拟，验证施工组织设计及施工专项方案的可行性，完善施工方案，优化资源配置。

（3）过程监控，高效管控。通过协同管理平台，及时提供工程现场图片信息的数据存

储，并生成各类质量、安全管理实践，对各类现场实际进展情况实现模型化展示及管理跟踪，实现施工过程中质量、安全的管理。

(4) 快速算量，精度提升。利用 BIM 模型，快速生成工程量，为工程结算提供数据参考，有效控制工程成本。

(5) 数据调用，决策支持。统一 BIM 数据格式，实现 BIM 可视化及协同性，实现数据的共享及管理，让施工管理数字化、可视化。

(6) 添加信息，辅助运维。在工程建设过程中收集和导入各类设备及构件的信息，并在工程竣工时提供最终的竣工模型，内含建筑物中的各节点信息，为将来运营维护阶段的信息化管理提供数字化基础。

二、BIM 技术优势

对 BIM 技术优势的分析，可使管理人员逐步明确 BIM 技术在城市轨道交通工程中应用的可行性与必然性，为后续 BIM 技术在城市轨道交通工程管理实践环节中的应用奠定坚实的基础。

BIM 技术是一种技术成熟的建筑信息模型，通过对建筑工程项目各类资源的有效整合，以及仿真模拟的方式，将建筑结构以动态化、立体化的方式呈现出来。随着应用经验的积累，BIM 技术被广泛应用于建筑项目设计、施工、维护等诸多领域，形成了建筑工程项目不同领域之间资源共享的局面，保证了相关工作的成效。利用 BIM 技术形成的建筑模型涵盖了建筑项目的全部信息，方便对相关信息的获取、整合以及修改，无疑能够增强城市轨道交通工程的动态化管理，可有效应对外部因素对于施工活动的干扰，保证管理工作的灵活性。BIM 技术具备较强的数据统计、分析以及运算能力，能够对项目所需的材料、设备、人员以及施工周期进行科学预估，为管理人员开展相关工作提供可靠的数据参考，避免管理工作的盲目性。同时 BIM 技术以计算机技术为载体，实现了建筑方案、施工进度的三维展现，为管理人员提供了更为直观的管理信息，并且 BIM 技术打破了原有的信息壁垒，不同部门的施工信息通过建筑模型得以快速交互，管理人员可以依托这种信息共享能力，进行不同施工环节的联动化管理，打造施工质量、施工进度、施工进度的集约化管控，在保证城市轨道交通工程管理质量的同时，降低了管理成本，避免了额外费用的产生。

三、BIM 技术在城市轨道交通工程管理中的应用策略

（一）BIM 技术在城市轨道交通工程施工进度管理中的应用

BIM 技术在城市轨道交通工程施工进度管理环节的合理化应用，要求管理人员率先掌握 BIM 技术在施工进度计划编制、施工进度控制、施工现场管理方面的技术优势以及基本要求，在此基础上，结合城市轨道交通工程的实际，认真做好施工进度的编制工作。例如，管理人员通过技术交底，对城市轨道交通线路进行合理的区域划分，通过 BIM 技术对区域内施工工程量进行计算，并从整体工程施工建设的角度出发，确定不同路段开工建设的时间以及施工时限，并在此基础上完成对施工计划的编制。在编制施工计划后，工作人员把 BIM 技术反馈的施工进度情况与编制的施工计划进行对比，实现对施工进度的纠正与管控，可以快速发现延缓施工进度的因素，并通过 BIM 技术的内部信息共享机制，将相关情况及

时反馈给相关施工部门，施工部门接收到信号后制订相应施工方案，实现施工进度问题的科学处理，较好地满足了现阶段城市轨道交通施工进度管理的相关要求。

（二）BIM 技术在城市轨道交通工程施工成本管理中的应用

管理人员在利用 BIM 技术进行城市轨道工程建模过程中，可以根据需要对工程量进行计算。对于工程量的精准计算，有助于管理人员结合价格因素估算整个城市轨道交通工程施工的成本投入情况，实现了对施工成本的总量管理。同时通过创建模型，管理人员能够将施工过程中使用的相关建筑材料进行参数化处理，在成本管理过程中，通过对成本信息的录入以及调整，管理人员可以实现对城市交通轨道工程成本的动态化管理，大大降低成本管理难度。

（三）BIM 技术在城市轨道交通工程施工质量管理中的应用

BIM 技术通过四维模型的合理化使用，能够最大程度地保证城市轨道交通工程施工质量管理水平，防范各类质量问题的出现。管理人员在施工资料管理阶段，可以根据施工单位反馈的各类信息实时进行轨道交通思维模型的更新，在更新过程中，不仅能够掌握相关施工环节的进度情况，还能够评估施工活动与周围环境之间的关系，实现对施工风险的科学评估。城市轨道交通工程在施工过程中极易受到地质环境以及管线环境的影响，如果在施工过程中没有很好地处理轨道交通施工与地质环境、管线环境之间的关系，就会提高城市轨道交通基础设施与原有管线碰撞的概率，造成一定的安全风险。BIM 技术的应用则可有效应对这一问题，工作人员通过 BIM 技术，可以实时掌握施工区域内部管线分布情况以及地形地质特点，在此基础上及时修正施工方案，避免安全事故的发生，保证施工活动的正常进行。同时，BIM 技术能够对施工质量进行实时跟踪，工作人员通过计算机平台将工程的实际施工质量录入模型之中，模型自行将实际施工质量与预期施工质量进行横向对比，如果发现质量问题，可以调取施工信息，快速进行质量问题诱发原因的评估，并进行施工方案的相应调整，以有效解决施工质量问题。

（四）城市轨道交通工程项目 BIM 技术应用案例

对城市轨道交通工程项目 BIM 技术应用案例的分析，有助于相关人员从实践的角度出发，对 BIM 技术应用经验进行必要的总结与梳理，保证 BIM 技术在城市轨道交通工程项目中应用的可行性。

以某城市轨道交通项目为例，为提升工程管理的成效，其将 BIM 技术与轨道交通管理活动有机结合起来，进行施工成本、施工进度以及施工质量的联动管理。在管理过程中，管理人员参与 BIM 技术应用技巧的培训，提升对于 BIM 技术的使用能力，同时依托 BIM 技术建立起信息共享平台，管理人员与施工人员被纳入同一个信息平台之中，便于施工信息与管理要求的交互。通过这种方式，管理人员能够根据获取的施工信息进行 BIM 技术模型的更新，并根据更新后的结果分析、评估施工进度、施工成本、施工质量方面的问题，并将相关问题进行反馈，施工人员在接收到相关反馈信息后，进行相应的问题整改，保证了施工活动有序进行。

第十一章

城市轨道交通工程设计

——以西安市地铁四号线工程为例

西安市地铁四号线南起航天产业基地，北至草滩。线路全长 34. 3km，共设车站 29 座，设航天城车辆段和草滩停车场。线路先后通过了雁塔区、碑林区、新城区以及未央区等 4 个行政区，连通航天产业基地、曲江新区及经开区等 3 个开发区。其建设构建了城市南北向主要客流走廊。2012 年 6 月，四号线试验段(五路口站至大唐芙蓉园站)开工建设。2018 年 2 月 5 日，四号线全线洞通；同年 12 月 26 日，四号线开通运营。

四号线主方向为南北向，线路贯穿西安国家民用航天产业基地、曲江新区、雁塔区、碑林区、明城中心区、未央区、经济技术开发区等。经过的大型客流节点有北客站、大明宫、火车站、大雁塔等。线路由南向北沿航天南路、神舟四路、芙蓉西路、雁塔北路、和平路、解放路、自强东路、太华路、凤城八路、明光路布设。

本次线路研究范围为 4 号线全线，全长 34. 3km，共设 29 座车站，全部采用地下敷设方式。全线设车辆段和停车场各一处，车辆段位于西康高速公路与规划的航天南路立交东北侧，停车场位于草滩尚稷路北侧。

第一节　线路、轨道和限界

一、线路平面

线路的走向以西安市城市轨道交通线网规划及近期建设规划为基础，符合西安市城市总体规划整体布局的要求，满足城市综合交通规划及客流需求，预留城市轨道交通线网规划未来发展、衔接的条件。线路平面尽可能沿城市主干道行进并在道路规划红线范围内布置，站位靠近客流集散点、交通枢纽，并方便与公交及其他交通工具衔接，方便乘客出行，真正体现“以人为本”。线路敷设方案的选择必须符合城市总体规划的要求，根据地形、道路、工程地质、施工方法、地上地下建筑物及其基础结构埋深的情况，从降低工程造价和运营成本、减少对市民生活环境的干扰，保护城市生态环境、合理利用土地资源等方面进行综合比选。地铁 4 号线与其他轨道交通的换乘或衔接方式应在满足功能要求的前提下，综合考虑客流特性、工程实施中的多种因素，合理确定。

区间线路平面按最高行驶速度 80km/h 进行设计，对不同区间的具体地段，采用与行车速度相适应的平面设计标准。

采用明挖法、单洞双线矿山法施工的隧道，其线间距不变的并行地段的平面曲线，宜设计为同心圆。

线路平面的圆曲线半径应因地制宜(主要结合该地段的行车速度)由大到小合理选用。经技术经济比较后方可选用最小曲线半径，小半径曲线宜集中使用。曲线半径宜采用下列数值：3000m、2500m、2000m、1500m、1000m、800m、700m、650m、600m、550m、500m、450m、400m、350m、300m。线路平面最小曲线半径不得小于表 11-1 规定的数值。

表 11-1　最小曲线半径表

项目	最小曲线半径/m		项目	最小曲线半径/m	
	一般	困难		一般	困难
正线	350	300	车场线	110	110
辅助线	200	150	车站	1000	800

线路平面圆曲线与直线间应根据曲线半径、超高设置及设计速度等因素设置三次抛物线型缓和曲线，按表 11-2 规定选用。

表 11-2　缓和曲线长度表

圆曲线半径 R/m	设计速度 V/(km/h)											缓和曲线长度 l
	80	75	70	65	60	55	50	45	40	35	30	
3000	—	—	—	—	—	—	—	—	—	—	—	
2500	20	—	—	—	—	—	—	—	—	—	—	
2000	20	20	—	—	—	—	—	—	—	—	—	
1500	30	25	20	—	—	—	—	—	—	—	—	
1200	35	30	25	20	20	—	—	—	—	—	—	
1000	45	35	30	25	25	20	—	—	—	—	—	
800	55	45	40	35	30	25	20	—	—	—	—	
700	60	50	45	35	30	25	20	20	—	—	—	
650	60	55	45	40	35	30	20	20	—	—	—	
600	70	60	50	45	35	30	20	20	20	—	—	
550	70	65	55	45	40	35	20	20	20	—	—	
500	70	65	60	50	45	35	20	20	20	20	—	
450	70	65	60	55	50	40	25	20	20	20	—	
400		65	60	60	55	45	25	20	20	20	—	
350			60	60	60	50	30	25	20	20	20	
300				60	60	60	35	30	25	20	20	
250					60	60	40	35	30	20	20	
200						60	40	40	35	25	20	
150								40	40	35	25	

车站站台宜设在直线上，并且曲线引起的建筑限界加宽不宜进入有效站台范围内，特殊困难地段可设置在曲线上，其站台有效计算长度范围的线路曲线最小半径不宜小于1000m，困难条件下不得小于800m。

折返线、停车线等宜设在直线上，有效长度应根据发车间隔、信号设置、列车长度和保护距离计算确定。

圆曲线最小长度一般不宜小于20m，困难地段不得小于一个车辆的全轴距。夹直线最小长度(不含超高顺坡及轨距递减段的长度)，一般不宜小于20m，困难地段不得小于一个车辆的全轴距。

道岔应设在直线地段，宜靠近车站设置，但道岔基本轨端部至车站有效站台端部的距离不小于5m，并应满足设置信号机的要求。

在车辆段出入线、折返线、停车线和岔线(支线)上，当遇到下列情况时，宜设安全线或其他隔开设备：①当出入线上的列车在进入正线前需要一度停车，且停车信号机至警冲标之间小于列车制动距离时；②折返线末端与正线接通时；③当岔线(支线)与正线接轨时。

安全线的长度一般不小于40m。在困难条件下，可设置脱轨道岔。当停车线末端与正线接通时，可设置列车防溜设备。

二、线路纵断面

线路纵断面设计应充分考虑为乘客提供较好的舒适度，地下线结合车站埋深和地形条件，合理运用“高站位、低区间”的原则设计纵断面，以利于运营；同时应根据车站及区间的施工工法和城市规划要求确定合理埋深；地下区间废水泵房应设在区间最低处，有条件时结合联络通道设置，并同时满足与城市管网的接口要求。

正线的最大坡度不宜大于30‰，困难条件下不得大于35‰，联络线、出入线最大坡度不得大于40‰；纵断面设计坡度不进行坡度折减。

地下区间线路的最小坡度不宜小于3‰，困难条件下当坡度小于3‰时，需采取适当的排水措施；地面及高架桥上线路正线最小坡度在采取了排水措施后不受限制。地下车站站台计算长度段线路坡度不宜大于2‰，在困难条件下，可设在不大于3‰的坡道上；地面和高架桥上的车站站台计算长度段线路宜设在平坡道上，在困难条件下，可设在不大于3‰的坡道上。道岔宜设在不大于5‰的坡道上，在困难地段可设在不大于10‰的坡道上。纵断面的坡段长度不宜小于远期列车长度。两相邻坡段的坡度代数差等于或大于2‰时，应设圆曲线型的竖曲线连接。竖曲线半径一般为5000m，车站端部或困难情况下，可以采用3000m，联络线、出入线可为2000m。

碎石道床线路竖曲线不得与平面缓和曲线重叠。其他道床地段，缓和曲线不宜设置竖曲线，困难条件下竖曲线位置可不受缓和曲线位置的限制，但每条钢轨的超高顺坡率不得大于1.5‰。相邻竖曲线间夹直线长度不宜小于50m。

折返线和停车线应布置在面向车挡或区间的下坡道上，隧道内的坡度宜为2‰，地面和高架桥上的折返线、停车线，其坡度不宜大于1.5‰。

车站站台计算长度范围、道岔范围内不应设置竖曲线，竖曲线离开道岔端部的距离不应小于5m，车场线最小可以为3m。

三、线间距

线路直线地段最小线间距根据限界、不同工法的要求确定，区间隧道线间距尚应满足设置消防紧急疏散通道的要求，曲线地段按曲线限界加宽要求加宽线间距。

车站线路线间距的确定：直线地段岛式站台车站的线间距：3.0m+站台宽度；直线地段侧式站台车站的线间距：当两线间无构筑物时为3.7m；当两线间有墙、柱等其他设备时，按限界要求计算确定；曲线地段尚应计入曲线加宽值。

四、正线轨道

（一）一般要求

轨道设计应满足西安地铁四号线的总体运营要求，以“功能合理、经济实用”总的指导目标，努力满足各方面的要求。轨道应具有足够的强度、稳定性、耐久性及适量弹性，以确保列车运行安全、平稳、快速、舒适。轨道结构设备应使轨道有较好的整体性、稳定性，且采用标准件，装卸方便，易于维修、养护。轨道应具有良好的电气绝缘性能，以满足轨道信号传输和防杂散电流要求。轨道结构设计应根据线路所经区域的要求，采取相应的减振降噪工程措施，把地铁运行噪声、振动对环境的影响，控制在国家环保标准允许的范围内。广泛吸取西安地铁在建和已建线及其他工程的经验，采取技术先进、性能可靠、造价合理的结构方案。跨越地裂缝地段的轨道结构能够提供足够的调整变形的能力，满足行车和安全的要求并方便施工及维修。

轨道设计一般规定详见表11-3，其余地段采用现行《地铁设计规范》(GB 50157—2003)的有关规定。

表11-3　轨道设计一般规定

列车最高行车速度		80km/h
轴重		≤14t
轨距		1435mm
钢轨		60kg/m
铺轨枕根数	地下	1600~1760对/km

正线轨距1435mm，小半径曲线($R\leqslant200$m)的轨距按《地铁设计规范》(GB 50157—2003)第6.2.6条中B型车的标准进行加宽。轨底坡采用1/30，道岔区及道岔之间不足50m的地段，不设轨底坡。曲线超高设置须符合表11-4。

表11-4　曲线超高设置

超高	最大	120mm
欠超高	最大	61mm
超高顺坡率	一般	≤2‰
	困难	≤3‰

（二）轨道结构基本要求

1. 钢轨及配件

正线及辅助线、试车线均采用 60kg/m 钢轨，采用 25m 标准长度的钢轨。不同类型的钢轨应采用异型钢轨连接，钢轨接头螺栓和螺母的强度等级及垫圈类型应符合有关规定。

2. 轨枕及扣件

地下线整体道床采用钢筋混凝土短轨枕，一般地段铺设 1600 对/km，中等减振地段可考虑适当加密轨枕。正线宜采用弹性分开式扣件，扣件选型宜考虑部件的通用性和统一性。道岔区整体道床选用弹性分开式扣件。线路通过环境敏感点时，根据振动与噪声超标情况，可采用相应的减振扣件。

3. 道床

地下线采用钢筋混凝土短轨枕整体道床；地面出入段线、试车线采用碎石道床；不同的道床地段衔接时应设置过渡段，线路通过重要建（构）筑物等有必要时，可采取相应的减振措施。一般整体道床地段轨道结构高度见表 11-5，特殊地段轨道结构高度另行确定。

表 11-5　一般地段轨道结构高度

隧道类型	轨道结构高度/mm	隧道类型	轨道结构高度/mm
矩形隧道	560	圆形隧道	740
马蹄形隧道	650		

注：减振地段可以根据减振措施适当加大轨道结构高度。

地下线混凝土整体道床的曲线超高，采取外轨抬高超高值一半和内轨降低超高值一半的办法设置；地面线碎石道床的曲线超高采取外轨抬高超高值的办法设置。

整体道床段应采取有效措施，防护杂散电流对主体结构钢筋的腐蚀。钢轨对道床的漏电电阻不得小于 15Ω · km。道床的设计必须预留管线通过的条件，在每个车站两端合适位置根据设备专业需要预埋 PE 塑料管。排水沟的纵向坡度应与线路坡度一致，且一般不小于 2‰。道床顶面一般设不小于 3%的横向排水坡。道床混凝土强度等级为 C30。

4. 道岔

正线上道岔的钢轨类型为 60kg/m。本线最高行车速度 80km/h，正线及辅助线道岔一般采用 9 号道岔；对侧向速度有特殊要求时（如起终点折返站）根据道岔允许的侧向过岔速度进行道岔选型。正线上相邻单开道岔间插入的钢轨长度应符合《地铁设计规范》第 6. 4. 2 条的规定。岔枕采用钢筋混凝土短轨枕或合成树脂长轨枕。

5. 无缝线路

地下线正线和出入段线的直线和半径大于等于 200m 的曲线整体道床地段、半径大于等于 400m 曲线碎石道床地段，应铺设温度应力式无缝线路。长度大于 1000m 的试车线宜铺设温度应力式无缝线路。轨道设计应根据工期、实施条件等对直铺或换铺钢轨进行充分比较，确定合理的施工方案。

6. 减振措施

根据工程环境影响评估报告及有关要求，对沿线振动和二次结构噪声超标地段、重要建筑物、与本工程交叉的规划路网、重要管线等地段，应采取分级减振降噪措施，将振动和二次结构噪声的影响控制在国家规定的范围内。减振措施应根据其减振能力保留适当的富余量，以提高工程实施后实际运营的振动满足国家标准规定的可靠性。对高弹性扣件、弹性道床、浮置板道床等减振措施应根据振动超标值及减振措施的减振能力进行方案比选，选择性价比高、全寿命周期成本低、使用寿命长、施工方便，同时便于养护维修的轨道设备、部件和道床型式。

7. 车挡、线路及信号标志

采用滑动式车挡时，其安装长度应根据信号和行车对其安装位置的要求，计算确定。一般安装长度为12~15m。正线在必要的情况下可采用液压缓冲车挡。

线路标志包括百米标、坡度标、曲线要素标、曲线始终点标、道岔编号标、水准基点标等。有关信号标志包括限速标、停车位置标、警冲标等。百米标、坡度标、限速标、停车位置标、警冲标等标志，宜采用反光材料制作。警冲标设在两设备限界相交处，其余标志安装在行车方向右侧易见的位置上。

五、车辆段轨道

出入段线地下段轨道按正线轨道结构标准设计，地面部分采用有砟轨道，铺设新Ⅱ型预应力混凝土枕，轨枕铺设密度宜符合《地铁设计规范》6.3.2节相关规定。

试车线采用新Ⅱ型预应力混凝土枕有砟轨道、轨枕铺设密度宜符合《地铁设计规范》6.3.2节相关规定。

车辆段车场线线路应符合下列要求：采用50kg/m钢轨。混凝土枕碎石道床地段采用弹条Ⅰ型扣件，库内线整体道床地段和木枕碎石道床地段采用弹性分开式扣件。轨枕铺设标准：车场线1440根/km，库内柱式检查坑线可适当加大，原则上间距不大于1.4m。

轨下基础：库外线一般采用新Ⅱ型预应力混凝土枕碎石道床，道岔区采用预应力混凝土枕或木枕碎石道床。库内线方面，根据工艺要求采用混凝土整体道床或碎石道床。库内平过道采用混凝土整体道床。库外平过道采用橡胶道口。

道岔：轨型应与相邻线路轨型一致。出入段线、试车线采用60kg/m钢轨9号道岔；车场线采用50kg/m钢轨7号道岔。两道岔间插入短轨按《地铁设计规范》第6.4.2条办理。

轨道附属设备和常备材料：库内线宜采用新型摩擦式车挡；车场线宜选用固定式车挡；试车线可用液压或滑动缓冲型车挡。线路标志应符合《地铁设计规范》(GB 50157—2003)第6.7条的规定。常备材料应符合《铁路轨道设计规范》(TB 10082—2005)第13.0.6条的规定。

六、限界

（一）一般要求

地铁限界包括：车辆限界、设备限界、建筑限界。车辆限界是车辆在正常运行状态下形成的最大动态包络线，由车辆制造商提供。设备限界是在车辆限界外设置的一条安全带，用以限制设备安装的控制线。构筑物及固定设备的任一部分，包括它们的刚性和柔性运动在内，均不得向内侵入此限界。建筑限界是设备限界外的一个轮廓。计及施工误差在内，任何永久性建筑物均不得侵入此限界。建筑限界和设备限界之间的空间应能安装各种管线、消火栓、动力箱、信号机、照明灯、接触轨及其他固定设备。根据《地铁限界标准》(CJJ 96—2003)，建筑限界与设备限界间的最小间距不宜小于200mm，困难条件下不应小于100mm。整体道床和碎石道床有不同的车辆限界，因此，它们有不同的建筑限界。

(二) 限界设计主要技术参数

最高行车速度80km/h，车辆轨距1435mm，车体长度19000mm，车体宽度2800mm，车辆高度3800mm(距轨面)，客室地板面高度1100mm(距轨面)，车辆定距12600mm，转向架固定轴距2200mm/2300mm。

(三) 各种断面隧道建筑限界

建筑限界的断面形式，根据本工程施工条件和施工方法的不同，隧道建筑限界可分为矩形隧道建筑限界、圆形隧道建筑限界和马蹄形隧道建筑限界三种。全线采用侧向疏散方式，区间设疏散平台，宽度不小于600mm，距轨面高度850mm。

采用盾构机施工的圆形隧道建筑限界直径为5200mm。区间马蹄形隧道建筑限界：拱顶半圆R2500mm、断面最大宽度5000mm、腰部曲率半径R5000mm、拱顶高度4500mm(自轨顶起)。车站马蹄形隧道建筑限界，在不小于基本限界尺寸的基础上，按车站功能的需要确定建筑限界的断面尺寸。区间直线地段矩形隧道建筑限界：宽度为4400mm，高度4500mm(自轨顶起)。车站矩形隧道建筑限界，按《铁路限界标准》中3.7.4条执行。区间直线地段矩形隧道左右线最小线间距，按限界尺寸及中隔墙厚度确定，线间距=2300×2+中隔墙厚度+施工误差，通常采用5000mm(中隔墙厚为300mm)。

矩形隧道曲线地段建筑限界应按规定办法进行加宽：圆曲线地段矩形隧道建筑限界，应在直线地段建筑限界的基础上进行加宽。加宽值按车辆在圆曲线上的最大运行速度及轨道超高量计算确定。缓和曲线地段矩形隧道建筑限界，应在直线地段建筑限界的基础上进行加宽，加宽值可参照《铁路隧道设计规范》(TB 10003—2005)第15.2.2条计算。结合本线地铁车辆技术参数，图中的22m改为16m，13m改为9.5m，见图11-1。当同一计算点出现道岔区加宽和缓和曲线加宽时，应分别计算其加宽量，经比较后按较大值加宽。

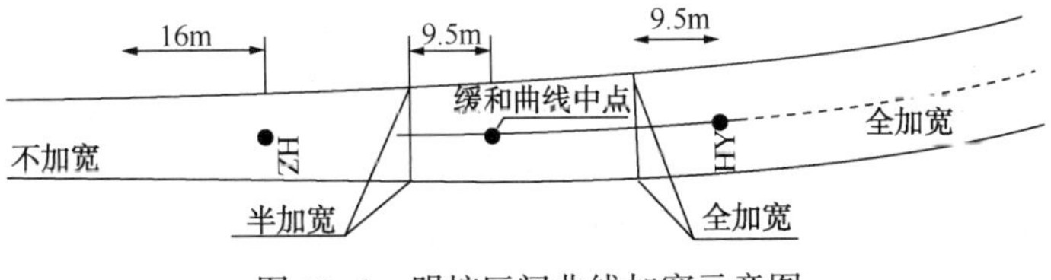

图11-1　明挖区间曲线加宽示意图

曲线地段圆形隧道和马蹄形隧道，其隧道中心线相对于线路中心线的横向位移量按下列公式计算：

$$D=h_0\times\frac{h}{s}$$

式中：D为隧道中心线向线路中心线曲线内侧方向水平位移量，mm；h_0为隧道中心线至轨顶面的垂向距离，mm；h为轨道超高值，mm；s为滚动圆间距，取1506mm。

曲线地段圆形隧道和马蹄形隧道缓和曲线地段隧道建筑限界，应在直线地段建筑限界的基础上进行加宽，加宽办法宜采用从直缓点(或缓直点)到缓圆点(或圆缓点)线性递增，直缓点的加宽值为0，缓圆点的加宽值为曲线地段对应的隧道中心线相对于线路中心线的横向位移量。

(四) 车站建筑限界

车站站台建筑限界：应遵守车辆限界的规定。站台边缘距车厢外侧面的空隙宜采用100mm，因此：①在计算长度范围内的站台建筑限界：直线地段轨道中心线至站台边缘距离1500mm。②在计算长度范围外站台建筑限界：直线地段轨道中心线至站台边缘距离1750mm。③站台高度：自钢轨面至站台装修面1050mm。④屏蔽门建筑限界：直线地段屏蔽门门框边缘距车厢外侧面的空隙宜采用130mm。

车站设备用房建筑限界：①外墙上有管线及设备时对于岛式站台：直线限界2000mm；对于侧式站台：直线限界2100mm。②墙上不敷设管线且无任何设备时，直线限界1850mm。③无法确定外墙上有无管线及设备时，按《铁路隧道设计》3.7.4.2条第1款执行。

折返线和存车线直线建筑限界，有信号机或消火栓时采用2000mm，否则采用1850mm。非道岔区安装信号机的建筑物应满足直线建筑限界2100mm的规定。

道岔区建筑限界加宽办法：按照道岔号数，道岔结构形式、几何尺寸及允许磨损量等诸因素计算确定。道岔区信号机安装位置，在直线地段设备限界基础上，按照道岔区建筑限界加宽量计算确定。转辙系统的建筑限界应按信号专业的安装要求进行设计。

当车站端部的道岔设在盾构始发井内，车站端部的道岔设在盾构始发井内，不设置人防门或防淹门时，则岔心至始发井端墙在线路纵向的净空距离应不小于：9号道岔为13m。设置人防门或防淹门时，则岔心至人防门或防淹门门框在线路纵向的净空距离应不小于：9号道岔为15m。

第二节　车站设计

一、设计原则

车站的总体布局应符合西安市城市规划、城市交通规划、环境保护和城市景观的要求，妥善处理好与地面建筑、地下管线、地下构筑物等之间的关系，尽量减少房屋拆迁、管线迁移和施工时对相邻建筑物、城市交通及市民生活的影响。

车站设计应保证乘客乘降安全、集散迅速、使用方便，并具有良好的通风、照明、卫生、导向、防灾等设施，为乘客提供安全、舒适的乘车环境。车站设计应满足客流、运营组织及各专业工艺要求。车站的站厅、站台的规模以及出入口通道、人行楼梯、自动扶梯、售检票口(机)等部位的通过能力应按远期(2040年)设计客流量(如近期值大于远期值时取大值，下同)和车站使用功能、行车管理、设备用房的需要来确定。远期设计客流量为该站远期预测高峰小时客流量(取早、晚高峰小时客流量中的较大值)乘以超高峰系数。

换乘站的站台规模及换乘楼扶梯、通道的通过能力还应考虑换乘客流。其换乘设施的通过能力应满足最大换乘设计客流量的需要。换乘站应优先采用付费区内换乘形式。换乘站的实施和预留应遵循如下原则：①初期实施的规划线路应与在建线路车站土建同步实施；

②近期实施的规划线路宜与在建车站换乘节点的土建工程一次建成；③远期实施的规划线路与在建车站可不同建换乘节点，预留换乘通道接口，但在建车站结构处理应留有穿越的可能性。

车站设计宜考虑地下、地上空间的综合利用。位于城市道路下的地下车站，原则上车站主体结构顶板最高点覆土应不小于3m，并应满足市政管线的敷设要求。位于城市道路红线外的地下车站，车站主体结构顶板覆土厚度宜尽量减小，但应满足绿化的最低厚度要求。车站设计应充分利用地下、地上空间，并与周边地下过街道、地下商场、人行天桥等结合，组织综合开发，以便综合疏解地铁客流和过街客流。凡与车站合建或连通的物业开发区等公共设施，一般情况下，除满足相应的规范要求外，还应满足《地铁设计规范》要求。

车站设计应考虑无障碍设施，并应符合无障碍设计规范的规定与要求。地下车站设计应按六级人防设防，车站出入口通道及风道应符合相应的人防要求，在站台层端部应预留按人防分区设置区间隔断门的条件。

地下车站的地面工程应按该区防洪设防标准进行设计。出地面出入口、无障碍设施和地面风亭开口最低点的标高应高于就近道路面的暴雨积水标高。车站结构纵向坡度根据线路设计为2‰，轨面及主体结构底板根据线路设置，道床设纵向排水沟，坡度同结构坡度，车站低端设置废水泵房。车站变电所宜尽量设置在高端。

二、车站设计客流量

车站设计客流量，应根据本线远期设计年限超高峰小时的客流预测值确定。车站设计客流量为该站预测远期高峰小时客流量(取早、晚高峰小时客流量中的较大值)乘以超高峰系数。车站客流包括全日、高峰小时的断面流量以及全日、高峰小时的各车站上下行的乘降客流量。

三、车站总平面设计

地铁车站站位应满足城市规划要求，并应与线路方案协调。应对场地工程地质、水文地质条件、既有和规划的地下管线、地面建筑、地面公交线路等进行详细调查，尽量减少既有建筑物的拆迁和管线改移，尽可能避免施工对地面交通的干扰。

站位平面设计应与周围的城市道路、建筑、公交的规划积极配合，根据车站的特点、场地的地形、地理环境、地面规划，因地制宜地，灵活多样地布置车站形式，合理利用地下、地面空间。合理地布置通道、出入口、风亭、冷却塔的位置，有条件时应尽可能考虑与地下过街道、人行天桥、临近物业开发建筑等结合建设，合理组织进出站及过街客流。

与轻轨、公交换乘的车站，应充分考虑预留换乘接口条件，设计中应本着“以人为本”的原则，选择合理、便捷的换乘方式。近、远期工程统一规划，统一设计，分期实施，预留切实可行的换乘土建接口。

车站总平面设计应积极配合城市道路、交通的规划，以充分吸引客流量为目的，合理布置出入口。有条件时应尽量选择与地面建筑相结合，暂时无法结合的，可设临时出入口或预留口，待规划实施时再行结合。地面上建筑物、构筑物应与城市景观相协调，尤其沿道路中间及两侧绿化带的建筑物、构筑物与设备更应充分考虑与城市环境的关系。同时兼顾市民过街的要求。出入口宜分散均匀布置，出入口之间的距离应尽可能大，使其能够最大范围地吸引客流。

出入口宽度应根据远期分向客流的设计客流量乘以 1.22~1.36 的不均匀系数计算确定；在特殊情况下，某个出入口不能满足客流要求时，应调整其他出入口宽度，以达到总设计客流量的通过能力。独立修建的地面出入口，除经规划国土部门同意外，应尽量设在规划道路红线以外。独立修建的地面出入口与周围建筑物之间的距离应满足防火要求。出入口口部(包括台阶、坡道等地面构筑物)暂按退规划道路红线 3m 设置，原则上不占用人行道；地下出入口力求短、直，通道的弯折不宜超过 3 处，弯折角度宜大于 90°。地下出入口通道长度≥60m 时设置机械排烟设施，≥100m 时应设紧急出地面疏散楼梯或采取措施满足人员疏散的消防要求，宜考虑预留自动人行步道设置条件。

地面出入口应有明显的引导标志，便于乘客识别，出入口前应有一定的集散空间。有条件时出入口附近宜考虑设置自行车停车场及小汽车停车场。地面出入口平台应考虑防淹高度和防淹设施，一般情况下平台标高需高于周边地面 450mm，出入口端部设防盗卷帘门。

风亭应尽量与邻近建筑物合建。合建风亭进风、排风、活塞风口之间的水平或垂直净距不应小于 10m。其风口与其他建筑物距离应满足防火、规划及环保要求。当风亭设于路边时，风亭开口底距地面的高度不应小于 2m；设于绿化带内时应不小于 1m。

独立修建的风亭，除经规划部门同意外，一般应在道路红线以外，并满足人行道通行要求。高风亭的地面建(构)筑物设计时需考虑留出足够的地面风亭造型设计空间，其外边线暂按贴临道路红线设置；低矮风亭周边需留出灌木绿化的范围，绿化围闭暂按 3m 的退缩距离控制。由于环境的需要而采用低风亭(上部进排风)时，需考虑排水设施。风亭的周边应配合绿化环境和安全措施，且风口最低高度应满足防淹要求且不得低于 1m，开口处应有安全装置。风井周边应设不小于 3m 的绿篱，其风井之间应满足下列最小净距要求：进风、排风井之间不应小于 10m；活塞风井之间不应小于 5m，进风与活塞风井之间不应小于 10m，排风井与活塞风井不应小于 5m；进风井与敞开出入口不应小于 3m，排风井与敞开出入口不应小于 10m，活塞风井与敞开出入口不应小于 10m。

应结合城市主导风向设计风亭相对位置及开口方向。新风亭应设在城市主导上风向空气洁净的地方。任何建筑物距风亭口部的直线距离不应小于 5m。独立修建的风亭与周围建筑物之间的距离应满足防火要求。风亭应考虑消防要求。

活塞风道水平长度应用风阀最不利点小于 35m 控制。

冷却塔布置：①采用集中式空调系统的地下车站，其冷却塔的位置应满足城市规划、城市景观及环境保护的要求。②冷却塔应尽量布置在邻近建筑物的屋顶上。当因条件限制不能布置在邻近建筑物的屋顶上时，可布置在风亭的顶部及周围的地面上。③特殊地段冷却塔可采用下沉式或全地下式的布置方式，但必须满足工艺要求。④冷却塔布置应尽量远离环评敏感点。

四、车站建筑设计

(一) 车站空间组成划分

地铁车站一般由站厅层、站台层等主要使用空间及人行通道、地面出入口、风道、地面风亭等次要使用空间组成。

地铁车站主要使用空间应按运营要求划分功能分区，可分为乘客公共区，设备与管理用房区(运营管理用房、设备用房以及辅助用房等)。

站厅层一般划分为公共区(分非付费区和付费区)、设备及管理用房区两部分。非付费区为乘客提供集散、售检票、公共电话、银行服务的空间，并兼顾行人过街功能。付费区提供检票、补票，选择楼、扶梯进站台的空间。设备及管理用房区提供布置机电设备和工作人员办公、生活用房空间，该区域应考虑消防紧急疏散通道和设备运输等功能。

站台层一般划分为候车区及部分设备用房区，主要为乘客提供候车、下车的空间，以及为列车提供停靠的空间。

人行通道、地面出入口是乘客出、入地铁车站的连通空间，应能有效、便利地吸引和疏导乘车客流。地面风亭是地铁车站因通风需要而设在地面的附属构筑物，其布置应满足车站通风需要并与城市环境相协调。

(二) 客流组织

车站平面设计应合理组织乘客流线、站内工作人员流线和设备工艺流线，进、出站流线尽量避免交叉干扰，换乘客流与进、出站客流分开，乘客购票、问讯及使用公共设施时不妨碍客流通行。

(三) 车站各部位最大通过能力

车站各种通行服务设施的最大通过能力见表11-6。

表11-6　最大通过能力　　人/h

部位名称			每小时通过人数
1m 宽楼梯	下行		4200
	上行		3700
	双向混行		3200
1m 宽通道	单向		5000
	双向混行		4000
1m 宽自动扶梯	输送速度 0.5m/s		6720
	输送速度 0.65m/s		不大于 8190
1m 宽自动扶梯停运作步梯			2770
人工售票口			1200
自动售票机			300*
人工检票口			2600
自动检票机	三杆式	非接触 IC 卡	1200
	门扉式	非接触 IC 卡	1800
	双向门扉式	非接触 IC 卡	1500*

注：自动检票机按乘客采用门扉式非接触IC卡的通过能力取值。在自动售检票、列车运营调度系统设计中，应考虑当实际客流和运能出现矛盾时(即车站出现“掉客”现象)，具有应急的技术措施控制进站的客流，保证候车人数不超过车站的实际疏散能力。

（四）站厅层设计

站厅层应根据功能合理分区，一般中部为站厅(公共区)、两端为设备与管理用房区。站厅(公共区)布置应满足功能分区要求，尽量避免进、出站及换乘人流路线之间的相互交叉、干扰，并应按地铁设计规范要求合理划分防火分区。

站厅(公共区)根据客流流线和管理需要划分为非付费区和付费区，非付费区与付费区之间应采取可透视栏栅的分隔措施，分隔措施的高度为1100mm。在分隔措施适当位置应设置800mm宽向疏散方向开启的平开栏栅门，平时兼做工作人员出口。非付费区内应设售票问询、自动售票机、自动检票机、公用电话及银行自动取款机。付费区内应设通往站台层的楼梯、自动扶梯及电梯等。在采用站厅通道换乘的车站，还应设通向另一车站的换乘通道或预留换乘通道接口。出入口通道、售票机(亭)、检票口及楼、扶梯的通过能力应相互协调匹配。楼梯宽度、自动扶梯数量既要满足客流集散需要，又要满足事故情况下紧急疏散要求。

站厅公共区的面积除应满足自动扶梯、楼梯、电梯布置及售、检票机等所需面积外，尚应满足容纳远期或客流控制高峰小时5min内双向设计客流集聚量所占面积(按0.4~0.75m^2/人计)。

售票问询、检票机和工作人员出入口应设在非付费区与付费区之间的分界线上。非付费区布置在站厅两端时，宜留一条净宽不小于2.5m的联络通道连通非付费区。车站控制室位置，宜便于对售、检票口(机)、楼梯和自动扶梯部位的观察。

设计标准：公共区净高(地坪装修面至结构顶板底)≥4700mm暗挖车站(弧形断面起拱处)≥2100mm。设备与管理用房区净高(地坪装修面至结构顶板底)≥4700mm。公共区地面装修层厚度150mm。设备与管理用房区地面装修层厚度150mm。防静电架空地板高度(仅用于车站控制室、通信、信号、AFC等设备用房)300~450mm。通风空调机房及变电所用房地面装修层厚度50~130mm。一般明挖公共区地面至吊顶净高≥3000mm，重点车站及换乘站公共区装修后净高≥3200mm。公共区地面至任何悬挂障碍物≥2400mm。设备与管理用房地面至设备管线底净高≥2600mm。设备与管理用房区走道地面至吊顶净高≥2400mm。设备与管理用房区走道宽度：双走廊布置≥2000mm/1600mm，单走廊布置≥2200mm。设备用房内设计标准按相关专业的技术规定执行。

（五）站台层设计

车站站台计算长度为118m。屏蔽门长度约为113.06m。在屏蔽门两端外侧应留出不小于1.5m×1.5m的空间，供列车驾驶员工作使用。

站台总宽度应根据远期超高峰设计客流量及站台层与站厅层之间的楼梯、自动扶梯布置形式、宽度和结构柱宽等因素计算，并应满足最小侧站台宽度要求。计算站台总宽度时应考虑装修厚度的影响，站台宽度按下列公式计算。

1. 侧站台宽度

$$B_c = Q_{上} \times \rho / L + b_a + z + t$$

或者：

$$B_c = Q_{上、下} \times \rho / L + M + z + t$$

两者取大者。

式中：B_c为侧站台宽度，m；$Q_{上}$为远期每列车高峰小时单侧上车设计客流量(换乘车站应含换乘客流量)；ρ为站台上人流密度，本条线建议取 0. 5m²/人；L为站台计算长度，m，设屏蔽门、安全门时取 113. 06m；b_a为站台安全防护宽度取 0. 4m，采用屏蔽门、安全门时以M替代b_a值；z为横向柱宽，m，含装饰层厚度；t为每组人行梯与自动扶梯宽度之和，m，含与柱间所留空隙；$Q_{上、下}$为远期每列车高峰小时单侧上、下车设计客流量(换乘车站应含换乘客流量)；M为站台边缘至屏蔽门、安全门立柱内侧的距离，m，本条线采用屏蔽门，M=0. 3m。

2. 岛式站台总宽度

$$B_d = 2b + n \cdot z + t$$

$$b = Q_{上} \times \rho / L + b_a$$

或者：

$$b = Q_{上、下} \times \rho / L + M$$

两者取大者。

式中：B_d为岛式站台总宽度；b为侧站台宽度。

设置在站台层两端的设备与管理用房，必要时可伸入站台计算长度内，但不应超过半节车厢长度，且不得侵入侧站台计算宽度内，并应满足距楼梯口的距离不小于 8m。站台层两端的设备和管理用房长度超过半截车厢长度时应加设宽度不小于 2. 4m 的横通道，设备用房墙体装修面距站台屏蔽门边缘的宽度不小于 2. 5m。

站台上的楼梯和自动扶梯宜沿站台纵向均匀设置，同时应满足站台计算长度内任意一点距疏散楼扶梯口或通道口不得大于 50m。

地下车站有效站台长度内站台边缘至线路中心线距离(直线段)为 1500mm。有效站台长度内站台边缘与车辆外边之间的空隙，在直线段宜为 100mm，在曲线段应不大于 180mm。

站台层的各种建筑尺寸必须符合行车限界的要求。站台端部应设下至轨道区的人行梯 4 部，其宽度≥1100mm，作为检修人员上、下轨道区和紧急疏散时使用，此楼梯应在管线敷设后再施工。在下股道楼梯内侧应留出空间(宜不小于 250mm)，供各种电缆由隧道进入车站站台板底。在屏蔽门端门至有效站台端部不设栏杆，供司乘人员上、下车之用。有效站台外设备用房区与轨行区的栏杆，在大型设备运输通道处应做便于运输设备通过的滑动栏杆；与盾构法施工相关的车站，各部位设计尺寸应满足施工作业(如盾构通过、折返及出地面等)的要求。

人行楼梯和自动扶梯的总量布置除应满足上、下乘客的需要外，还应按站台层的事故疏散时间不大于 6min 进行验算。设备与管理用房区的内部楼梯及垂直电梯不计入事故疏散用。深埋多层(≥3 层)车站应做消防性能化分析。事故疏散时间按下列公式计算：

$$T = 1 + \left[\frac{Q_1 + Q_2}{0.9[A_1 N_y + A_2 N_t + A_3 B]} \right] \times K \leq 6\text{min}$$

式中：Q_1为客流控制期超高峰小时 1 列进站列车客流断面流量，人；Q_2为客流控制期超高峰小时站台上候车乘客人数；A_1为自动扶梯通过能力，人/min · m；N_y为运行自动扶梯台数；A_2为自动扶梯停运作步行楼梯的通过能力，人/min · m；N_t为停运自动扶梯台数；A_3为楼梯通过能力，人/min·m；B 为楼梯总宽度，m(指每组楼梯每股人流宽度整倍数计的总和)；K 为提升高度的修正值($K \geq 1$)。

无盾构端头井的车站两端应考虑设置接触网隔离开关的位置。

设计标准：装修后公共区地面至中层板底净高≥4550mm。站台层地面至站厅层地面层高(装修后)5100mm。设备与管理用房区净高(地坪装修面至结构顶板底)≥4550mm。公共区地面装修层厚度100mm。设备与管理用房区地面装修层厚度100mm。车站公共区地面至吊顶净高≥3000mm。公共区地面至任何悬挂障碍物≥2400mm。临轨行区一侧走道净宽(不应受设备房间外开门影响)≥1200mm。站台地板装修完成面至轨顶面1050mm。地下车站直线段线路中心线到站台边缘距离：有效站台长度内(不含防撞胶条厚度)为1500mm。线路中心线到侧墙净距(直线段)2150mm在道岔区或曲线影响范围内，线路中心线到站台边及侧墙净距应在直线段限界基础上根据限界要求进行加宽。地下车站轨顶面至结构底板顶面(未考虑盾构机通过和施工误差)560mm(设置减震道床处按轨道专业相关要求)。站台乘降区宽度(柱边至站台边净距)≥2500mm，岛式站台总宽(无柱时)≥8000mm，岛式站台总宽(有柱时)≥10500mm。侧式站台宽度垂直于站台开通道口的侧站台：≥3500mm；平行于站台设楼、扶梯的侧站台：≥2500mm(上述站台宽度为装修后的净宽)。

站台、站厅楼梯踏步面至吊顶面净高≥2500mm。站台、站厅自动扶梯踏步面至吊顶面净高≥2600mm。站台下风道竖墙外侧至站台板边缘距离500mm。设备用房内设计标准按有关专业的技术要求执行。

(六)车站主要设施

1. 自动扶梯

车站内站台到站厅宜设置上下行自动扶梯。

车站出入口高差大于6m时应设上行自动扶梯。高差超过10m时，应设上行、下行扶梯。重点车站的出入口及一般车站的重点出入口(1~2个客流密集的出入口)考虑设上、下行自动扶梯。分期建设的自动扶梯应预留位置。

车站自动扶梯为重荷载公共交通型扶梯，应采用30°倾斜角，有效净宽为1m，运行速度宜采用0.65m/s，设计通过能力应不大于8190人/h，上、下两端水平运行梯级数不得小于三块平梯级。作为事故疏散用的自动扶梯，应采用一级负荷供电。自动扶梯的安装位置应避开建筑物变形缝。

当自动扶梯穿越楼层，且扶手带中心至开孔边缘的净距小于400mm时，应设防碰撞安全标志；当自动扶梯靠墙布置时，扶手带中心至墙装饰面的距离应不小于400mm。当自动扶梯穿越楼层，应沿楼板洞口设高度不小于1200mm的栏杆或透明栏板。

出入口自动扶梯下端设集水坑，坑内应有良好的排水条件。出入口自动扶梯应配合土建提升高度尽量采用标准化设计。自动扶梯的设置还应满足生产厂家的技术要求。

设计标准：自动扶梯扶手带中心线至墙面(装修后)距离≥400mm。自动扶梯踏步面至上部吊顶的净高≥2300mm。上下两段自动扶梯之间应设中间平台，顺向工作点距离≥1200mm。两台相对布置的自动扶梯工作点间距≥16000mm。自动扶梯工作点至前面影响通行的障碍物间距≥8000mm。自动扶梯与楼梯相对布置时，自动扶梯工作点至楼梯第一级踏步间距≥12000mm。

2. 电梯

每个车站应结合周围具体情况在地面到站厅层公共区至少设一部垂直电梯，以满足无障碍设计要求。车站站位若位于城市主干道下，应在主干道两侧的车站出入口各设置一部垂直电梯连接站厅层公共区，满足残疾人和行动不便者的过街需求。电梯地面位置宜与出入口雨棚合并设置。公共区的付费区内站厅层与站台之间应设一部电梯供残疾人和行动不便者使用。站台上电梯开启方向不宜朝向车行道，如开启方向必须朝向车行道时，其电梯门至站台边缘的距离应不小于4.5m。且不与屏蔽门/安全门的滑动门对应。布置在站台中部且四周无其他建筑时，可采用透明观光电梯。

3. 楼梯

站台与站厅层公共区之间应至少设一部楼梯，以便在自动扶梯不能运转时仍能保证站内乘客的疏散。公共区楼梯与检票口在同一方向布置时，楼梯距检票口的净距应不小于8m。公共区(含出入口)楼梯与自动扶梯并列布置且提升高度较小时，楼梯第一级踏步宜与自动扶梯下部工作点平齐，如提升高度较大，应根据具体情况布置楼梯和自动扶梯。地下车站至少应在设备与管理用房区设一部供工作人员和消防人员使用的楼梯。该楼梯应设封闭楼梯间，楼梯梯段最小净宽应不小于1.2m。此楼梯宽度不计入公共区紧急疏散楼梯宽度。当消防专用通道楼梯间的室内地面与室外出入口地面高差小于10m时，应设封闭楼梯间，大于10m时应设防烟楼梯间。乘客步行楼梯与扶梯并列布置时，宜尽量布置为30°，与扶梯角度一致。

设计标准：踏步高：①乘客使用150~165mm(坡度26°34′~30°)，工作人员使用150~180mm。②踏步宽：乘客使用280~300mm(坡度26°34′~30°)，工作人员使用250~280mm。③公共区楼梯每个梯段的踏步级数，应不少于3步，亦应不多于18步。当踏步级数少于3步时，可做成坡道，坡道坡度(高/长)不宜大于1∶8。④楼梯休息平台宽1200~1800mm。⑤楼梯宽度：乘客使用单向通行楼梯净宽≥1800mm，乘客使用双向通行楼梯净宽≥2400mm，工作人员使用楼梯净宽≥1200mm，当楼梯净宽大于3600mm时，应在中间设栏杆扶手。⑥楼梯口部栏杆高1100mm，楼梯梯段栏杆高900mm。⑦楼梯踏步面至吊顶的净高乘客使用楼梯≥2300mm，工作人员使用楼梯≥2200mm。

4. 自动售、检票设备

检票机的数量应根据远期高峰小时客流量决定，备用率考虑10%~20%。在客流处理上，进站检票的能力低于通往站台自动扶梯和楼梯的能力。出站检票的能力大于通往站厅自动扶梯和楼梯的能力，以免在付费区内发生积聚乘客的现象。售票机应设在便于购票、比较宽敞的地方，售票机前应有足够的空间供乘客排队购票、查询，并应避免因购票、查询影响乘客进出车站。售票机宜沿进站客流方向纵向排列，并应结合车站不同的客流方向布置，宜不少于两处。售票机采用嵌入式售票机房设置，应布置在不影响乘客正常使用的条件下能够进行检修，并应留有足够的检修及取款工作空间。

售票机、检票机的数量应按近期配置，并预留远期位置。售票机距最近的出入口通道应≥5000mm。售票机距检票机应≥5000mm。检票机的布置应结合通道、楼扶梯、售票厅、售票机的布置统一考虑，避免进、出站客流交叉、干扰。检票机的位置在满足使用功能合理的同时，还应便于管理。检票机宜集中布置。

进站检票机距步行楼梯第一级踏步≥5000mm。进站检票机距自动扶梯上工作点≥8000mm。出站检票机距楼梯第一级踏步≥8000mm。进站检票机距售票机≥5000mm。检票机前的通道宽度≥4000mm。检票机距出入口通道宜≥6000mm。相对布置的检票机其净距≥8000mm

5. 公用电话

公用电话应设于非付费区，设置位置应避免影响乘客通行。

（七）换乘设计

车站换乘设施（楼梯、自动扶梯及通道）的通过能力应满足远期（2040 年）设计换乘客流量（预测换乘客流量×超高峰系数）的需要，并适当留有发展的余地。根据规划路网的走向，车站的具体环境和建设条件，因地制宜地选择合理的换乘方式。换乘途径应尽量短捷、方便，并设置明显的换乘导向标志。两站的换乘原则上应考虑在二个车站的付费区之间进行，并使换乘客流与进、出站客流尽量不交叉。后建换乘站的换乘节点段须同步实施。换乘节点段位于本线之下时，应考虑临时废水排水设施。

（八）车站管理用房

地下车站管理用房的建筑要求。见表 11-7。

表 11-7　地下车站管理用房的建筑要求

房间名称	面积要求/m^2	房间相关要求
车站控制室	40	车站级管理中心，包括对所辖区域的行政和本站的综合管理，火灾时兼作战级消防控制室。面向公共区，开甲级 C 类防火观察窗
两线合用车站控制室	60	
站长室	12~15	与车控室相邻并设门连通
安全办公室	15	中心站设置，宜靠近站长室
会议室	20~40	换乘站 40m²，中心站（设在配线车站，暂时设置在大城市站）60~80m²，一般站 20m²
更衣室	2×12~2×15	设在站厅层管理用房较多的一端
工作人员卫生间	2×10	男女分设，各设置一淋浴隔间
茶水间	6	临近卫生间布置，应考虑电热水器、拖布池、茶水炉的位置
保洁工具间	8	设置在站台层
保洁人员休息室	10（换乘站 15）	设于站厅层，保洁人员办公、临时休息及更衣场所。换乘站合并设置时面积为 15m²
正线漏班室及轮值值班室	25	交路折返站设置（航天东路站、金津妥站、凤城十二路站、尚稷路站）。应设在折返站到达站台车头位置附近或站厅靠近工作楼梯间位置
乘务换乘室	2×20	
银行	15~20	设在站厅层非付费区，与车站用房用防火墙隔开
乘客卫生间	30	普通站设置在站台层，大型换乘站及大型物业开发站同时也在站厅层通道出入口附近设置
站务休息室	15	靠近车站控制室
警务室	普通站 20	与公安通信设备室紧邻；公安值班室应设置在方便群众报警、求助的站厅层公共区，对公共区开门；房间宽不小于 4m
	换乘站 28	

(九) 车站设备用房

车站设备用房位置，应满足各专业的工艺要求。所有电器设备用房必须保持干燥，除采用适当的通风系统外，建筑设计中应采用有效的排水、防潮、防鼠措施。给水管、排水管不应穿过变电所、通信信号设备用房、车站控制室、通风空调电控室、配电室等电器设备用房。特殊情况必须穿过时，应采取相应措施。

降压变电所、牵引降压混合变电所：①原则上一般车站只设一个降压变电所或牵引降压混合变电所，且应设在负荷较大的一端。规模较大的车站及换乘站根据用电负荷宜在车站另一端设一个跟随所。降压变电所或牵引降压混合变电所尽量布置在站台层，以便于设备运输安装及运营维护，当受车站布置形式或相关专业影响时，在保证变电所正常运行的前提下，可考虑采用分散布置或布置于站厅层。但应考虑电缆通道、大型设备运输通道和预留吊装孔的位置。②变电所应设置电缆敷设通道，所内电缆的敷设方式应尽可能采用房屋下方设电缆夹层的方式。电缆夹层高度应不小于 1. 5m。设置在车站主体的变电所，变电所电缆夹层的高度应按照规范执行，夹层高度应为 1900mm，条件设置困难情况下，最低不应低于 1500mm。电缆夹层不得设置隔墙，以免阻断设备之间的连线。③在电缆夹层范围，应适当设置人孔，便于电缆的检修，人孔净尺寸为 800mm×800mm，人孔设置活动盖板，并设置爬梯下至夹层内。电缆夹层内应采取防水、排水措施。④整流变压器室净高≥4. 2m。各开关柜室净高≥3. 6m。控制室净高≥3. 6m。

(十) 地面出入口、出入口通道

出入口的数量应根据车站周边环境、吸引与疏散客流的需求设置。一般不宜少于 4 个，当车站客流量较小时，可酌情减少，但应不少于 2 个。每个出入口宽度(装修后净宽)应按远期分向设计客流量乘以 1. 22～1. 36 不均匀系数计算确定。兼作城市过街通道的出入口，其宽度应根据过街客流量适当加宽。出入口通道的最小净宽，仅设置楼梯时宽度不得小于 3. 6m，设置　台扶梯及一组楼梯时净宽不得小于 4. 6m，设置两台扶梯及一组楼梯时净宽不得小于 6. 6m。

车站出入口通道总宽，应以车站远期设计进、出站客流量和疏散要求经计算确定。在特殊情况下，某个出入口不能满足客流要求时，应调整其他出入口宽度，以达到总设计客流量的通过能力。其总通过能力应不小于车站内楼梯和自动扶梯通过能力之和。每个出入口通道的宽度应根据分向设计客流量确定，并根据出入口的位置以及可能产生的突发性客流等因素，而取 1. 22～1. 36 的不均匀系数。兼作城市过街道的出入口通道，其宽度应根据过街客流量适当加宽(如无过街客流量数据亦可在分向设计客流量基础上，再乘以 1. 4 的系数)。

出入口尽量结合地面建筑建造，无条件结合时可单独建造。按城市规划可以结合但近期尚不具备结合条件的，可先设临时出入口 2～3 个，以满足近期通车及消防疏散要求，其他暂无条件结合的出入口可采取预留口形式，待规划实施后续建。车站出入口和地面建筑合建时，在出入口和地面建筑物之间应采取防火分隔措施，以确保客流疏散。独建的出入口地面建筑与周围建筑物之间的距离应满足防火规范的要求。紧临于机动车道一侧时，应考虑防撞措施，主要人防出入口在相邻建筑物倒塌范围内时，应设防倒塌措施。

出入口通道内设置楼梯或自动扶梯处的通道宽度应根据楼、扶梯的通过能力计算确定。出入口通道衔接站厅处，应保证有足够的开敞集散面积，方便乘客选择合理的进站路线。出入口应设栅栏式卷帘门，以保证车站停运时的安全。敞口式出入口卷帘门应设置在楼、扶梯下侧的水平通道处，有盖式出入口卷帘门应设置在地面厅出口处。卷帘门应能手动、电动开启。兼作城市过街通道且必须夜间开放的出入口，其站厅应考虑地铁夜间停运时的隔离措施。出入口原则上应考虑设置屋盖，当由于规划要求或其他原因无法设置屋盖时，可采用敞口式出入口。敞口式出入口，其设在自动扶梯下部的集水坑容积应考虑出入口的雨水集水量。地下车站出入口的地面标高应高于就近道路面的暴雨积水标高，并满足防洪要求。一般高出室外地面 300mm~450mm，必要时还要预留防洪设施。

出入口楼扶梯下端应设 300mm 宽横截沟，横截沟应通过预埋铁管与自动扶梯下的集水坑连通。出入口楼梯段两侧应设置 50mm 宽、20mm 深的排水沟，排水沟下端应连通横截沟。出入口通道与站厅相接处的高度应适当抬高(不小于 3.5m)以便于管线通过。出入口应有明显、统一的地铁标志(地铁标志统一设计)，便于乘客识别。独立修建的出入口，其建筑风格应与城市环境协调。出入口设置应满足人防的相关要求。

设计标准：出入口通道装修后宽度仅设置一组楼梯(无自动扶梯)≥3600mm，设置一台扶梯及一组楼梯≥4600mm，设置两台扶梯及一组楼梯≥6600mm。出入口通道地面装修厚度 100mm。出入口通道墙面装修厚度 200mm。出入口通道装修后净高≥2600mm。通道坡度不大于 5%通道横向坡度(装修完成)0.5%~1%(双向)。出入口平台长度≥2400mm。出入口平台的排水应坡向街道，排水坡度应≥1.0%，楼梯休息平台排水应向楼梯下行方向，排水坡度应≥1.0。

(十一) 风道、风亭

地下车站根据通风空调工艺要求设活塞风井、进风井和排风井。在满足功能前提下，根据地面建筑的现状或规划要求，风井可集中或分散布置。风亭的设计应与城市环境条件相协调，各风亭相对位置以及与地铁出入口的相对位置关系应充分考虑城市主导风向的影响，新风亭及其开口方向应位于主导风向的上风向。风亭应考虑消防要求。

地面进风风亭应设在空气洁净的地方，地面风亭的设置应尽量与地面建筑相结合。与地面建筑结合的组合式风亭进风、排风、活塞风口之间的水平或垂直净距不应小于 10m。其风口与其他建筑物距离应满足防火、规划及环保要求。车站排风亭、隧道风亭不宜与地铁出入口合建，若必须合建，排风亭、隧道风亭百叶设置方向应与出入口方向错开且水平距离大于 10m。

对于独立风亭，其风井之间应满足下列最小净距要求：进风、排风井之间不应小于 10m；活塞风井之间不应小于 5m，进风与活塞风井之间不应小于 10m，排风井与活塞风井不应小于 5m；进风井与敞开出入口不应小于 3m，排风井与敞开出入口不应小于 10m，活塞风井与敞开出入口不应小于 10m。对于独立风亭，如城市环境有特殊要求，可采用敞口低风井，风井底部应有排水设施，风口最低高度应满足防淹要求且不得低于 1m，开口处应有安全装置。风井的周边应设有不小于 3m 的绿篱。风亭开口底部距地面的高度应不小于 2m。当风亭设于绿化带内时，风亭开口底部距地面的高度应不小于 1m，且应高于防洪标高。

风道根据实际情况，可以做成向风亭方向的上坡，坡度宜控制在 5%以内。垂直风井与水平风道相接处应设滴水檐。对于单建的风亭应设检查门，风井内设铁爬梯。风亭、风道应满足通风空调专业所提出的土建和工艺要求。风道应满足人防要求。

五、车站防灾

防灾设计应贯彻“预防为主、防消结合”的消防工作方针，尤其是采取防火措施，防止和减少火灾危害。地铁防灾设计按同一条线路、同一时间内发生一次火灾考虑。

地铁车站的地下工程、出入口、风道及风亭的耐火等级为一级。

地下车站管理用房宜集中一端布置。管理用房区应有一个安全出口通向地面，该区内站厅和站台层间的人行楼梯应为封闭楼梯间。地铁车站与地下及地上商场等地下建筑物相连接时，必须采取防火分隔设施，且其每个防火分区内设两个独立的、可直达地面的疏散通道。物业开发区应按有关规范采取有效的防火措施，自成体系，与车站之间进行防火分隔，使这些区域在发生火灾时不影响车站客流疏散和车站安全。地下车站站台和站厅乘客疏散区应划为一个防火分区。其他部位的防火分区的最大允许使用面积不应大于 1500m^2。两个防火分区之间采用耐火极限 4h 的防火墙和甲级防火门分隔。在防火墙设有观察窗时，应采用 C 类甲级防火玻璃。废水泵房、污水泵房、蓄水池、洗手间和盥洗室的面积可不记入防火分区面积内。

换乘车站当共用一个站厅时，站厅公共区面积不得超过 5000m^2；地面以上车站站台与站厅公共区防火分区的最大允许使用面积不应大于 5000m^2，其他部位每个防火分区的最大允许使用面积不应大于 2500m^2。

若站台发生火灾，站台至站厅的扶梯，按全停下时扶梯加楼梯总宽度能保证在火灾时 6min 内把站台的候车乘客和一列满载列车的乘客及车站工作人员疏散到安全地点进行核算：①如能满足要求，则扶梯全停止作固定楼梯使用；②如不能满足要求，通过 IBP 盘急停按钮实现单台急停，停止的下行自动扶梯作为固定楼梯用作紧急通道；上行的自动扶梯可继续向上运转；③如疏散通道能力还不够，则下行扶梯在停止后，在确保扶梯上无人的情况下，由工作人员在自动扶梯上/下端用钥匙按需要运行方向重新启动以疏散乘客；若站厅发生火灾，则站厅至站台的扶梯通过 IBP 盘急停按钮全部停下，组织人员迅速离开火灾区域。出入口的自动扶梯上行、下行扶梯在火灾时全部停止运行，作为固定楼梯供人员疏散使用。

车站公共区应充分利用楼板下混凝土梁划分防烟分区，每个防烟分区面积不大于 2000m^2(不得跨越防火分区)，梁高度不小于 500mm。无条件采用梁分隔时，应采用固定式挡烟垂壁。当吊顶透空率为 25%以上时，挡烟垂壁应设在结构顶板下；当吊顶透空率不足 25%时，挡烟垂壁应设在吊顶下，并伸至结构顶板。站台公共区的楼梯、扶梯开孔处和站厅的人行通道口采用固定式挡烟垂壁进行防烟分隔，挡烟垂壁下缘至楼梯踏面垂距不应小于 2. 3m。站内每个防火分区之间(包括楼、电梯结构墙体)均设置防火墙，其耐火极限为 4h。防火墙上的门采用甲级防火门，门的开启方向朝向疏散方向(即安全区)。防火墙墙体砌筑至该层顶板底面，墙体厚为 240mm，采用耐火极限 4h 的砌体，M5 砂浆砌筑。

地下车站的车站控制室、变电所、配电室、通信信号设备用房、通风空调机房、消防泵房、灭火剂钢瓶室等重要设备用房，应采用耐火极限不低于 3h 的隔墙和耐火极限不低于 2h 的楼板与其他部位隔开，建筑吊顶应采用不燃材料。隔墙上的门及窗应采用甲级防火门及甲级防火窗。防火门采用平开门，除某些特殊的有双向要求的位置外，防火门均应向疏散方向开启。疏散楼梯间或主要通道上的防火门，采用向疏散方向开启的甲级防火门。车站的站台、站厅、出入口楼梯、疏散通道、封闭楼梯间等乘客集散部位，及各设备、管理用房，其墙、地及顶面的装修材料，以及广告灯箱、座椅、电话亭和售、检票亭等所用材料，应采用不燃材料或难燃材料，同时，装修材料不得采用石棉、玻璃纤维制品及塑料类制品。

防火卷帘与建筑构件之间的缝隙以及管道、电缆、风管等穿过防火墙、楼板及防火分隔物时，应采用防火封堵材料将空隙填塞密实，并应达到防火分隔物的耐火极限。

地下车站防火分区(有人区)安全出口的设置应符合下列规定：①车站站台和站厅防火分区，其安全出口的数量不应少于2个，并应直通车站外部空间。②其他各防火分区安全出口的数量也不应少于2个，并应有1个安全出口直通外部空间。与相邻防火分区连通的防火门可作为第二个安全出口。竖井爬梯出入口和垂直电梯不得作为安全出口。③换乘车站的换乘通道不能作为安全疏散口。④与车站相联开发的地下商业等公共场所，通向地面的安全出口应符合现行《建筑设计防火规范》的规定。

站台公共区的任一点，距疏散楼扶梯口或通道口不得大于50m，在站台每端均应设置到达区间的楼梯。设于公共区的付费区与非付费区的栏栅应设疏散门。出口楼梯和疏散通道的宽度，应保证在远期高峰小时客流量时发生火灾的情况下，6min内将一列车乘客和站台上候车的乘客及工作人员全部撤离站台。

安全出口、楼梯和疏散通道的设置应符合下列规定：①供人员疏散的出口楼梯和疏散通道的宽度，应按现行《地铁设计规范》第8章车站建筑的有关规定计算。②车站的设备及管理用房区域的安全出口、楼梯、疏散通道的最小净宽应符合下列规定：地铁车站设备、管理用房区安全出口及楼梯为1.2m；单面布置房间的疏散通道为1.5m；双面布置房间的疏散通道为1.8m。③设备、管理用房直接通向疏散走道的疏散门至安全出口的距离，当房间疏散门位于两个安全出口之间时，至最近安全出口的最大距离不应大于40m；当房间位于袋形走道两侧或尽端时，其疏散门至最近安全出口的最大距离不应大于22m。

消防专用通道及楼梯间应设置在有车站控制室等主要管理用房的防火分区内，并应能够方便到达地下设备层。当消防专用通道楼梯间的室内地面与室外出入口地面高差小于10m时，应设封闭楼梯间，大于10m时应设防烟楼梯间。地下出入通道长度超过60m时设置机械排烟设施，通道长度不宜超过100m，如超过时应采取措施满足人员疏散的消防要求。两条单线区间隧道之间，当隧道连贯长度大于600m时，应设联络通道，并在通道内设置两樘反向开启的甲级防火门。

防洪、防涝设计方面，出入口原则上应考虑设置屋盖，当由于规划要求或其他原因无法设置屋盖时，可采用敞口式出入口。敞口式出入口，其设在自动扶梯下部的集水坑容积应考虑出入口的雨水集水量。地下车站出入口的地面标高应高于就近道路面的暴雨积水标高，并按200年一遇的防洪要求设防。一般高出室外地面300~450mm，必要时还要预留防洪设施。低风亭的风口高度及敞口式风亭的边墙高度应满足防淹要求。

六、无障碍设计

车站按照无障碍设计规范规定，应考虑无障碍设计。车站应设计专用无障碍卫生间。

站内的无障碍设施应按《城市道路和建筑物无障碍设计规范》执行。站厅到站台岛式站台设一部无障碍电梯；侧式站台每侧各设一部。该电梯宜按观光梯设计，且为无机房的曳引型电梯。

车站所有供乘客使用的通行路径(出入口、通道、楼梯、站厅及站台等)均应按规范标准设置导盲带，盲人导向带要求除车站内设置完善外，还应与车站外城市道路的盲人导向系统连通，其具体要求应符合现行无障碍设计的有关规定和规范。邻近导盲带一侧的通路围护设施(墙体，扶手栏杆等)应在转折处设置盲文标记与声讯提示装置。在自动检票机附近应设一处能通过残疾人轮椅的专用检票口，其宽度不应小于900mm。此专用检票口可和工作人员通道口以及付费区安全疏散门合用。

第三节　结构设计

一、地下结构

(一) 设计标准

(1) 地下铁道结构中主要构件(即构成主体承重框架且不易维护的构件含车站内部的钢筋混凝土楼板、站台板、楼梯等)的设计使用年限为100年。

(2) 主体结构及其相连的重要构件，其安全等级为一级，其他构件的安全等级为二级，支护结构的安全等级不低于二级。按可靠度理论设计时，设计基准期为50年，结构耐久性设计应符合结构设计使用年限为100年的要求。在进行承载能力计算时，其重要性系数分别取 $\gamma_0=1.1$、1.0。

(3) 地下铁道结构应根据设防烈度、场地条件、结构类型和埋深等因素选用能较好反映其临震工作状况的分析方法，并采取必要的构造措施，提高结构和接头处的整体抗震能力。非承重构件(装饰构件、管道安装等)亦应采取抗震措施。当围岩中包含有可液化土层时，必须采取可靠对策提高地层的抗液化能力，保证地震作用下结构的安全性。

(4) 地铁结构的地震作用按8度设防。单建明挖和埋置于Ⅳ~Ⅵ级围岩中的矿山法施工的地下结构，其立柱的抗震等级可按二级考虑，梁柱节点按抗震等级二级采取构造措施，其他墙板连接节点按抗震等级二级或以下采用构造措施。地下结构与地面建筑物合建时，其抗震等级应与上部建筑物抗震等级一致。

(5) 结构按甲类人防工程、工程防核武器抗力级别6级、防常规武器抗力级别6级的人防荷载进行结构强度核算。

(6) 结构设计应按《湿陷性黄土地区建筑标准》(GB 50025—2018)有关规定执行。地下车站的主体结构湿陷性类别可按甲类考虑，风道、出入口通道等附属建筑湿陷性类别可按乙类或丙类考虑。湿陷等级应按基底以下剩余湿陷性土层重新评定。

(7) 混凝土结构的耐久性应根据结构的设计使用年限、结构所处的环境类别及作用等级进行设计。

(8) 地下铁道结构中主要构件的耐火等级为一级。

（9）钢筋混凝土结构的最大计算裂缝宽度允许值应根据结构类型、使用要求、所处环境和防水措施等因素确定。防水混凝土结构裂缝宽度不得大于0. 2mm，并不得贯通。

（二）荷载

结构设计应根据结构类型，按《地铁设计规范》（GB 50157—2013）及本节所列荷载，对结构整体或构件可能出现的荷载进行最不利组合，确定组合系数并进行计算。确定荷载的数值时，应考虑施工和使用过程中发生的变化。地下结构的设计荷载类型及名称应按表11-8采用。

表 11-8　地下结构荷载分类表

荷载分类		荷载名称
永久荷载		结构自重
		结构上部和受影响范围内的设施及建筑物压力
		静水压力及水浮力
		混凝土收缩及徐变作用
		预加应力
		设备荷载
		设备基础、建筑做法、建筑隔墙等引起的结构附加荷载
		地基下沉影响
可变荷载	基本可变荷载	地面车辆荷载及其冲击力
		地面车辆荷载引起的侧向土压力
		列车竖向静活载
		列车竖向动力作用
		人群荷载
	其他可变荷载	温度变化影响
		列车制动力和牵引力
		施工荷载
偶然荷载		地震影响
		地铁车辆脱轨荷载
		6级人防荷载

注：（1）设计中要求考虑的其他荷载，可根据其性质分别列入上述三类荷载中。
（2）表中所列荷载本节未加说明者，可按国家有关规范或根据实际情况确定。

（三）地下结构荷载计算

（1）结构自重。指结构自身重量产生的沿各构件轴线均匀分布的竖向荷载。混凝土$\gamma=25kN/m^3$；钢结构$\gamma=78.5kN/m^3$。

（2）地层压力。地层压力应根据地下结构所处工程地质和水文地质条件、埋置深度、结构型式及其工作条件、施工方法和相邻隧道间距等因素，结合已有的试验、测试和研究资料，按有关公式确定，包括竖向压力和水平压力：①竖向压力：明挖车站（区间隧道）、浅埋暗挖车站（区间隧道）以及软土地层使用盾构法施工的区间隧道，一般按计算截面以上全部土柱重量考虑。②水平压力：根据结构受力过程中墙体位移与地层间的相互关系，可分别按主动土压力、静止土压力或被动土压力计算。

地下结构施工期间围护结构的主动区土压力宜按朗金公式的主动土压力计算，在给支护结构横撑施加预应力或采用逆作法施工时，宜根据结构的变位取静止土压力或界于静止土压力与主动土压力之间的经验值。在使用阶段，结构承受的水平力宜按主动土压力和静止土压力对结构产生的不利工况进行计算。设计采用的侧向水、土压力，在施工阶段对于黏性土层可采用水土合算，对于砂性地层可采用水土分算；在使用阶段，要考虑水对结构的长期效应，应采用水土分算。计算中应计及地面荷载和邻近建筑物以及施工机械等引起的附加水平侧压力。

（3）结构上部和受影响范围内的设施及建筑物压力。在计算地下结构上部和受影响范围内的设施和建筑物压力时，对已有或已经批准待建的建筑物压力在结构设计中均应考虑。但对于暗挖结构，当隧道顶部覆土厚度足以形成天然卸载拱时，该项可不予考虑。

（4）水压力及浮力。结构计算中应计及地下水压力及其产生的浮力影响。对于结构整体，应根据施工阶段和使用阶段地下水位的最不利情况，计算水压力和浮力的大小，使用阶段的地下水位应根据勘探部门提出的设防水位或西安地区规划的地下水回灌水位确定。设计水压力按静水压力计算。

（5）混凝土收缩作用及徐变影响。超静定或截面厚度较大的地下结构应考虑混凝土收缩的影响。《铁路隧道设计规范》（TB 10003—2005）及《铁路桥涵设计基本规范》（TB 10002.1—2005）规定，混凝土收缩的影响可假定用降低温度的方法来计算。对于整体浇注的混凝土结构相当于降低温度 20℃；对于整体浇注的钢筋混凝土结构相当于降低温度 15℃；对于分段浇注的混凝土或钢筋混凝土结构相当于降低温度 10℃；对于装配式钢筋混凝土结构相当于降低温度 5~10℃。

（6）预加应力。为提高结构抗裂性能，在构件内应施加预应力。

（7）设备荷载及设备用房区荷载。设备荷载是指各机电设备系统设备的荷载，如通风系统、供电系统、售检票设备、电扶梯设备等。设备荷载的计算，应根据设备的布置情况、实际重量、动力影响、安装运输路径等确定荷载值大小和范围。设备用房区荷载包括设备用房荷载和设备荷载。

设备用房荷载应根据设备用房隔墙布置、墙体高度及墙体结构形式确定其大小和范围。设备用房区荷载一般可按标准值不小于 8.0kPa 进行计算；当墙体高度大于 4m 时，需要按照建筑墙体实际布置、墙体高度及墙体结构形式计取荷载标。

（8）结构附加荷载。指由设备基础、建筑面层、设备管线、轨道及道床结构、建筑隔墙（不包含设备区隔墙荷载）、安全门结构等引起的结构附加荷载。

（9）基础下沉影响力。由于地层不均匀、荷载突变、施工方法及施工顺序、地下水位变化、结构形式及刚度变化等引起的基础沿横向及纵向不均匀沉降产生对结构的影响力。

（10）地面车辆荷载及其冲击力。一般可简化为与结构埋深有关的均布荷载，可按 20kPa 计算，并不计动力作用的影响。但覆土较浅时应按实际情况计算（公路汽车活载按《公路桥涵设计通用规范》JTG D60—2004 规定考虑）。

（11）地面车辆荷载引起的侧向土压力。一般按 20kPa 计算，但覆土较浅时应按实际情况考虑扩散后作用在地下结构侧向的作用力。盾构井周边考虑盾构吊装时，如无特殊要求，可按照 30kPa 计算荷载。

（12）地铁车辆荷载及其冲击力。该项荷载主要对换乘车站的架空板影响较大。地铁车辆荷载应按其实际轴重和排列计算，并考虑动力作用的影响，同时应按线路通过的重型设备运输车辆荷载进行验算。

对换乘结构中直接承受列车荷载的楼板等构件，其计算及构造应满足现行《铁路桥涵钢筋混凝土和预应力混凝土结构设计规范》(TB 10002.3—2005)的要求。

（13）人群荷载。站台、站厅、楼梯、车站管理用房等部位的人群荷载按 4.0kPa 计算。

（14）温度变化影响。对于覆土厚度较浅的结构应考虑温度影响。因温度变化而引起的内力应根据西安地区温度情况及施工条件所确定的温度变化值通过计算确定：使用阶段温度变化范围按-4.2~29.8℃考虑，施工期间宜采用低温入模、中温养护的原则，尽量减小混凝土的内外温差。

（15）施工荷载。结构设计中应考虑下列施工荷载之一或可能发生的几种情况的组合。①设备运输及吊装荷载；②施工机具荷载，一般不超过 5kPa；③地面堆载、材料堆载一般不超过 20kPa，盾构井处不得超过 35kPa；④暗挖法施工时相邻隧道前后开挖的影响；⑤盾构法施工时千斤顶的顶力；⑥为减少基坑变位在支护结构上施加的预压力；⑦注浆所引起的附加荷载；⑧盾构过车站的设备荷载。

（16）地震荷载。本工程抗震设防烈度为 8 度，设计基本地震加速度值为 0.2g。地震作用可采用地震系数法计算，也可采用等效静力法计算。当采用等效静力法时，内容包括：结构本身、结构上方土柱的惯性力以及侧向土压力的增量。当采用地震系数法时，土内摩擦角改变量：水上可按 3°考虑，水下可按 5°考虑。

（17）人防荷载本工程人防按抗力等级 6 级设防，作用在结构上的等效荷载和计算时荷载组合系数应遵守《人民防空工程设计规范》。

（四）荷载组合及分项系数

地下结构荷载组合：恒载+活载；恒载+部分活载+地震荷载；恒载+部分活载+人防荷载。

荷载组合分项系数。见表 11-9。

表 11-9　荷载分项系数表

编号	荷载组合验算工况	永久荷载	可变荷载	偶然荷载	
				地震荷载	人防荷载
1	基本组合构件强度计算	1.35	1.4(1.3)		
2	构件裂缝宽度验算	1.0	1.0		
3	构件变形计算	1.0	1.0		
4	抗震荷载作用下构件强度验算	1.2(1.0)		1.3	
5	人防荷载作用下构件强度验算	1.2(1.0)			1.0
6	构件抗浮稳定验算	1.0			

注：本表仅涉按照极限状态法计算结构强度及变形时须要遵循的荷载分享系数。

（五）工程材料及结构耐久性

1. 工程材料

地下铁道结构的工程材料应根据结构类型、受力条件、使用要求和所处环境等因素选用，并考虑其可靠性、耐久性和经济性。主要受力结构宜采用钢筋混凝土，必要时可采用金属结构或组合结构。

混凝土的原材料和配比、最低强度等级、最大水灰比和每立方混凝土的水泥用量、外加剂的性能及掺加量等应符合耐久性要求，同时要满足抗裂、抗渗、抗冻和抗侵蚀的需要。一般环境条件下混凝土强度按不低于表 11-10 所列的数值选用。

表 11-10　混凝土强度设计等级

	施工方法	部位		混凝土标号	抗渗等级
地下结构	明挖法	模筑混凝土结构	顶板、底板、边墙	≥C40	≥P8
			楼板、楼梯、站台板	≥C35	—
		地下连续墙		≥C30	≥P8
		灌注桩		≥C35	—
		喷射混凝土		≥C20	—
		钢管混凝土柱		≥C40	—
		素混凝土垫层		≥C15	—
	矿山法	喷射混凝土初衬		≥C20	—
		现浇混凝土或模铸钢筋混凝土二衬		≥C40	≥P8
		钢筋混凝土柱		≥C40	—
	盾构法	装配式钢筋混凝土管片		≥C50	≥P10

注：（1）当采用水下或泥浆下灌注混凝土时，施工配合比应提高一级混凝土强度等级。当采用单层地下连续墙作为永久结构时，对在稳定液泥浆中浇注的混凝土耐久性应作充分论证。

（2）凡与岩土层接触的顶板、边墙、底板均最低采用 C40，考虑到楼板可采用 C35，但考虑到楼板与边墙交界处需要用同一种混凝土浇注，建议最低采用 C40。

（3）以上为地下结构构件采用混凝土最低等级规定。

钢筋混凝土结构及预应力混凝土结构的钢筋，应按下列规定选用，具强度、变形性能指标按相应设计规范规定执行。①纵向受力普通钢筋宜采用 HRB400 钢筋，也可采用 HPB300、HRB335 钢筋；其中，围护结构纵向受力筋可考虑采用 HRB400 级钢或 HRB335 级钢筋。②梁、柱纵向受力普通钢筋应采用 HRB400 钢筋；③箍筋宜采用 HRB400、HPB300 钢筋，也可采用 HRB335 钢筋；④预应力钢筋宜采用预应力钢绞线、钢丝，也可采用热处理钢筋。⑤锚杆可采用钢绞线和 HRB335 级及以上的粗钢筋。钢结构构件一般采用 Q235 钢。⑥喷射混凝土宜采用高性能湿喷混凝土。

2. 耐久性要求

地铁结构的设计使用年限为 100 年。应按此要求根据构件所需的维修程度、所处的使用环境及其侵蚀作用类别等条件进行耐久性设计。一般应包括以下内容：①混凝土材料设计：包括混凝土原材料和配比、混凝土的强度等级、水胶比、水泥用量，以及混凝土抗渗性、抗冻性、抗裂性等具体参数指标。②与结构耐久性有关的结构构造措施(如保护层厚度)与裂缝控制要求。③与耐久性有关的施工要求，特别是混凝土养护和保护层厚度的质量控制与保证措施。④结构使用阶段的定期维护与检测要求。⑤对于严酷或极端严酷环境侵蚀作用下的结构或结构部位，尚需采用特殊的防腐蚀措施，如在混凝土组成中加入阻锈剂、防腐剂、水溶性聚合树脂，在混凝土构件表面涂敷或覆盖护材料，选用环氧涂膜钢筋，以及必要时采用阴极保护和牺牲阳极等措施。混凝土的特殊防腐措施尤其是防腐新材料和新工艺的采用应通过专门的论证确定。⑥西安地区属寒冷地区，冬季会影响车站施工，耐久性要求应包含冬季施工技术处理措施。

设计使用年限为100年的结构混凝土材料应符合：①车站大体积浇筑的混凝土避免采用高水化热水泥，混凝土优先采用双掺技术(掺高效减水剂加优质粉煤灰或磨细矿渣)。地下车站顶、底板、侧墙宜采用高性能补偿收缩防水混凝土。②严格控制水泥用量及水胶比：在保证混凝土强度的前提下，尽量降低胶凝材料(水泥、抗裂防水剂、掺和料)的总用量和水泥用量，并根据环境类别及混凝土最小强度要求，控制胶凝材料的最小用量和最大水胶比。③混凝土中的最大氯离子含量为0.06%。④宜使用非碱活性骨料；当使用碱活性骨料时，混凝土中的最大碱含量为3.0kg/m³。⑤优先掺加优质引气剂。

受力钢筋的混凝土保护层厚度不得小于钢筋的公称直径，且在一般环境条件下应符合表11-11的规定。

表11-11　纵向受力钢筋的混凝土保护层最小厚度　　mm

结构类别	地下连续墙		灌注桩	明挖结构						钢筋混凝土管片		矿山法施工的结构			
				顶板		楼板	柱	底板				初期支护或喷锚砌		二衬	
	外侧	内测		外侧	内测			外侧	内测	外侧	内测	外侧	内测	外侧	内测
保护层厚度	70	50	70	50	40	30	40	50	40	50	40	40	40	50	40

注：(1) 车站内的楼梯及站台板等内部构件主筋的保护层厚度可采用25mm。

(2) 顶进法的隧道主筋的保护层厚度可采用明挖结构的数值。

(3) 矿山法施工的结构当二衬的厚度大于50cm时主筋的保护层厚度应采用40mm。

(4) 各构件最外层钢筋的保护层厚度不应小于《混凝土结构设计规范 GB 50010—2010》中表8.2.1中数值的1.4倍。

(5) 构件中受力钢筋的保护层厚度不应小于钢筋的公称直径。

(六) 明(盖)挖地下结构

1. 设计原则

(1) 结构设计中应严格控制基坑开挖和地下隧道施工中引起的地面沉降量。应对由于土体位移可能引起的周围建筑、构筑物、地下管线产生的危害加以预测，并提出安全、经济、技术合理的基坑支护措施。防止过量的地面变形对周围建筑和市政管线造成危害。地面变形允许数值应根据地铁沿线不同地段的地面建筑及地下构筑物的实际情况，参照类似工程的实践经验确定。

(2) 根据对国内地铁深基坑的调查和工程类比，地铁四号线深基坑变形控制保护等级标准见表11-12。按场地的地质状况、周边环境安全的重要程度和坑内永久性结构变形允许条件等因素，对基坑支护工程划分为4个级别。可按具体情况根据表11-12对基坑的不同区段确定不同的等级，作为设计基坑支护的变形控制标准。

表11-12　基坑保护等级和变形控制标准

保护等级	地面最大沉降量及围护结构水平位移控制要求	周边环境保护要求
特级	1. 地面最大沉降量0.1%H； 2. 支护结构最大水平位移≤0.1%H，或≤30mm，两者取最小值	1. 离基坑周围0.75H范围内有地铁、煤气管、大型压力总水管等重要建筑市政设施必须确保安全； 2. 开挖深度≥18m，且在1.5H范围内有重要建筑、重要管线等市政设施或在0.75H范围内有非嵌岩桩基础埋深≤H的建筑物
一级	1. 地面最大沉降量≤0.15%H； 2. 支护结构最大水平位移≤0.2%H，且≤30mm	1. 离基坑周围H范围内设有重要干线、在使用的大型构筑物、建筑物或市政设施； 2. 开挖深度≥14m，且在3H范围内有重要建筑、管线等市政设施或在1.2H范围内有非嵌岩桩基础埋深≤H的建筑物
二级	1. 地面最大沉降量控制在≤0.3%H； 2. 支护结构最大水平位移≤0.4%H，且≤50mm	仅基坑附近H范围外有必须保护的重要工程设施
三级	1. 地面最大沉降量≤0.6%H； 2. 支护结构最大水平位移≤0.8%H，且≤100mm	环境安全无特殊要求

注：表中H为基坑开挖深度。

(3) 根据工程特点和环境保护要求确定基坑安全等级及地面允许最大沉降量和支护结构的水平位移控制要求，据以选择支护形式、地下水处理方法和基坑保护措施等。

(4) 结构设计应进行抗浮稳定验算，按最不利情况进行验算。在不考虑侧壁摩阻力时，其抗浮安全系数不得小于1.05，当计及侧壁摩阻力时，其抗浮安全系数不得小于1.15，当结构抗浮不能满足要求时，应采取相应的工程措施。

(5) 当桩、墙等支护结构作为永久结构的一部分时，若不进行裂缝验算，则应考虑先期承受的外部荷载因材料性能退化和刚度下降向内部衬砌的转移。其构件刚度可按折减到50%考虑。当桩、墙等支护结构参与结构抗浮时，需进行裂缝验算。

(6) 当采用逆筑法施工时，应尽可能减少施工作业占用道路的时间和空间，结构形式、技术措施、施工方法和施工机具的选择等应与这一要求相适应。

(7) 当围岩中含有可液化地层时，要根据液化程度采取抗液化措施，保证地震作用下结构安全性。

(8) 侧向地层抗力和地基反力的数值及分布规律，应根据结构形式及其在荷载作用下的变形、施工方法、回填与压浆情况、地层的变形特性等因素确定。

(9) 对顶板镂空的车站，应做好平、战转换的结构处理措施。

(10) 桩、墙式围护结构的设计，水平基床系数的取值宜考虑挖土方式、时限、支撑架设顺序及时间等影响。

(11) 根据地铁规范要求，为确保结构建筑限界不受影响、统一计量原则，使四号线设计概算标准一致，根据国内其他城市地铁的设计经验，对综合误差(包括施工误差、结构变形等)的预留余量问题规定如下：明挖结构，水平方向每侧按 50mm 加宽、顶板按 50mm 加高计算。

(12) 盾构端头井(始发井、起吊井、调头井)部分应根据承包商提供的盾构尺寸、重量、顶推力、施工工艺等进行系统的结构布置及结构计算。盾构端头井有很强的空间受力特性，应进行空间强度变形分析，并考虑基坑开挖、内部结构浇筑、盾构施工等全过程受力情况。

2. 结构形式

(1) 对于用明挖法、盖挖法施工的车站与区间，一般采用整体式钢筋混凝土框架结构形式。区间隧道宜采用带中隔墙的矩形双跨结构；车站结构按站台宽度的不同，一般采用双跨或三跨等矩形框架结构，站台宽度较窄时，也可采用单跨结构。根据建筑需要，车站结构可做成单层或多层。车站立柱可设计成圆形、方形或多边形。底、中、顶板可设计为梁板体系结构，顶板亦可设计为密肋板。

(2) 当桩、墙作支护结构又作为永久结构的一部分时，其与内衬的关系应和结构防水方案综合起来考虑，优先采用在支护结构和内衬之间设置隔离层的复合式结构形式或采用分离式结构形式。

结构计算：

(1) 基坑工程应进行抗滑移和倾覆的整体稳定性检算；桩墙式支护结构尚应进行基坑底部土体的抗隆起稳定性和抗渗流或抗管涌稳定性检算；基坑稳定性检算应遵照《建筑基坑工程技术规范》(YB9258—97)、《建筑基坑支护技术规程》(JGJ120—99)进行。基坑工程抗滑移和倾覆的整体稳定性，基坑底部土体的抗隆起稳定性和抗渗流及基坑底以下承压水的稳定性其安全系数均应大于 1.3。桩墙式围护结构当设置一道撑(或锚杆)时，其嵌固深度设计应不小于 0.3h；当设置两道以上撑(或锚杆)时，其嵌固深度设计应不小于 0.2h。

(2) 湿陷性黄土场地的基坑设计应遵守《湿陷性黄土地区建筑规范》(GB 50025—2004)有关规定，坑壁有可能受水浸湿时，宜采用饱和状态下黄土的物理力学指标进行设计与验算。

(3) 明挖隧道结构宜按底板支承在弹性地基上的结构物计算，结构宜简化为平面问题进行分析并计入立柱和楼板的压缩变形、斜托的影响，采用逆筑法施工时还应计入立柱施土时产生的偏心和不均匀沉降对水平构件产生的不利影响。地铁车站的中立柱对抗震起重要作用，当采用钢筋混凝土柱时应限定轴压比、并对箍筋配置方法提出要求。结构采用双层衬砌时，应根据两层衬砌之间的构造形式和结合情况，选用与其传力特征相符的计算模型。对于结构形式复杂、空间受力明显或地层条件变化较大处的结构应增加空间计算。

(4) 当车站纵梁受车站净空限制必须采用扁梁设计时，应根据各层板与梁的刚度比，考虑板在纵向内力分配的不均匀性。应注意核算受弯构件的抗弯抗剪承载力以及人防荷载下的抗剪承载力。

(5) 当采用桩、墙等挡土结构既作为施工阶段的支护结构又作为永久受力结构时，或者在软土中挖深较大的临时支护结构等，结构计算应根据施工中的开挖、架撑、浇注混凝土、拆撑等，分阶段进行内力分析。计算时必须计入结构的先期位移值以及支撑的变形，按先变形后支撑的原则进行结构分析。截面设计按内力包络图进行，支撑轴力取各阶段计算的最大值。

(6) 当内、外墙间设有隔离层或防水层时，按复合墙进行计算分析。

(7) 换乘节点处直接承受列车荷载的楼板等构件，其计算及构造应满足现行《铁路桥涵设计规范》的要求。

(8) 明挖法和盖挖逆筑法施工时，当支护结构兼作上部建筑物的基础时，尚应进行垂直承载能力、地基变形和稳定性计算。

(9) 对于采用半铺盖施工的车站，结构计算模型应与其所采取的施工工序保持一致，并采用必要的结构构造措施，确保施工期间基坑安全。

(10) 为减少墙体在基坑开挖时间的位移，对支护结构的水平支撑应施加预应力，其值可按设计轴力的 30%~60%计，结构的内力及变形计算应考虑支撑预应力的作用。

3. 构造要求

缝的设置原则：

(1) 由于地铁结构本身的重量一般小于被挖除的土体重量，车站主体结构一般可不设置沉降缝；在结构、地质或荷载发生显著变化处，为避免差异沉降引起的纵向变形，宜通过地基处理、结构措施等方法，将结构的纵向沉降率控制在整体道床允许的范围内，确保结构不产生影响行车安全的差异沉降。

(2) 为避免人为设缝导致车站主体结构纵向刚度急剧下降，以至丧失抵抗纵向变形的能力，为避免对行车产生不利影响，结构单元内不宜设置温度伸缩缝，沿车站长度方向按一定间距(24~36m)设置诱导缝，诱导缝一般按设于柱中考虑。若由于特殊原因，诱导缝间距过大，则除了中间增设施工缝外，尚应增加纵向分布钢筋。车站结构各部位纵向分布钢筋的配筋率应不小于 0.5%(双面)。

(3) 在车站结构与出入口通道等附属建筑的结合部应设置变形缝，但不允许两部分之间产生影响结构正常使用的差异沉降。

(4) 施工缝应根据施工组织安排、施工分段等情况而定。施工缝的位置应留在结构受剪力较小且便于施工的部位，注意照顾隧道内部的设施(如水池、电梯井、出入口等)的完整性。其间距宜参照类似工程的经验确定，明挖结构纵向间距一般情况为 12m~18m。施工缝应与诱导缝统一考虑使二者兼用。

结构专业应对相关专业提出抗震构造要求，后砌的内部承重墙和隔墙等应与主体结构可靠拉接，轻质隔墙、装饰构造、设备支架等应与主体结构连接固定。

基坑的监控量测项目应根据基坑等级确定。一般基坑的必测项目和选测项目见表 11-13。量测项目应反映测试方法、断面间距、单断面测点数量、量测频率、测试精度等内容。

表 11-13　基坑监控量测项目表

序号	监测项目	监测范围	测点断面及间距	备　注
1	基坑内、外观察	基坑外地面、建筑地层土质描述支护桩、内支撑	随时进行	含周围地面裂缝、塌陷、渗漏水、超线等
2	基坑周围地表沉降	周围一倍基坑开挖深度	长、短边中点，且间距为大于 30~50m 范围内	量测横断面不少于 3 处

续表

序号	监测项目	监测范围	测点断面及间距	备　注
3	桩顶位移	桩顶冠梁	长、短边中点，且间距为大于30~50m范围内	量测横断面不少于3处
4	地下水位	基坑周边	基坑四角点长、短边中点	量测横断面不少于3处
5	桩体变形	桩体全高	长边50~80m，短边中点竖向间距1m	量测横断面不少于3处
6	*桩内钢筋应力应	桩体全高	长边50~80m，短边中点竖向间距不大	量测横断面不少于3处
7	支撑(锚索)轴力	支撑端部或中部	长、短边中点，且间距<15m	量测横断面不少于3处
8	水、土压力	围护桩迎土测个嵌固段桩背土测	长边50~80m，短边中点竖向间距5m	量测横断面不少于3处
9	重要建筑物、管线监测	基坑两侧		量测横断面不少于3处
10	*基坑回弹	基坑底部	沿纵向间距小于50m	量测横断面不少于3处
11	差异沉降	逆作法的中柱与边柱垂直位移	沿纵向间距小于50m	同一地质单元或同一结构单元量测横断面不小于2处

注：带*号为选测项目。

地下连续墙及灌注桩的垂直度和平整度，应根据建筑物的使用要求和地质条件以及挖槽机械性能等因素确定。一般情况下，地下连续墙垂直度误差不应大于1/300，墙表面凹凸不应大于100mm，分离钻孔桩的垂直度不大于1/200，施工中应确保车站建筑限界及结构厚度。

地下连续墙及灌注桩等水下浇注构筑物的钢筋笼应采用焊接。钢筋笼的构造应有利于入槽准确固定和就位。单元槽段或桩的钢筋笼应尽量装配成一个整体，在个别困难情况下，钢筋笼必须分节时，接头位置应选在受力较小处，并相互错开，保证受力钢筋接头在同一连接区段不大于50%。施工时应注意上、下段钢筋对位准确，保证钢筋笼顺直。水下浇注钢筋混凝土构筑物，在吊放钢筋笼前，必须对槽底沉淀泥浆进行置换和清除，其底部残余厚度不应大于100mm。明挖结构基底须设C15级素混凝土垫层，厚度不应小于100mm，在软弱地层中不应小于150mm。

(七) 矿山法

1. 设计原则

(1) 矿山法施工的结构的断面形状和衬砌形式，应根据围岩条件、使用要求、施工方法及断面尺寸等，从受力、围岩稳定和环境保护等方面综合考虑，合理确定。围岩分级可根据现行《铁路隧道设计规范》确定。

(2) 区间隧道一般采用马蹄形断面，复合式衬砌，特殊情况下可采用直墙拱形结构。复合式衬砌的外衬为初期支护，可由注浆加固的地层、网喷支护与钢拱架等支护形式组成，内衬采用钢筋混凝土模筑衬砌，内外层衬砌之间铺设防水层。矿山法结构设计，应根据围岩和环境条件、结构埋深和断面尺寸等，通过选择适宜的开挖方法、辅助措施、支护形式及与之相关的支护参数，达到保持围岩和支护的稳定、合理利用围岩自承能力的目的。施工中应通过对围岩和支护的动态监测，优化设计和施工参数。

(3) 临时竖井设计应结合施工要求和场地环境情况进行，设计中要充分考虑到施工期间的结构受力特点和使用要求。

(4) 矿山法施工的区间隧道覆土厚度和平行隧道间的净距，应根据工程地质条件、隧道断面尺寸、埋置深度、施工方法、限界和线路要求等因素确定，并不宜小于隧道外轮廓直径。当因功能需要或其他原因不能满足上述要求时，应在设计和施工中采取适当的措施。

(5) 区间隧道穿越建筑物基础时，应预估沉降量，并采用可靠的技术方案以确保建筑物正常使用不受影响。对建筑物允许产生的沉降量和次应力，应依据不同建筑物按有关规程、规范及要求予以验算。

(6) 结构施工引起的地面沉降应控制在允许的范围内。施工时，应根据周围环境、建(构)筑物基础及地下管线对变形的敏感度，采取稳妥可靠的措施。一般地段地面沉降量控制在30mm内，当穿越重要建筑物或地下管线时，上述数值应根据现状建(构)筑物、管线等的允许值确定。

(7) 矿山法结构的净空尺寸应考虑综合误差(含施工误差、测量误差、不均匀沉降、结构变形等)的要求而留出必要的余量。

(8) 采用浅埋暗挖法处理地裂缝，结构净空必须预留足够的后期变形空间，采用的结构形式应该能够适应地裂缝的变形而不致引起结构破坏。结构设计应考虑地裂缝变形超限后的处理措施。

(9) 每个区间两条隧道之间必须设置联络通道，保证人员安全撤退距离不大于600m，通道内设防火门。联络通道尽量采用矿山法施工，并尽量与区间施工横通道、排水泵站及区间通风竖井结合设置。

2. 结构形式

暗挖车站的结构形式有单拱式、双拱立柱式、双拱塔柱式、三拱立柱式、两个单拱隧道、三个单拱式隧道。宜根据地质条件、水文条件、地下管线、临近建(构)筑物、车站功能、防水条件、施工难度、工期及造价进行综合比选，以确定合理的施工方法和结构形式。特殊条件下可采用平顶直墙结构。

暗挖区间、配线、风道、出入口通道、区间联络通道宜采用马蹄型结构或双连拱。

结构横断面可设计为直墙或曲墙。结构应采用复合式衬砌，复合式衬砌的外衬为初期支护，可由注浆加固的地层、锚喷支护与钢拱架等支护形式组成，内衬采用钢筋混凝土模筑衬砌，内外层衬砌之间铺设防水层或隔离层。

矿山法区间联络通道尺寸参见盾构法区间联络通道。

3. 结构计算

(1) 结构计算简图应根据工程地质和水文地质条件，衬砌构造特点及施工工艺加以确定。计算中应考虑衬砌与地层的共同作用或考虑地层抗力对衬砌变形的约束作用。

(2) 结构设计及其设计参数应以工程类比法与必要的理论计算来确定，并通过现场监控量测及时调整设计参数。

(3) 由于结构一般采用分步开挖法施工，结构计算模拟施工过程，并应考虑其受力具有时间和空间性。对于结构承载力可直接采用荷载-结构模型进行计算，对于预估地面沉降的结构宜按弹塑性有限元法进行模拟计算。

(4) 施工阶段，初期支护的计算荷载可以考虑地层的压力拱作用；使用阶段，考虑到结构上部地层因道路改造、埋管等多变性，永久结构应按截面以上全部土柱重量计入荷载。

(5) 裂缝段的衬砌结构计算时应考虑地裂缝变形对结构的影响，应有可靠的技术保障措施。

4. 构造要求

地下结构应设置温度变形缝，缝的间距可根据施工工艺、使用要求、围岩条件以及运营期间地铁内部温度相对于结构施工时的变化等，参照类似工程的经验确定。施工缝则可根据模板、施工技术水平和施工条件综合考虑，一般为6~12m。

暗挖法施工的结构，应及时向其初期支护及二次衬砌背后注水泥砂浆或其他浆液。暗挖地下结构中辅助工法选用原则：①超前小导管注浆量：注浆以确保开挖过程中的地层稳定为原则，注浆量根据注浆加固范围、地层孔隙率及填充系数等因素综合确定。②掌子面封闭：以确保中断开挖工序时掌子面稳定为原则，其封闭方式、纵向步距等由施工单位自行考虑。③初期支护背后回填注浆：应确保初期支护与围岩之间充填密实。④在浅埋、大跨度、围岩或环境条件复杂区段以及施工通道进入主体结构时，可考虑采用大管棚等辅助施工措施。⑤矿山法施工的隧道初衬格栅钢架外轮廓线应考虑围岩的变形及施工开挖的实际情况适当外放，并要求格栅加工成榀后进行正环试拼装，合格后方可使用。⑥围岩与格栅钢架之间应铺设单层钢筋网。⑦初期支护背后及二衬背后注浆应根据实际情况确定注浆控制压力，初期支护、二次衬砌应按要求预埋注浆管。⑧施工通道进入正洞宜采用正交方式，尽量避免斜交方式。⑨监控量测必测项目应按照《铁路隧道施工规范》TB10204—2002的规定执行。⑩地裂缝处理段的变形缝应考虑结构变形后的防水和变形缝结构破坏问题。同时应考虑变形缝处的变形在采取工程措施后不应影响正常的行车安全。

格栅钢架可采用桁架式或“8”字节钢筋拱架，按0.5m、0.75m、1.0m等间距选用纵向步距。根据地层情况，钢格栅分段分节应考虑计算和施工需求。围岩与格栅钢架之间应铺设单初期支护背后，应考虑采用水泥砂浆回填注浆。二次衬砌背后在拱顶应考虑采用水泥浆填充注浆，拱顶及墙角处按防水标准做法预留注浆管。

(八) 盾构区间隧道

1. 设计原则

盾构法施工的区间隧道的覆土厚度不宜小于隧道外轮廓直径，确有技术依据时，允许在局部地段适当减少。盾构法施工的平行隧道间的净距，应根据工程地质条件、埋置深度、施工方法等因素确定，且不宜小于隧道外轮廓直径。当因功能需要或其他原因不能满足上述要求时，应在设计和施工中采取必要的措施。

装配式管片的尺寸应考虑制作、吊装、运输以及施工的安全和方便。接头设计应满足受力、防水和耐久性要求。

盾构法结构综合净空余量：仅单线隧道，预制管片半径按100mm加大设计。两条单线区间隧道之间，当隧道连贯长度大于600m时，应设联络通道，并在通道内设置两樘反向开启的甲级防火门。区间联络通道应尽量与区间排水泵站或区间通风竖井结合设置。

2. 结构形式

根据工程地质和水文地质条件、施工组织和工期要求，进行技术经济比较后，选择适当的盾构机型。

结构形式一般为预制钢筋混凝土管片组成的圆形结构。在满足工程使用、受力和防水要求的前提下，优先选用装配式钢筋混凝土单层衬砌。装配式衬砌宜采用接头具有一定刚度的柔性结构，在张开量6mm情况下应满足承受0.6MPa水压力的要求。隧道结构形式选用装配式钢筋混凝土单层衬砌，盾构管片环宽1.5m，外径6m，内径5.4m，管片厚度300mm。装配式衬砌联络通道的门洞区段，可采用钢管片、铸铁管片或钢与钢筋混凝土的复合管片，并采取防腐蚀和防火措施。联络通道处管片可以采用全混凝土管片，也可以采用半混凝土+半钢管片，联络通道施工时先对拆除部位的管片增设内部支撑，然后对开洞部位进行切割，采用矿山法施工联络通道。

3. 结构计算

盾构隧道结构的计算简图应根据地层情况、衬砌构造特点及施工工艺等确定，宜考虑衬砌与地层共同作用及装配式衬砌接头的影响。在软土地层中，采用通缝拼装的衬砌结构可取单环按自由变形的弹性匀质圆环、弹性铰圆环进行分析计算，采用错缝拼装的衬砌结构宜考虑环间剪力传递的影响。

因本工程覆土厚度变化较大，工程地质、水文地质不尽相同，故设计中应按不同的荷载及地质条件分段计算。

4. 构造要求

（1）装配式盾构管片宜采用具有一定刚度的柔性结构，以限制其在外荷载作用下的变形和接头张开量。

（2）盾构管片宜采用块与块、环与环间用螺栓连接的管片结构。

（3）管片厚度应根据隧道直径、埋深、工程地质及水文地质条件、使用阶段的荷载情况及衬砌承受的盾构千斤顶顶力等施工荷载确定，一般取300mm。

（4）盾构管片环宽为1500mm。曲线地段应采用适量的不等宽的楔形环，其环面楔形量由隧道直径、曲线半径、楔形环间距确定。

（5）衬砌环的分块，应根据管片制作、运输、盾构设备、施工方法和受力要求确定。区间隧道采用的管片分块为6块。

（6）应采用高精度钢模制作钢筋混凝土管片，钢筋混凝土管片制作和拼装必须达到如下精度：①管片采用错缝拼装，单块管片制作允许误差：宽度为±0.3mm，弧弦长为1.0mm，环向螺栓孔及孔位为1.0mm，厚度为1.0mm。②整环拼装的允许误差：相邻环的环面间隙为0.6~0.8mm，纵缝相邻块间隙为1.5~2.5mm，纵向螺栓孔孔径、孔位分别为±1mm，初砌环外直径±3mm。

（7）盾构管片衬砌背后注浆，应根据施工工艺及地层的实际情况确定注浆控制压力，以确保地层的稳定性以符合地面沉降量的要求为原则。

(8) 盾构隧道联络通道的结构与施工应结合区间排水泵站、区间防灾疏散一并考虑设计。

(9) 盾构始发、过站、吊出技术要求。

① 盾构始发具体要求。

a. 盾构始发的车站沿车站纵向长度不应小于12000mm为盾构始发井段。始发井段处车站侧墙与线路中心线间的净距离应不小于4000mm，始发井处中柱与线路中心线间的净距离应不小于3800mm。盾构始发井处车站顶板及各层楼板应预留盾构吊装孔，孔口尺寸为：11500mm(长)×7500mm(宽)(对称线路中线)，孔口应尽量靠近端墙。

b. 盾构始发端端头墙后约70m处车站顶板及各层楼板应预留7500mm(长)×5000mm(宽)的出土口。

c. 车站盾构始发端端墙上预留盾构始发孔尺寸为ϕ6620mm。

d. 车站盾构始发端端墙内侧底板应预留1000mm(宽)×640mm(深)凹槽。

e. 始发井段车站底板面应低于线路轨面线1590(1690，设置浮置板道床段)mm。

f. 始发井处车站结构底板板面应低于端墙预留始发孔最低点140mm。

g. 盾构始发需要施工场地面积约4000~5000m^2。

h. 盾构始发端端头墙由于盾构拼装引起的临时地面超载按70kN/m^{2}考虑。

i. 车站顶板由于设置龙门吊及堆放管片引起的临时地面超载按35kN/m^{2}考虑。

② 盾构过站对车站的具体要求。

a. 过站的车站盾构进站端沿纵向长度不小于12000mm，盾构始发端沿纵向长度不小于12000mm为工作井段。工作井段车站侧墙与线路中心线间净距离不小于4000mm。车站中柱与线路中心线间的净距离应不小于4550mm。

b. 盾构过站车站站台层净空尺寸为：6700mm(宽)×6890mm(高)。

c. 车站两端端墙上预留盾构始发，终到孔尺寸为ϕ6620mm。

d. 车站两端墙内侧底板应预留1000mm(宽)×640mm(深)凹槽。

e. 车站底板面应低于线路轨面1590(1690，设置浮置板道床段)mm。

f. 终到、始发处车站结构底板板面应低于端墙预留终到孔最低点140mm。

g. 暗挖车站的过站要求参照上述要求进行。

③ 盾构吊出具体要求。

a. 盾构到达车站的进站端沿纵向长度不小于12000mm为吊出井段。吊出井段车站侧墙与线路中心线间净距离不小于4000mm，吊出井段范围内中柱与线路中心线间的净距离应不小于3800mm。

b. 盾构吊出井处车站顶板及各层楼板应预留盾构吊出孔，孔口尺寸为：11500mm(长)×7500mm(宽)(一般对称线路中线)。当在盾构吊出井段范围内车站两线路中心间结构布置无柱或混凝土墙时，可考虑留一个吊出井。

c. 车站盾构终到端端墙上预留盾构终到孔尺寸为ϕ6620mm。

d. 车站盾构终到端端墙内侧底板应预留1000mm(宽)×640mm(深)凹槽。

e. 吊出井段车站底板面应低于线路轨面线1590(1690，设置浮置板道床段)mm。

f. 吊出井处车站结构底板板面应低于端墙预留终到孔最低点 140mm。

g. 盾构吊出井端车站按 800~1000m^2考虑盾构解体出井施工场地。

h. 盾构吊出井端端头墙由于盾构解体吊出引起的临时地面超载按 70kN/m^2考虑。

（10）盾构始发井、接收井外侧土体加固。为确保盾构机顺利进出车站，必须事先对洞口一定范围土体进行预加固，防止发生失稳坍塌、渗水或涌水。具体加固范围、技术方案应根据该处工程地质、水文地质及盾构机型等因素综合确定。一般加固范围为始发井洞口外侧前 8m 段，接收井洞口外侧前 6m 段。深度为结构下方 2m，宽度为结构侧边 3m，上部加固范围为结构上方 4m。

二、结构防水

（一）防水原则

根据西安地铁四号线地下车站和区间周边工程地质、水文地质、结构特点、施工方法等因素综合考虑，遵循“以防为主、刚柔结合、因地制宜、综合治理”的原则，满足《地铁设计规范》和《地下工程防水技术规程》的防水要求。

以结构自防水为主，在防水混凝土设计施工中，采取切实有效的防裂抗裂措施，保证混凝土有良好的密实性，加强钢筋混凝土结构的抗裂防渗能力并改善钢筋混凝土结构的性能，提高其耐久性。以施工缝、变形缝、诱导缝等接缝防水作为重点设防，并在结构迎水面设置柔性全外包防水层，以增强防水能力。

防水材料的选择应根据环境和地下水水质等条件，以可靠性好，耐久性高，方便施工，安全经济，保护环境为原则。卷材及其胶黏剂应具有良好的防水性、耐久性、耐穿刺性、耐腐蚀性和耐久性。

（二）防水等级

地下车站及机电设备集中区段的防水等级按一级，不允许渗水，结构表面无湿渍。

非机电设备集中区段的通风道、通风井、区间隧道及连接通道等附属的隧道结构防水等级按二级，结构不允许漏水，结构表面可有少量、偶见的湿渍。总湿渍面积不应大于总防水面积的 2/1000；任意 100m^2防水面积上的湿渍不超过 3 处，单个湿渍的最大面积不大于 0.2m^2。

盾构法施工的隧道各部位防水要求为：隧道上半部不允许渗漏水，结构表面偶见湿渍；隧道下半部、联络通道、洞门允许有少量漏水点，不得有线流和漏泥砂，实际渗漏量不大于 0.1L/m^2 · d。

（三）主要技术标准

（1）防水混凝土的抗渗等级根据结构的埋置深度进行确定，不得小于 P8，并根据需要铺设柔性防水层或采取其他防水措施。

（2）防水混凝土结构的混凝土垫层，其强度等级不得小于 C15，厚度不得小于 100mm。在软弱土层中不应小于 150mm。

（3）防水混凝土结构厚度不应小于 250mm，裂缝宽度不大于 0.2mm，并不得贯通。

（4）自防水混凝土结构在设计和施工过程中，要求采取切实有效的防裂、抗裂措施，并保证混凝土良好的密实性、整体性，减少结构裂缝的产生，提高结构自防水能力。

(5) 选用的柔性防水材料应保证具有一定的连续性和较好的物性指标，适应混凝土结构的伸缩变形，方便施工并具有一定的抗微生物和耐腐蚀性能。优先选用能够与现浇混凝土结构外表面密贴的防水材料。

(6) 在车站和区间隧道相邻处，选用的不同材料应能互相过渡粘接或焊接，保证防水层的连续性和完整性。同时应考虑防水材料在不同施工条件下的可操作性，不得使用施工性差或互相之间无法过渡连接的防水材料。

(7) 后浇带接缝部位极易出现渗漏水现象，因此在进行结构设计时，应尽量避免设置后浇带。

(8) 盾构法施工的隧道结构混凝土渗透系数不宜大于 5×10^{-13}m/s。氯离子扩散系数不宜大于 8×10^{-9}cm^2/s。

(四) 明挖车站结构防水措施

明挖车站指采用土钉墙、人工挖孔桩、钻孔灌注桩、地下连续墙支护的车站。

迎水面结构全部采用防水混凝土进行结构自防水。同时在结构的迎水面设置柔性全包防水层。

顶板、侧墙和底板可采用单组分聚氨酯涂料、高分子防水卷材或与现浇混凝土可自黏的防水卷材。

高聚物改性沥青自黏卷材，单层使用时，厚度不应小于 4mm，双层使用时，总厚度不应小于 6mm；反应性自黏橡胶类卷材，单层使用时，厚度不应小于 1.5mm，双层使用时，总厚度不应小于 2.4mm。

车站结构的施工缝采用钢板止水带和预埋一道注浆管；注浆管 6~8m 为一个单元。车站与通风道、车站与区间隧道、盾构隧道的后浇环梁两侧的施工缝采用遇水膨胀止水条和预埋注浆管的方法进行防水处理。

变形缝、诱导缝均采用宽度 30~35cm 的背贴式止水带和宽度为 35cm 的带注浆花管的中置式橡胶止水带进行防水处理，同时要求变形缝背水面一侧预留凹槽，设置不锈钢板接水盒。变形缝内必须采用密封胶嵌缝的方法进行防水处理。密封胶应与侧墙背贴式止水带连接密实。密封胶可采用聚氨酯或聚硫密封胶。

(五) 明挖区间结构防水措施

采用土钉墙、SMW 桩、钻孔灌注桩等支护的明挖区间。

迎水面结构全部采用防水混凝土进行结构自防水。同时在结构的迎水面设置柔性全包防水层。

顶板、侧墙和底板可采用合成聚氨酯涂料、高分子防水卷材，或与现浇混凝土可自黏的防水卷材，并根据不同部位设置与其相适应的防水层的保护层。

高聚物改性沥青自黏卷材，单层使用时，厚度不应小于 4mm，双层使用时，总厚度不应小于 6mm；反应性自黏橡胶类卷材，单层使用时，厚度不应小于 1.5mm，双层使用时，总厚度不应小于 2.4mm。

区间结构的施工缝采用钢边橡胶止水带和预埋一道注浆管；注浆管 6~8m 为一个单元。

变形缝均采用宽度30~35cm的背贴式止水带和宽度为35cm的带注浆花管的中置式橡胶止水带进行防水处理，同时要求变形缝背水面一侧预留凹槽，设置不锈钢板接水盒。变形缝内必须采用密封胶嵌缝的方法进行防水处理。密封胶应与侧墙背贴式止水带连接密实。密封胶可采用聚氨酯或聚硫密封胶。

对地裂缝处的明挖隧道，其防水层应能适应一定的变形，并且在变形缝处在隧道结构设计时满足防水材料可更换，保证在变形缝处发生变形后结构的防水。

（六）矿山法结构防水措施

矿山法结构包括采用矿山法施工的车站、区间、盾构区间横通道、出入口通道等附属的隧道结构等。

一级设防要求的矿山法结构，均采用2mm厚ECB防水板进行全包防水，防水板与基层间设置400g/m^2的无纺布缓冲层，底板平面部位的防水层上表面设置400g/m^2的无纺布保护层，并浇筑7cm厚的C20细石混凝土保护层。

二级设防要求的矿山法结构，均采用1.5mm厚EVA防水板进行全包防水，防水板与基层间设置400g/m^2的无纺布缓冲层，底板平面部位的防水层上表面设置400g/m^2的无纺布保护层，并浇筑7cm厚的C20细石混凝土保护层。

二衬混凝土浇筑完毕后，应对拱顶部位的防水层和二衬之间进行回填注浆处理。

在区间隧道内设置防水板注浆系统，一级设防要求时，注浆系统的设置间距宜为3~4m；二级设防要求时，注浆系统的设置间距为4~5m。注浆系统包括注浆底座和注浆导管，注浆底座应热熔焊接在防水板表面。注浆导管应采用塑料螺纹管，并应具有足够的抗压强度，确保埋入筑混凝土内的部分不被压扁。

在矿山法隧道内设置分区系统，分区系统均设置在变形缝部位。分区系统包括与防水板同材质的塑料止水带，止水带宽度不小于30cm。

（七）盾构区间隧道防水措施

盾构法施工的隧道，衬砌自身应具有良好的防水能力，管片混凝土的抗渗等级不得小于S10。

盾构区间隧道与旁通道接口的防水要重点加强，因区间隧道的联络通道采用矿山法施工，因此可按矿山法隧道的全包防水做法进行处理。

应加强盾构隧道与端头井的接头防水，包括施工阶段的临时接头与竣工后的永久接头防水。临时接头主要由帘布橡胶圈及其压紧装置构成，辅以井圈注浆堵水。永久接头指盾构洞口后浇环梁与管片以及内衬混凝土结构之间的接缝，均采用双道遇水膨胀止水条和预埋可多次注浆的注浆管进行处理，注浆管引出的注浆导管间距4~5m。

盾构管片接缝的密封防水采取“多道设防、综合治理”的原则，具体措施如下：①衬砌管片外弧设置一道防水弹性密封垫；②弹性密封垫在管片张开量为6mm时应能承受0.6MPa的水压；③衬砌管片内弧侧预留嵌缝槽，管片拼装完毕后在拱部和仰拱90°范围的预留凹槽内采用密封胶进行嵌缝密封；④对每一个螺栓孔、注浆孔均设置密封垫圈；⑤衬砌管片环向密封垫圈可优先选用三元乙丙橡胶，螺栓孔密封垫圈和注浆孔密封垫圈可优先选用缓膨胀遇水膨胀橡胶。

第四节 人防工程

一、建筑设计

(1) 设防范围。西安市地铁4号线工程所有地下车站和区间(以封堵或隔断后的地下空间为界)均按6级人防设防。战时将作为西安市的一条城市人民防空疏散干道、紧急掩蔽人员临时待蔽所。它通过与临近人防工程的连通及远期与其他规划轨道交通的换乘，对西安市形成以地铁作为城市人民防空工程网络骨架具有十分重要的战略意义。

(2) 防护单元划分防护单元按一个车站和一段区间隧道作为一个防护单元进行划分。防护密闭隔断门的设置：对于明挖或暗挖法施工的区间，一般情况下相邻防护单元在区间靠近车站端部附近，设防护密闭隔断门一道。对于盾构法施工的区间，一般在车站一端隧道口处，设防护密闭隔断门一道，另一端不设。对于换乘车站必须在人防设计时充分考虑相邻防护单元的防护密闭处理。

相邻防护单元之间的接口，可采用防护密闭隔断门一次性安装到位或采用临战安装防护密闭封堵板的措施。不同地铁线路相交处的换乘车站，不论其换乘方式有何不同，原则上仍按一个地铁车站加一段区间隧道作为一个防护单元，实施确有困难，无法分隔时，可合并为一个防护单元。

(3) 战时人员出入口的设置。每个防护单元战时人员出入口不应少于2个(不含连通口和垂直式出入口)，并应有不少于1个直通室外地面的战时主要人员出入口(垂直式除外)，各战时出入口之间的距离不宜少于15m，并宜设置成不同朝向。

直通地面战时出入口安装防护密闭门和密闭门，战时出入口通道净空尺寸应满足有关规范要求，其门洞净宽度按每100人不小于0.3m计。防护单元间连通口安装防护密闭门。战时人员出入口的位置选择在战时便于待蔽人员出入之处，且位于倒塌范围以外。位于倒塌范围以内的战时人员出入口，必须设防倒塌堵塞措施。在出入口密闭通道两端设置活置式门槛，防护密闭门一道、密闭门一道。防护密闭门外设洗消污水集水坑一个。

(4) 车站非战时其余出入口安装防护密闭门和密闭门，战时关闭。

(5) 通风道、通风竖井和其他通地面孔口的防护措施。车站战时通风系统的风道口部设带防爆胶管活门的防护密闭门一道、带密闭阀门的防护密闭门一道、带进(排)风机的密闭门一道。战时不用的通风竖井，条件允许时在风道中设防护密闭门和密闭门各一道，条件不允许时，其井口一律采用钢筋砼梁进行水平封堵或采用钢结构防护密闭封堵板进行风道内垂直封堵。

其他通地面的孔口如吊孔、残疾人电梯井及其他出地面的孔口，一律采用钢筋砼梁进行水平封堵，有特殊要求的孔口，另行商定。在电梯通道中适当位置设置吊钩，在电梯井中适当位置设置爬梯。

(6) 人防连通口每座车站至少设两个预留人防连通口，连通口原则上尽量设置于车站出入口处的防护单元内，且宜斜对角布置。

(7) 战时生活设施、战时供应饮用水和洗消用水。饮水间的位置可设在站台层，平时预留位置，临战前用轻质隔断隔出。战时使用的厕所设男、女干厕各一个，按40~50人设置一个干马桶。干厕平时预留位置，临战前用轻质材料隔开。干厕的位置应远离饮水间。

(8) 平战功能转换防护功能措施应符合下列各项规定：①采用的转换措施应能满足战时的各项防护要求，并应在规定的转换时限内完成；②当转换措施中采用预制构件时，预制构件应与工程施工同步做好，并应设置构件的存放位置；③平战转换设计应与工程设计同步完成；④采用垂直封堵或车站顶板上采用的封堵措施应在3天转换时限内完成，采用水平封堵措施时应在15天转换时限内完成；⑤下列项目应在工程施工、安装时一次完成，不实施预留设计和二次施工：a. 战时使用的出入口、通风口的防护设施；b. 区间正线上的防护设施；c. 钢筋混凝土或混凝土浇筑的结构或构件；d. 防爆波地漏、防爆波清扫口、给水引入管和排水出户管。

(9) 车站装修。车站的内部装修应符合防震、抗震要求，镶嵌的构件必须牢固可靠，顶板不抹灰，为平时使用的吊顶应便于战时拆除。

(10) 区间防护密闭隔断门两个防护单元之间设一道防护密闭隔断门，且宜设在靠近站端的线路直线段内，向下坡方向开启，避开线路小半径、大坡度地段。隔断门为单扇立转式防护密闭门，门洞尺寸按设备限界确定。隔断门的设计荷载为0.05MPa(双向受载)，手动启闭，并提供门开启到位和关到位的电信号。门里门外均能开关，门轴安装在靠近外墙一侧。隔断门原则上靠近车站站端，便于安装、维护和管理。区间防护密闭隔断门的设置按刚性悬挂接触网通过考虑。人防门门槛底部钢横梁与钢轨底部间应设有10mm及以上的安全距离。

(11) 出入段线口部设防。口部需设防护密闭门和密闭门各一道。

二、结构设计

(1) 按人防等级进行结构强度验算，并做到各部位抗力协调。在人防动荷载作用下保证结构各部位(如主体结构、出入口临空墙等)都能正常地工作。

(2) 各车站除在平时荷载作用下按国家现行有关规范及地铁的技术要求进行设计外，在战时应按常规武器一次作用和核武器一次作用两者中的不利情况进行设计。在战时荷载作用下，只计算结构承载力，不验算结构变形、裂缝开展以及地基承载力与地基变形，取平时与战时的控制条件作为设计依据。

(3) 在常规武器和核爆炸荷载作用下，动力分析采用等效静载法，主体结构及出入口按等效静载同时均匀作用在结构各部位进行设计。

(4) 在动荷载单独作用下或动荷载和静荷载同时作用下，材料强度设计值应按照《轨道交通工程人民防空设计规范》(RFJ 02—2009)的相关规定进行计算。

(5) 结构构件验算达不到战时荷载作用下的强度要求时，但可满足平时设计时，可进行临战加固。

(6) 除对主体结构验算之外，特别要注意验算孔口部位门框墙、临空墙、临战封堵的墙体及相关的构件，并加强构造措施。

(7) 临战封堵的工作量控制在人防工程防护功能平战转换的时限内，并达到防护密闭要求。

(8) 防护区内的沉降缝、伸缩缝当埋深较浅，或达不到战时抗力要求时，应在战前进行处理，使其达到战时抗力要求。

三、通风设计

地铁战时人防通风设计按重要车站和次要车站进行设计。重要车站战时人防通风按三种通风方式设计，即清洁式通风、滤毒式通风和隔绝式防护。次要车站战时人防通风按清洁式通风和隔绝式防护设计，不设滤毒式通风。重要车站和次要车站的排风均按全工程超压排风设计。清洁式通风新风量为 $5\sim7m^3/h\cdot p$，滤毒式通风新风量为 $2\sim3m^3/h\cdot p$，战时人员出入通道(防毒通道)换气次数最小 40～50 次/h，工程内部密闭区防毒超压不小于 30Pa。

战时人防通风机房原则上设于各站战时人员出入口对侧的车站新风道并靠近新风井布置；车站的环控新风道和新风井，战时改为人防进风道和风井，不专设人防进风机房。

隔绝式防护：关闭所有的风道，进行内部隔绝防护。战时人防送、排风利用平时环控送风系统的风口和风管，不另布设内部送、排风系统。平时穿密闭墙的风管战时拆除，并进行战时封堵。

四、给排水设计

战时不考虑生活用水，只考虑饮用水和洗消用水。生活用水采用成品商业瓶装水作为人员饮用水水源，并按 1 台/50 人配置饮水机。战时采用组装水箱贮水，作为战时洗消水源，水箱临战前设置；战时洗消用水包括人员洗消和口部洗消。次要站贮存 18.7L 瓶装水 400 桶；每个车站均设置两台贮水量为 $5m^3$ 的钢板组装水箱(不带盖)，靠近战时人员出入口设置。

所有进出地铁防护单元(含车站及区间隧道段)围护结构的内侧及穿过防护单元隔墙两侧的上水管、消防水管、压力排水管，均应设置工作压力不小于 1MPa 的闸阀，闸阀应设在便于操作处，并应有明显的标志。

简易洗消间地面，染毒通道等需要洗消的房间地面应设置直径为 D80 的不锈钢防爆地漏，排入洗消污水集水池；战时进风井底部也应设置洗消污水集水池，战后用移动式污水泵将洗消污水排至城市污水管网，水泵流量应与洗消给水泵相匹配。洗消污水集水池可按如下尺寸设置：2.0m×0.5m×1.0m(长×宽×高)。

人防单元内污、废水系统采用压力排水方式排出人防单元，但在隔绝式防护时，车站人防单元内不得向外排水。

五、电气设计

(1) 地下车站内的所有用电设备平时均使用城市电网电源，通过主变电所的低压侧接引两路 35kV 电源，由车站降压变电所供电。战时各车站应以人防防护单元为单位，各自就近引接人防区域内电源供电，路径应尽量从人防连通口中引接。

(2) 各车站战时为紧急人员掩蔽部，战时应急照明和通信报警设备为一级负荷，重要的通风设备、电动密闭阀门、电动防护设备等为二级负荷，其他战时负荷为三级负荷。

(3) 工程战时主要由电力系统电源(市电)供电，当电力系统电源中断供电时，由蓄电池组保证对战时应急照明等一级负荷的供电。蓄电池组连续供电时间应不小于3h，蓄电池组及配套设备为平战两用，人防系统战时区域电源由市民防办统一规划。

(4) 每个车站战时最大一级负荷不超过4.0kW，可满足战时一级负荷的供电要求。

(5) 战时正常照明利用各站内的节电照明作为战时正常照明，但最低照度应大于15.0lx。

(6) 战时应急照明按1.0lx设计，利用平时应急照明作为战时应急照明。为了减少战时蓄电池组的容量，各车站战时应急照明应分区控制，分区原则如下：①人员掩蔽区，应保持连续照明；②人员出入通道，应保持连续照明；③隧道区间、设备用房，在需要时提供照明。各工点在应急照明配电设计时，应按以上分区原则分路配电。

(7) 平时供配电与人防战时供配电接口：①在平时应急电源切换屏设一路3相5线380V40A的战时应急电源引进回路，且与平时应急照明装置进线交流电源连锁。②在战时风机室附近的低压配电室的配电柜应预留一路3相5线380V20A的配出回路，供战时引接人防风机电源用。

(8) 与战时应急照明相结合的问题：要求站厅、站台层平时应急照明配电箱尽量多设回路，每回路少带些负荷(配电范围小些)，便于战时切除部分照明负荷和调整。

(9) 战时供配电系统为临时性敷设安装，管线为明敷，不考虑永久性固定方式，只需预埋缆线过墙的保护穿管。

(10) 本工程所有穿过防护密闭墙的电气管线应做防护密闭处理，平时可不密封(穿过外墙除外)，但应在临战前转换时限内完成密封。电缆穿防护密闭墙做法详见有关人防电气通用图。

(11) 从防护区引到非防护区的照明回路应在防护密闭门内设置短路保护措施，或单独设照明回路。

(12) 电缆桥架不得直接穿过防护密闭隔墙、密闭隔墙、临空墙。所有进出人防的各种电气管线穿过防护密闭隔墙、密闭隔墙、临空墙时，均应采取防护、密闭措施。

(13) 区间防护密闭隔断门开终止位和关终止位给出电信号纳入车站。

第五节　环 境 保 护

一、地下线路(含车站)

(1) 应保护车站及隧道场地周围的环境，减轻地下构筑物对周围环境的影响程度。

(2) 下轨口位置、施工场地及施工车辆运行路线的选择，都应尽量避开噪声与振动敏感区。

(3) 当地基软弱或沿线建筑有特殊要求时，应对地下结构采取必要的措施，以满足环境振动设计标准的要求(标准见表11-14)。

表 11-14　环境振动标准值(GB 10070—88)　dB

适用地带范围	昼间	夜间	适用地带范围	昼间	夜间
居住、文教区	70	67	交通干线道路两侧	75	72
混合区、商业中心区	75	72			

(4) 车站的选择应根据西安市路网规划及线路走向、城市交通、建筑规划的要求和最大限度地吸引客流、以人为本的原则，并尽量减少对环境的影响。

(5) 车站出入口、风亭等地面建筑，应与地面景观相协调，并适当予以绿化和美化。

(6) 地下车站站厅、站台内应有完善的环控设施，并应对声、光环境，心理、生理环境等因素综合进行考虑，为人们提供舒适、安全的室内环境空间。

(7) 地下线路轨道应采取有效措施，以减轻列车在轨道上运行的噪声与振动对环境的影响。

(8) 通风井应尽量利用其上风向输入外部空气，下风向排出内部的废气，并注意布置在外界环境污染不超标、开阔、空气流通的地方。

(9) 地下车站废、污水均经集水池收集后，由泵站分别送至市政废(污)水系统。污水在进入市政系统前应经化粪池处理。

(10) 通风机、冷水机组、水泵、冷却塔等设备，应选择噪声小，运转平稳的产品，以期减轻污染。对产生严重噪声和振动的设备，应采取消声、减振措施，风机前后应设扩散筒、集流器和消声器。

(11) 通风空调机房内宜设置吸声材料，以期降低噪声。风亭、冷却塔、通风道的噪声影响应满足其所处功能区的标准要求，并注意相邻建筑的结构布局，减少噪声，特别是低频噪声对临近居民的影响。

二、车辆段及综合基地

车辆段位置的选择应符合城市规划和路网的要求并尽量减轻对周围环境的影响。车辆段的工艺设计应积极采用无毒或低毒的原料和无污染或少污染的加工方法。锻压、动力、电镀、喷漆、蓄电池等对环境影响较严重的车间，应相对集中设置，在工艺过程中把污染物(源)控制在最低限度。

工艺设计应贯彻节约用水原则，采取重复利用、一水多用措施，减少废水排放量。生活污水经化粪池或生物处理达标后排入水体或城市排水系统。排水应达到排放标准的要求。污染物控制值见表11-15，对产生有毒、有害气体、粉尘等，必须设置净化除尘系统。

表 11-15　车辆段污(废)水排放标准值

污染物	CODcr	BODs	SS	动植物油	石油类
标准值/(mg/L)	110	30	100	15	8

对废渣(液)的处理，应视具体情况，优先考虑回收和综合利用。对固体废弃物应优先采取由城市进行集中处理的措施，必要时应自行进行无害化处理。

车辆段建成后，会使当地的噪声本底提高，因此应采取适当的噪声控制措施，如在厂界植树、修建围墙等。环境噪声标准见表 11-16。

表 11-16　环境噪声标准值(GB 3096—93)　dB(A)

声功能类别	适用地带范围	昼间	夜间
1	居住、文教区	55	45
2	混合区、商业中心区	60	50
4a	交通干线道路两侧	70	55

车辆段内应在道路两侧、房前屋后按西安市绿化标准设置绿化区，以期美化环境。绿化率不少于 15%。

三、施工期环境保护要求

线路施工时应尽量少占用道路和绿地，最大限度地减少对生态环境的影响。对占用道路绿地和建筑物拆迁等要有整体规划，工程结束后尽快修复或重建。施工中产生的废气、废水，必须妥善处理，使其对环境的影响得到有效控制。施工弃土处置应符合西安市有关管理部门的规定。

应根据工程地质、水文地质条件，选择结构类型及施工方法，尽量避免或减少引起建筑物不均匀沉降。施工机具产生的噪音和振动应符合有关标准的要求，尽量采用低噪声、低振动和节能的先进产品。施工噪声及振动在环境敏感点应达到 GB 12523—90《建筑施工场界噪声标准》及 GB 10070《城市区域环境振动标准》的要求。如采用爆破法施工，尚应事先申报市有关部门审批，并严格控制作业时间和用药量。

运输弃土的车辆应采取必要的清洁及防尘措施，安排好运输线路，尽量减少扬尘对城市环境和交通的影响。保护城市管线，减少和避免因施工操作失误而造成临时停水、停电、停气的事故。尽量减少夜间施工扰民。各施工场地应达到规定的围闭要求。

四、运行期环境保护要求

按要求维护线路、车辆和设备，使列车运行产生的噪声和振动满足设计标准要求。对噪声和振动较大的地段进行重点监测，必要时采取补救措施。维护好防灾和环控设备，努力创造一个安全舒适的出行环境。按要求维护好水、气防治污染设备，定期清洁空气过滤除尘器，使站内空气及排水监测参数达到设计标准的要求。做好地铁站房内及附近地段的清洁保洁工作，及时清运垃圾和其他废弃物。

第十二章

城市轨道交通建设管理实践
——以苏州轨道交通5号线为例

第一节　施 工 管 理

一、工程概况

5号线为线网的东西向的骨干线，连接吴中区、高新区、姑苏区、园区，全长44.1km，设站34座，换乘站9座，平均站间距1.317km。全线设置一段一场，其中西段设置车辆段一座，位于吴中区胥口镇，东段设置停车场一座，位于园区唯亭镇。全线设置3座主变电所，其中与1、3号线共用苏州乐园主所，与3、6号线共用通园路主所，另一座利用已有1号线星塘街主变电所。全线新建线网控制中心一座，控制中心位于通园路站西南侧地块内，负责指挥控制5、6、7、8、9号线并预留一条线路规模，同时设置线网指挥中心和线网其他中心。其中，西段[集散中心~星波街(不含)]线路长27.2km，均为地下线，设站22座；东段(星波街~阳澄湖)线路长16.9km，其中地下线16.3km，地上线0.6km，设地下站11座，地面站1座。5号线线路示意图见图12-1。

图12-1　5号线线路示意图

二、前期准备

（一）征地拆迁管理

1. 征地拆迁范围、面积

5 号线线路主要布设于城市干道下方，工程拆迁主要包括管线迁改、车站附属建筑造成的拆迁以及车辆段范围的拆迁等。车站的附属建筑造成的拆迁占主要部分，涉及工厂、民居、商铺等 3 类，车辆段范围的拆迁以厂房为主。吴中区范围内的车站，集散中心站、茅棚路站、上供路站无拆迁；新区范围内的车站，长江路站、竹园路站无拆迁；姑苏区范围内的车站，港务路站、莫邪路站无拆迁；园区范围内的车站，苏嘉杭站、通园路站、星港街站、星波街站、李公堤站、石莲街站、星湖街站、车斜路站、苏胜路站、方洲公园站、阳澄湖站无拆迁。征地方面，车站风亭、出入口、冷却塔、中间风井有少量永久用地，车辆段用地占永久征地的大部分，其余基本为施工期间临时用地，均属规划的城市建设用地。经统计：5 号线线路全部拆迁房屋面积共 231416m^2，永久征地 760 亩，临时征地 864 亩。

2. 拆迁实施时间

因工程项目需要而定，拆迁时间从发放《拆迁许可证》或拆迁《通知》之日起不超过 6 个月。

3. 征地政策及措施

根据苏州市苏府〔2004〕73 号文，征地工作将从依法确定征地补偿标准、严格界定征地补偿费用途、强化征地补偿费的监管、妥善解决被征地农民的生产生活问题、维护被征地集体和农民的知情权、参与权和申诉权、加强领导明确责任、进一步加强征地管理等方面，切实保护被征地农民合法权益。

苏州市根据省政府《江苏省政府关于调整征地补偿标准的通知》（苏政发〔2011〕40 号）文件精神，从征地管理、征地补偿、农业人口安置、法律责任全方位指导征地工作，使之合法、有序进行。

为切实维护被征地农民和农村集体经济组织的合法权益，保障被征地农民的基本生活和长远生计，省人民政府调整提高了征地补偿标准。做了如下具体规定：

（1）调整提高征地补偿标准。全省统一按照农用地、建设用地和未利用地确定土地补偿费标准。

征收农用地的土地补偿费最低标准，一、二、三、四类地区分别为每亩 24000 元、21000 元、18000 元、16000 元。征收建设用地的土地补偿费，按照征收农用地土地补偿费计算；征收未利用地的土地补偿费，按照征收农用地土地补偿费的 0.5 倍计算。

征收农用地的安置补助费，按照需要安置的被征地农民人数计算。需要安置的被征地农民人数，按照被征收农用地的数量除以被征地农村集体经济组织征地前人均占有农用地的数量计算。每一名需要安置的被征地农民，其安置补助费最低标准，一、二、三、四类地区分别为每人 26000 元、23000 元、17000 元、14000 元。征收建设用地和未利用地的，不支付安置补助费。

（2）确保征地补偿费落实到位。各地要严格执行征地补偿资金预存制度。在征地报批前，市、县人民政府要将征地补偿费用和被征地农民社会保障资金中政府出资部分存入征地补偿资金预存专户。认真执行征地报批前告知、听证、确认程序和征地批准后的两公告一登记、补偿安置方案批准等程序。征地补偿费必须在征地补偿安置方案批准之日起 3 个月内全额支付，不得分期支付。被征地农民家庭承包地被征收，农村集体经济组织如未能调整其他质量和数量相当的土地给其继续承包经营的，必须将不少于 70%的土地补偿费支付给被征地农民。被征地农民选择货币安置的，安置补助费必须按时全额发给农民，严禁克扣、侵占、截留、挪作他用。对不按规定支付补偿安置费用，或克扣、侵占、截留、挪作他用的，一律依法严肃处理。各市要建立健全征地补偿标准动态调整机制，根据社会经济发展水平和物价变动情况适时进行调整。

（3）切实做好征地补偿安置工作。

4. 拆迁政策及措施

随着城市建设步伐加快，房屋拆迁工作量逐渐加大，为了使拆迁工作有序开展，苏州市制定了一系列拆迁政策。

苏州市于 2011 年 3 月颁布的《苏州市国有土地上房屋征收与补偿暂行办法》（苏府规字〔2011〕3 号），确定苏州市人民政府负责全市国有土地上的房屋征收与补偿工作。县级市人民政府，吴中区、相城区人民政府，苏州工业园区、苏州高新区管委会负责各自行政区域内国有土地上的房屋征收与补偿工作。

苏州市于 2012 年颁布的《苏州市城区房屋征收与补偿若干问题处理规定》，保证苏州市城区房屋征收与补偿活动规范有序进行，保障被征收人的合法权益，对房屋征收与补偿过程中涉及的以下若干问题处理进行了明确规定：

（1）关于最低货币补偿标准。被征收人具有本市市区户籍，且在本市市区仅有一处住宅，获得的货币补偿金额低于征收决定之日由政府定价的最小户型（$45m^2$）定销商品房总价的，房屋征收部门按该总价对被征收人予以货币补偿。

（2）关于基本居住需求保障。被征收人具有本市市区户籍，且在本市市区仅有一处住宅，获得的货币补偿金额低于征收决定之日由政府定价的最小户型（$45m^2$）定销商品房总价，房屋征收部门直接对其用产权住宅安置的，被征收房屋不再补偿。

家庭实际居住人口为 2 人以下的，按 $45m^2$套型安置；家庭实际居住人口为 3 人的，按 $55m^2$套型安置；家庭实际居住人口为 3 人以上的，视实际情况安置；超过 $55m^2$部分的购房费用由被征收人按销售价支付。安置面积不包括配送面积。

（3）关于私房落实政策房屋的补偿。征收因国家对私有出租房屋社会主义改造有关政策而形成的有租赁关系的（不包括原租户性质）房屋，房屋建筑面积部分实行 180%货币补偿。其中，100%货币补偿被征收房屋所有权人，被征收人不再享受房屋安置政策；80%补偿房屋承租人。

（4）关于宗教房屋的补偿与安置。宗教团体选择产权调换的，由房屋征收部门提供房屋实行产权调换，并互相结清差价。

（5）关于改变房屋用途的补偿。

① 住宅房屋改变房屋用途的认定以 2010 年 7 月 1 日《江苏省城乡规划条例》实施为分界点。

② 住宅房屋改变房屋用途的面积认定。被征收人或者其家属经营的，按相关登记或者备案面积认定。没有登记或者备案面积的，以实际开业部位丈量后确定。租赁经营的，以租赁合同上的租赁面积确定。登记、备案面积与租赁面积大于实际经营面积的，以实际经

营面积确定。

③ 住宅房屋改变房屋用途的补偿。住宅改变为非住宅的，按改变的相应用途的房地产市场价格评估值的 90% 予以补偿。

④ 非商业用房改作商业用房使用的，应当报请规划部门批准；涉及改变土地用途的，应当依法办理审批手续。未经批准擅自改变的，仍按原用途认定。

（6）关于被征收房屋的土地使用权面积大于房屋合法建筑面积的补偿。

大于房屋建筑面积部分的土地补偿=（被征收房屋的房地产市场单价-该房屋的平均重置单价）×（被征收房屋的土地使用权面积-被征收房屋合法建筑面积）。

（7）关于城中村（无地队）房屋的处理。征收城中村（无地队）房屋，房屋的合法建筑面积根据实际情况按房屋所有权证记载的建筑面积、以原所在地政府建房批复或者建设工程规划许可证、村镇工程建设许可证载明的建筑面积等确定。

（8）关于成套商品住宅中的阁楼、车库的补偿。房屋所有权证上载明阁楼面积的，可按 50% 给予补偿安置；房屋所有权证上载明车库面积的，或者房屋所有权证上没有载明但与主体建筑一体的车库，按车库房地产市场价格评估值给予补偿。车库面积不计入购买定销商品房面积。

（9）关于违法建筑的残值补偿。居住用房、商业用房、厂房和仓库用房等分别按每平方米 150 元、650 元、550 元补偿。

（10）关于划拨土地使用权的补偿。行政划拨土地使用权的，按房地产市场价格扣除房屋重置价部分后的 60% 给予补偿。集体土地征为国有后未办理国有土地出让手续的，征收补偿按房地产市场价格扣除房屋重置价部分后的 60% 给予补偿；已办理集体土地流转手续的，征收补偿按房地产市场价格扣除房屋重置价部分后的 70% 给予补偿；已办理集体土地使用手续的，征收补偿按房地产市场价格扣除房屋重置价部分后的 50% 给予补偿。

（11）关于改制企业的补偿。根据改制企业在改制时土地处置的不同方式，在房屋征收过程中涉及改制企业的补偿，按实际情况确定补偿标准。

（12）关于补偿安置协议订立。被征收人或者根据实际情况由受被征收人委托的代理人、全体共有人、继承人或代管人等与房屋征收部门签订补偿安置协议。

（二）技术准备和施工准备

1. 技术准备

技术准备是工程设计工作开展的基础，主要包括以下内容：

（1）工程的控制测量。

（2）根据各设计阶段的要求，委托完成沿线的工程地质初勘、详勘，编制工程地质详细勘察报告。

（3）委托完成沿线地形图的补测及修测。

（4）委托完成工程范围内地上、地下管线的调查及资料收集工作。

（5）委托完成相关建筑物、构筑物基础的调查及资料收集工作。

（6）完成对工可、总体设计和初步设计的审查工作。

（7）完成施工招标工作。

（8）完成规划报建工作。

2. 施工准备

施工前期的准备工作主要围绕施工现场的“三通一平”展开。为确保工程按计划顺利进行，施工准备工作主要包括以下内容：

(1) 建设用地的征用、施工临时用地的租赁和施工范围内的拆迁工作。

(2) 施工场地的“三通一平”，落实施工用水、用电，并向有关管理部门报装水电容量。

(3) 施工范围内的各种市政管线的改移和保护处理。

(4) 施工期间土石方弃运方案及交通安排。

(5) 施工期间商品混凝土供应厂家的选择。

(6) 施工期间的交通组织工作。

三、施工现场管理

(一) 施工用地

本工程的车站及区间主要分布在现状或规划市政道路上，线路车站周边的居民区、商业区多已基本形成，工程施工势必对道路交通、人们的出行和商业的营业、周边环境产生一定的影响。本着节约用地的原则，施工临时用地应尽量占用本工程永久用地及道路两侧或中央绿地，以减少临时占地面积及地面拆迁工程。具体处理原则如下：

第一，地下车站的施工场地应充分利用车站的建筑面积，在征得市环保及规划部门的批准后，尽可能与开发地块、绿化带、广场等结合用作临时施工用地，面积一般为3000~5000m^2。

第二，盾构施工场地尽量和车站施工用地结合使用。始发井工作场地每台盾构施工场地需要2500m^2，吊出井工作场地每块场地需要1000m^2。

设备安装施工一般在车站、区间隧道或车辆段内作业，不需要另征作业场地，为了防止电器设备淋雨潮湿，需要一定面积的临时仓储库房，设备安装阶段仓储库房用地由设备安装方负责协调解决。

(二) 地下管线迁改

本工程施工所涉及的道路、各种管线及其他市政工程迁改也应同有关部门协商解决，并结合本地区的经济发展及总体规划确定迁改方案，尽量减少对居民正常生活秩序的影响。

1. 规划管线处理措施

首先应积极与规划部门进行沟通协商，必须将轨道交通工程与其他市政管线同步考虑，才能为顺利实施创造条件，为此应向规划部门、道路建设管理单位及管线业主单位了解工程周边规划管线的布置及建设情况，掌握控制性规划管线的埋深并结合轨道交通工程自身的特点协调解决，将各方的意见及时反馈到设计中，综合规划管线、规划道路以及轨道交通建设各个方面的意见，在设计阶段就避免规划管线与轨道交通建设的矛盾。

2. 既有地下管线处理措施

既有管线处理措施一般分为临时或永久迁改措施、悬吊保护措施以及施工期间保护等。

3. 地上架空线的处理措施

地上架空线主要以电力、电信为主，在轨道交通施工期间必须迁改出轨道交通施工范围，以保证施工安全及架空线安全。

对影响轨道交通运营的架空线，在征求产权单位的意见后可做升高及入地处理。

（三）道路交通疏解

国内外城市建设经验表明，轨道交通大规模建设将会对城市现状交通产生较大的影响，城市交通将有一段困难期。为此，必须做好轨道施工期间交通疏解工作，尽可能地减少轨道施工对居民出行的影响。

交通疏解工程具有施工点分布范围广、协调工作量大、临时性等特点。目前，一方面苏州市道路网已基本形成，暂不可能再新建大的通道，且常规的交通管理措施已基本用尽，部分既有主要道路已近饱和，疏解能力有限；另一方面近年来苏州市机动车保有量持续快速增长，道路交通压力越来越大。在此前提下，为有效缓解苏州市轨道建设期间的交通压力，需采取综合疏解措施。

第二节　管理组织机构及定员

一、建设管理方案

既有苏州市轨道交通建设运营管理模式采用“一体化管理模式”，由苏州轨道交通有限公司统一负责各轨道交通线路的筹融资、建设及运营管理。苏州轨道交通有限公司下设建设分公司、运营分公司、资源开发分公司等。

二、运营组织机构设置的原则

苏州轨道交通 5 号线工程是一条全封闭的城市快速轨道交通线，具有人员设备高度集中、行车密度较大、安全准点要求高、各个环节紧密联系协同工作的特点，为保证各线运营期间安全、高效地运作，作为运营管理的实施者，组织机构的设置应遵循如下原则：

（1）安全第一原则。“安全第一”是轨道交通运营管理永恒的主题，是企业的生命线。运营组织机构必须设置完善的安全保障体系，落实安全与防范措施。

（2）集中、统一管理的原则。从技术角度来看，只有集中、统一管理才能有效协调行车组织、救援抢险及票务管理等工作。从管理角度来看，集约化管理有利于获得最好效果，如设备维修保养和员工培训资源共享等。

（3）精简高效原则。为了减少管理层次和避免机构重复设置，除生产部门以外的管理部门进行合并，以达到精简高效的目的。

（4）顾客服务原则。按照顾客服务需要和运营保障需要设置部门和岗位，对轨道交通的运营工作层次及工作人员类别作了如下划分：

第一工作层次：直接服务乘客。该部分人员为运营（或称车务）人员，可称为一线人员。

第二工作层次：对轨道交通设备设施进行维修保养，使之处于良好技术状态，为乘客服务提供资源保障。该部分人员为维修人员，可称为二线人员。

第三工作层次：对前述两部分人员提供支援和服务。该部分人员可称为三线人员。

三、运营组织机构设置

既有苏州轨道交通有限公司实行公司制，由总经理负责日常的经营管理，公司内设立运营公司(部)，运营公司下设客运营销中心、车辆中心、工务通号中心、供电机电中心、物资部、综合部、人教部、企划部、安保部等部(室)。本工程建成后其运营管理交由运营公司负责。

运营公司内部设立的主要部(室)有：

1. 客运营销中心

客运营销中心的主要职责有：担负本工程运营中行车和供电等的调度指挥工作，按照列车时刻表的要求，实现安全、准时、高效、快捷的优质运输；负责组织正线、辅助线的施工维修工作，在公司工程部门的协助下，组织运营线路与非运营线路的工程车开行及施工工作；负责组织处理在轨道系统运营过程中出现的各种故障和事故；负责行车组织工作，完成年开行对数、兑现率、正点率等指标；负责客运组织和乘客服务工作，完成客运量、投诉率等指标；负责行车安全工作，保证行车和客运工作的顺利进行，完成安全指标；负责票务工作，完成票款收入，储值票使用率等指标；负责本部门规章制度的制订、修改。

2. 车辆中心

车辆中心的主要职责有：负责制定车辆的日常保养和维修计划；车辆正线运行的技术支持；车辆维修设备的日常保养和故障维修；车辆段(车场)的管理与工作指导；本部门规章制度的制订、修改。

3. 工务通号中心、供电机电中心

工务通号中心、供电机电中心的主要职责有：维修生产计划制订和组织管理；生产安全管理工作；设备计划、保养、维修和技术管理工作；材料与备品备件的计划、管理和仓储工作；统计管理工作；综合维修基地的管理与工作指导；本部门规章制度的制订、修改。

4. 其他职能部门

公司还设有物资部、综合部、人教部、企划部、安保部等部门。

既有苏州市轨道交通运营公司组织机构。

既有苏州轨道交通运营分公司目前主要负责1、2号线运营管理，其中工务通号中心、供电机电车辆中心、客运营销中心、车辆中心下均设1号线车间、2号线车间，分别负责1、2号线客运服务、站务管理、车辆检修、乘务管理等工作，其余部门为1、2号线共设部门。

5号线建成后，其运营管理也交由运营分公司负责，在工务通号中心、供电机电车辆中心、客运营销中心、车辆中心下分别增设5号线车间，并相应增加岗位和定员。5号线建成后，苏州轨道交通运营分公司组织结构。

四、组织机构定员

(一) 人员配备原则

(1) 按我国劳动法规定的职工平均每周工作为40h计算各类定员。

(2) 生产岗位按四班二运转或三班二运转或五班三运转考虑。

(3) 考虑国家法定节假日以及职工法定产假、年休假等合法休假，以及脱产学习轮训等因素对实际岗位需要人数的影响。

（二）编制定员的影响因素

（1）工作岗位的设置。如设一个行车调度岗位，就需要一个合格的行车调度员。岗位设的多，所需要的人员相应也多。

（2）工作量的大小。同种工作，工作量越大，所需人员也就越多。其在维修部门及后方支援部门表现得较突出。比如设备的故障率高会导致工作量增加，对人员的需求也就增加。

（3）工作模式。如对某些设备进行委外维修可以减少定员。

（4）工作人员素质。素质高有利于人员需求减少。

（5）工作方法。工作方法先进，劳动生产率高，所需要的人员就会相应减少。

（6）管理水平。生产组织水平越高，所需要的人员会相应减少。

（7）设备可靠性。选用可靠性高的生产设备，可减少维修人员。

（8）定员计算在车务方面以岗位为基础，其余人员以工作量为基础。不考虑保安、清洁、广告等所需的人数。

（9）在设置定员时，还需考虑国家法定节假日、病假事假、脱产学习等离岗的影响，以及行车量、客流量的大小、设备故障率的时间特性等因素。

（三）定员

本线初期定员按 73 人/km 测算，定员为 3219 人；近期定员按 72 人/km，定员为 3175 人；远期按 70 人/km，定员为 3087 人。

（四）机构适应性评价

本线运营公司组织机构是按照公司实际运转的需要，本着精简高效实用的原则在既有组织机构上的扩充，是能适应苏州地铁建设及运营管理需要的。

（五）人员培训

地铁是城市公共交通的大动脉，与广大市民的日常生活工作密切相关，是苏州经济持续发展的保证，也是苏州作为东部大都市形象的标志之一。地铁公司必须随时保持非常良好的运行状态，除了设备必须先进可靠实用外，工作人员的素质、专业技术水平、敬业精神等人的因素是非常重要的。所以，地铁的员工在上岗前必须经过专业培训。

苏州市轨道交通线网培训中心设置于 1 号线天平车辆段内，用以轨道交通管理及维修人员的技术培训。培训中心针对地铁公司各重点工作岗位员工的专业技能，依不同要求设计了各种岗位技能培训（包括岗前培训及岗位考核），并对全系统职工进行广泛的职业技能再教育。职工通过在培训中心的不断学习，可以掌握好各自岗位的技能要求，完成考核任务，更新知识和理念，并将这种技能运用到工作岗位中去，确保地铁系统安全、正常地运营，提高服务质量。

天平车辆段内培训中心按不同的技术岗位，设置有下述设施：

（1）司机驾驶模拟教学系统（对客车司机进行培训）；

（2）自动售检票模拟教学系统（对站务人员进行培训）；

（3）各相关系统培训教室；

（4）多媒体教室（对不使用专业教学设施进行培训的教学任务，以音像、投影、多媒体电脑等进行各专业学员进行培训)；

(5) 室外练兵线，配置有信号、接触网、轨道所有的轨边设施。

为了充分利用1号线天平车辆段与综合基地所设培训中心的教学设施和教职工资源，5号线不再考虑设置培训中心，其职工培训和再教育主要在天平车辆段与综合基地进行，另根据运营实际需要补充部分培训。

第三节　沿线环境保护及文物保护管理

一、环境保护管理

(一) 环境现状

1. 环境质量现状

(1) 大气环境。苏州市环境空气污染属煤烟型和石油型并重的复合型污染。可吸入颗粒物是影响其环境空气质量的首要污染物。

苏州市区环境空气污染指数(API)平均值为64。空气质量达到优、良级别的天数比例为92.6%。苏州市区环境空气二氧化硫、二氧化氮和可吸入颗粒物浓度年均值分别为0.030mg/m^3、0.049mg/m^3、0.079mg/m^3，均达到国家《环境空气质量标准》(GB 3095—1996)二级标准要求。

(2) 地表水环境。根据《苏州市环境质量报告书(2012年)》，2012年苏州市地表水环境如下：

饮用水源水质：全市集中式饮用水源地水质保持稳定，符合Ⅲ类水质标准，属安全饮用水源。部分水源地总氮指标仍存在超标现象。位于太湖、傀儡湖、尚湖的8个水源地水体营养状态均为中营养。全市集中式引用水源地80个特定项目均未超标，水质总体安全。

河流水质：全市28条国控及省控主要河流的水质基本保持稳定，但全市地表水水质达到或优于Ⅲ类比例仍较低，总体属于轻度污染级别。主要污染指标为氨氮、生化需氧量和溶解氧等。

湖泊水质：全市主要湖泊水质总体保持稳定，湖泊水质污染以富营养化为主要特征，主要污染指标为总氮和总磷。太湖(苏州辖区)水质总体达到Ⅳ类，东部沿岸区水质达到Ⅲ类。阳澄湖和独墅湖水质总体达到Ⅳ类，金鸡湖水质基本达到Ⅴ类，尚湖水质总体达到Ⅱ类。太湖、阳澄湖和金鸡湖处于轻度富营养化状态，尚湖和独墅湖处于中营养状态。

(3) 地下水环境。根据《苏州市环境质量报告书(2012年)》，pH、总硬度、氟化物、硝酸盐、氨氮、高猛酸盐指数、氟化物、砷、六价铬、氰化物、挥发酚、镉、汞、铁、锰、铅、镍、硒、铜、硫酸盐、锌21项指标中，除了氨氮和铁超过Ⅲ类标准外，其余指标均达到Ⅲ类。市区地下水总体综合分值属于较差级别。

(4) 声环境。苏州市区区域环境噪声平均等效声级53.9分贝，声环境质量为二级(较好)。影响市区声环境质量的主要声源是社会生活噪声，所占比例为49.3%；其次为工业噪声、交通噪声和施工噪声，所占比例分别为22.8%、11.4%和8.2%，其他噪声所占比例为8.2%。

苏州市区 108 条主要道路交通干线平均等效声级分布在 58.4~75.0dB 之间。7 条道路平均等效声级超过 70dB，其中城北东路、北环西路、南环东路噪声评价等级为三级(一般)，北环东路噪声评价等级为四级(较差)，上高路、苏虹东路和苏虹西路噪声评价等级为五级(差)。其余 101 条道路平均等效声级均在 70dB 以下，评价等级为一级(好)或二级(较好)。

5 号线工程总体走向为由西向东，线路布设路段基本沿交通干线路中行走，沿线主要分布有居民、学校、机关、企业等，人口密度较高，因此，交通噪声是沿线区域的主要噪声源，其次为人群活动产生的社会生活噪声。

(5) 振动环境。现有道路交通是环境振动的主要影响源。根据苏州轨道交通其他线路的现状监测结果表明，5 号线工程沿线振动环境现状均能满足 GB 10070—88《城市区域环境振动标准》之相应标准限值要求。

(6) 电磁环境。本项目涉及位置变更的主变电所建址区域地面 1.5m 高处的工频电场远小于 4kV/m 的评价限值；工频磁场远小于 0.1mT 的评价限值；无线电干扰小于 46dB(μv/m)，均处于较低水平，电磁环境良好。

2. 重要环境保护目标

5 号线工程设计的重要环境保护目标见表 12-1。

表 12-1　本项目涉及的生态红线区域

序号	红线区域名称	主导生态功能	面积/km^2			涉及线路
			总面积	一级管控区	二级管控区	
1	木渎风景名胜区	自然与人文景观保护	9.26	—	9.26	5 号线西段
2	太湖(吴中区)重要保护区	湿地生态系统保护	1630.61	—	1630.61	5 号线西段

(二) 工程对环境影响分析

1. 施工期环境影响

(1) 施工期大气环境影响。本工程施工期伴随着土方的挖掘、装卸和运输等施工活动，其扬尘将给附近的大气环境带来不利影响。因此必须采取合理可行的控制措施，尽量减轻其污染程度，缩小其影响范围。因施工场地多在交通道路附近，以燃油为动力的施工机械和运输车辆在施工场地附近排放一定量的废气，虽然使所在地区废气排放量在总量上有所增加，但只要加强设备及车辆的养护，保证不排放未完全燃烧的黑烟，严格执行江苏省和苏州市关于机动车辆的规定，其对周围空气环境将不会有明显的影响。

(2) 施工期地表水环境影响。施工现场必须建造集水池、沉砂池、隔油池、排水沟、化粪池等水处理构筑物，对施工期的废水，应分类收集，按其不同的性质，进行相应的沉淀、澄清、隔油处理后排放。施工营地设置在远离河边的地方，生活废水和施工废水均预处理后排入就近的市政下水管网，不直接排入河内。

(3) 施工期噪声、振动环境影响。在进行合理的施工作业安排后，采取一系列降噪措施后，基本满足《建筑施工场界环境噪声排放标准》标准的要求，随着施工完成，噪声的环境影响逐渐减小。施工期振动影响主要表现在车站主体结构施工及区间盾构施工，各高频振动机械对车站周围及沿线建筑的影响。

(4) 施工期固体废物影响。施工期弃土处置去向由相关部门统一安排，根据弃土的不同质地采取不同处理方式。施工垃圾主要来自施工所产生的建筑垃圾和施工队伍生活产生的生活垃圾。对施工现场要及时进行清理，建筑垃圾要及时清运、加以利用，防止其因长期堆放而产生扬尘。本工程建设期间对生活垃圾要进行专门收集，并定期送往垃圾场。卫生填埋处置，严禁乱堆乱扔，防止产生二次污染。

2. 运营期环境影响

（1）运营期大气环境影响。地下车站空气质量简要分析：地下车站内部粉尘浓度是由拟建工程沿线地面空气中的粉尘含量及内部积尘量所决定的，从而最终决定了风亭排出粉尘对周围大气环境质量的影响。为有效减小风亭排出粉尘对风亭周围大气环境质量的影响，工程建设完工后，建设单位应督促施工单位对隧道及站台进行彻底的清扫，减少积尘量。

（2）运营期地表水环境影响。本项目沿线区域污水处理设施相对比较完善，排水管网系统基本覆盖，项目沿线车站、主变电所、控制中心、车辆段和停车场产生的生活污水和生产废水均可接入城市污水管网。本项目生活污水经预处理后排入污水管网，满足污水纳管条件。车辆段和停车场产生的洗车废水经本报告建议处理措施后可满足回用水标准；检修污水采取隔油沉淀、气浮、过滤处理后也可满足回用标准。因此，本项目产生的污废水均可达标纳入城市污水管网或回用，无外排，因此不会对地表水体产生影响。

（3）运营期地下水环境影响。地铁工程运营期间对地下水环境的影响主要表现在改变地下水径流条件和污染地下水两个方面。

地铁建成后，犹如嵌在含水层中的一道防渗性能极好的地下水大坝，将改变地下水的径流条件，使过水断面减小，径流速度变缓，最终导致地铁迎水面地下水位的抬升和背水面地下水位的下降。地下水位的抬升可能导致地下水位的逐级下降，影响到地铁附近区域供水、地下水源地补给量减少等。

本工程营运期污染地下水的污染源主要来自沿线车站产生的生活污水、地面冲洗水。污水的“跑、冒、滴、漏”等都有可能造成地下水污染。

（4）运营期振动环境影响。运营期主要振动环境影响为距离较近的敏感目标，环境振动超过标准要求；地下段正上方至外轨中心线 10m 范围内敏感建筑受到地铁振动引起的二次结构噪声超标等。

（5）运营期噪声环境影响。营期的主要噪声源为地下车站环控系统的风亭、冷却塔噪声；停车场产生的设备噪声。地下线路噪声源中以冷却塔噪声影响较为显著，其影响范围为 30~50m 以内区域，但冷却塔一般仅在 6~9 月的空调期内开启，非空调期内不产生噪声影响；风亭噪声对外环境影响相对较小，只要采取有效的消、隔声措施，其影响是可控的。

（三）环境保护措施

1. 施工期环境保护措施

（1）大气污染防治措施。采取加强施工管理，合理安排施工作业时间；选择噪声低的施工方法；施工机械应尽可能放置于对周围居民造成影响最小的地点；设置临时高隔声围墙或吸声屏障；避免多台高噪声设备同时作业等措施。

（2）地表水环境污染防治措施。对施工期的废水，应分类收集，按其不同的性质，进行相应的沉淀、澄清、隔油处理后排放；施工营地设置在远离河边的地方。

（3）地下水环境污染防治措施。

① 根据地铁工程沿线水文地质条件，合理选择施工方式，尽可能减小对含水层的扰动

和破坏。

② 针对地下水污染的重要风险污染源(污水处理池、化粪池等)和其他污染源建立相应的污染控制措施，采取源头控制、标准排放，防止渗滤液及废水跑、冒、滴、漏和废水不达标排放的问题。

③ 进行有效的地下水污染监控。建议建立地下水污染监控制度和污染管理体系，并配备先进的检测仪器和设备，以便于及时发现问题并采取措施。场区运行过程中，按照监测建议进行地下水水质和水位的监测，以及时掌握厂区地下水变化。

④ 事故工况时，若地下水出现异常，需采取应急响应措施，及时排查事故原因，进行地下水环境治理。

(4) 振动和噪声环境污染防治措施。采取加强施工管理，合理安排施工作业时间；选择噪声低的施工方法；施工机械应尽可能放置于对周围居民造成影响最小的地点；设置临时高隔声围墙或吸声屏障；避免多台高噪声设备同时作业等措施。

(5) 生态环境影响减缓措施。

① 线路下穿木渎风景名胜区线路的施工方式采用盾构法，要求开挖时以车站端头井作为盾构的始发井或接受井，其他盾构井不可进入景区范围内。木渎南站的地面构筑物要与景区环境风貌相协调，不可侵入核心景区范围。同时要求相关线路及车站，施工期间需做好防护工作，选择合适的施工方式，严格控制景区界限内的施工占地，严禁在核心景区内设置施工场地。

② 轨道交通地下线路涉及历史文化名城保护区，相关路段应选用对环境影响最小的施工方式，严格控制施工影响范围，减轻四车站的建设对环境风貌保护区的影响。车站地上部分的设计要与周边环境达到和谐统一，保持原有环境风貌。

③ 紧邻盘门路段，尽可能远离保护建筑主体，同时考虑加装高等级的减振措施、进一步加大线路埋深等方法来减缓轨道交通的建设对文保单位的不利影响。在运营期及施工期应加强对文物振动响应的跟踪监测，如发现问题，应及时采取措施加以解决。

④ 线路邻近的文保单位路段应加强施工管理，严格控制施工范围，风亭及车站出入口的建筑形式、体量、高度和色彩的设计要与周边环境保持协调一致。

2. 运营期环境保护措施

(1) 大气污染防治措施。将排风亭位置设在居民区的下风向，且排风口不面向居民住宅区对风亭进行绿化覆盖，以消除风亭异味的影响。

运营初期，隧道内部少量积尘扬起，通过风亭排出后对出风口附近的外环境存在一定的污染。建议工程竣工后，对隧道及站台进行彻底的清扫，并加强通风，保持轨道交通内部空气新鲜。

车辆基地的职工食堂炉灶燃料采用天然气，排放的油烟废气必须采取净化处理后经排烟井高空排放。

(2) 地表水环境污染防治措施。本工程线路穿越城区内均设有或规划有城市下水管网，由本项目产生的地面冲洗水、生活污水经相应处理后均排入城市污水管网，进入相应的污水处理厂进行处理，不会对周围水环境产生影响。

(3) 振动环境污染防治措施。在本工程车辆选型中，除考虑车辆的动力和机械性能外，还应重点考虑其振动防护措施及振动指标，优先选择噪声和振动值低、结构优良的车辆；

工程设计采用的60kg/m钢轨无缝线路，对预防振动污染具有积极作用；运营单位要加强轮轨的维护、保养，定期旋轮和打磨钢轨，对小半径曲线段涂油防护，以保证其良好的运行状态，减少附加振动。

根据措施减振量以一般减振、中等减振、较高减振和特殊减振予以档次分类，在具体实施中可根据工程实施时的国内外技术情况、造价、可施工性、实践性、结构稳定性等进行选取及调整。对有超标的文物及重要近现代建筑采取特殊减振措施，确保达标；对下穿敏感建筑物和敏感目标均采取减振措施确保二次结构噪声达标或VLzmax达标。

(4) 噪声环境污染防治措施。

① 工程措施：在满足工程通风要求的前提下，尽量采用低噪声、声学性能优良的风机；选择低噪声或超低噪声型冷却塔；使风口背向敏感点。充分利用车站设备、出入口及管理用房等非噪声敏感建筑的屏障作用，将其设置在敏感建筑物与风亭或冷却塔之间。

② 敏感点噪声治理工程。针对不符合《地铁设计规范》环保控制距离要求的风亭区及冷却塔调整选址，以满足15m最小控制距离要求。

加强消声处理的降噪措施，风亭排风口背对敏感建筑物。采用超低噪声横流式冷却塔及隔音罩措施。

二、文物保护管理

(一) 沿线文物分布情况

苏州市是全国首批24个历史文化名城之一，全市拥有众多的文物保护单位。苏州市轨道交通5号线工程涉及1处国家级文物保护单位——盘门城墙。线路AK19+600~AK19+650右侧距离盘门城墙建设控制地带23m，线路埋深46.6m。施工方式为盾构。

(二) 工程对文物影响分析

盘门残留城墙结构最大速度响应值为0.088mm/s，城墙测点波速的平均值为2.801km/s，根据《古建筑防工业振动技术规范》(GB/T 50452—2008)规定插值计算，本结构最大容许水平振动速度v=0.242mm/s，因此，可达到相应标准要求。

地铁运营后，盘门残留城墙振速预测值为1.75mm/s，标准值为0.242mm/s，超标1.508mm/s。

(三) 文物保护措施

1. 施工期环境保护措施

施工前，合理地进行盾构机选型，控制好工作面土方开挖，保持工作面土压力稳定，将地表沉降控制在允许的范围，最大限度减小对地面文物的影响。

组织盾构区间施工，首先右线先通过，施工过程中加强地表沉降及塔体倾斜监测，根据监测结果指导左线施工。

制定确保文物安全的施工方案和文物保护方案，并在施工中认真落实各项防护措施；施工过程中如发现地下文物，应立即停工，保护现场，由文物管理部门派员到场处理。

轨道交通地下线路涉及历史文化名城保护区，相关路段应选用对环境影响最小的施工方式，严格控制施工影响范围，减轻因车站的建设对环境风貌保护区的影响。车站地上部分的设计要与周边环境达到和谐统一，保持原有环境风貌。

在进行文物保护单位路段施工时，首先建立严密的变形、沉降的监控量测体系，对施工过程进行全面的监控量测，随时反馈信息，指导施工生产。在发生既有建筑物不均匀沉降及倾斜超限时，立即启动抢险预案，采取下列措施：

① 立即停止施工，加强监控量测工作；

② 组织专家讨论分析造成既有建筑物沉降超限的原因和相应的控制措施；

③ 根据确定的控制措施重新制定或调整施工工艺和施工组织，进行施工交底，严格落实各项措施后再施工；

④ 若既有建筑物不均匀沉降及倾斜超限未得到有效控制，再次重复上述过程直到完全解决建筑物不均匀沉降及倾斜超限问题。

2. 运营期环境保护措施

紧邻盘门路段，尽可能远离保护建筑主体，同时考虑加装高等级的减振措施、进一步加大线路埋深等方法来减缓轨道交通的建设对文保单位的不利影响。在 AK19+550～AK19+700 处设液体阻尼钢弹簧浮置板道床，最大限度地降低地铁振动对文物的影响。

运营期应加强对文物振动响应的跟踪监测。

风亭及车站出入口的建筑形式、体量、高度和色彩的设计要与周边环境保持协调一致。

第四节　安全防范管理

一、概述

城市地铁由于人流大、易袭击、易造成重大伤亡，容易成为破坏分子的袭击对象，其安全防范问题越来越引起广泛重视。

国内各城市由于没有相应的国标或行业标准，各地铁项目安防系统的建设情况也不一致。2010 年 6 月，中华人民共和国住房和城乡建设部颁布了《关于加强城市轨道交通安防设施建设工作的指导意见》(建城〔2010〕94 号)，对地铁安防系统的建设提出了比较全面的要求。

根据建城〔2010〕9 号的要求，城市轨道交通安防设计几乎涵盖所有土建和机电工程，主要包括：车站建筑(紧急状态下的客流疏散、区域水淹及周边区域的协调)、区间(车辆运行保护、紧急状态下的乘客疏散、过江、河段防淹措施)、防灾(报警、排烟、救灾设施)、视频监视(车站、车辆基地、控制中心、列车实时监视)、安检设施(包括边界侵入告警、危险品检测和监测)、危险品处置设施、监控中心等。所涉及的设备系统包括通信、信号、视频监视、防灾报警(FAS)、环境与设备监控(BAS)、综合监控(ISSC)、门禁(ACS)、供电、环控与空调、给排水与消防、防淹门(FG)、屏蔽门(PSD)、自动售检票系统、自动扶梯与电梯、安检设备等。

二、主要设计原则及技术标准

1. 主要设计原则

(1) 安全设施的建设是一个系统工程，应纳入城市地铁总体规划，同步施工，独立验收，同时交付使用。

(2) 城市地铁安防设施设计应以人为本，预防为主，消防结合。

(3) 城市地铁运营必须贯彻安全第一的宗旨，保障人的生命与健康安全。新建线路投入运营前必须制定紧急救灾预案，明确各种有效的预防和救灾措施，确保运营期间的行车和设备安全。

(4) 全线只考虑同一时间内，只发生一起突发事故(一处灾害或一种灾情)。并以“自救为主，内外结合”为原则，设置独立的防灾、救灾安全运营体系。即以网(待形成)、线、站(段)三个层次自救为主，外部救援为辅。

(5) 安防设计内容以建设期和运营期的安全为主，运营期安全对策应分故障、事故、灾害(涵盖自然的和人为的)三个等级，配套应该设施、管理体制和应急处置预案。

(6) 防灾和救灾以预防火灾为主，安防设施按其用途可分为门禁系统、周界防范、安检等。安防设施不包括人防工程设施的内容但包括与人防兼用的安全设施。

(7) 安防设施中所应用的产品，应符合国家标准、行业标准、地方标准，以及安全管理部门的有关规定。

(8) 安全防范系统的设计和系统配置应以结构化、规范化、模块化、集成化的方式实现，应能适应系统维护和技术发展的需要。

(9) 安全防范系统的系统设计要考虑系统运行稳定性和数据备份的需要，考虑灾难性事故和人为破坏时信息传输的畅通需要。

(10) 安全防范系统软件应具有兼容性、可维护性、可靠性、安全性以及技术的先进性。应操作方便，采用中文图形界面和多媒体技术。

(11) 安全防范系统设计应考虑与消防报警、内部业务管理等有关系统联动。

(12) 安全防范系统设计应考虑视频、音频、控制信号的远程传输，提供远程传输接口、传输线路和终端设备。具备全天候远程控制功能，符合公安信息网络标准。

(13) 安全防范管理架构满足杭州市安全防范体系的要求。

2. 主要技术标准

《地铁设计规范》(GB 50157—2013)

《城市轨道交通技术规范》(GB 50490—2009)

《城市轨道交通工程项目建设标准》(建标 104—2008)

《安全防范工程技术规范》(GB 50348—2004)

《安全技术防范产品管理办法》(国家质量技术监督局 公安部令第 12 号)

《入侵报警系统工程设计规范》(GB 50394—2007)

《防盗报警控制器通用技术条件》(GB 12663—2001)

《铁路运输通信设计规范》(TB 10006—2005)

《地下铁道工程施工及验收规范》(GB 50299—1999(2003 年版))

《电子信息系统机房设计规范》(GB 50174—2008)

《计算机信息系统安全保护等级划分准则》(GB 17859—1999)

《安全防范系统雷电浪涌防护技术要求》(GA/T 670—2006)

其他地铁城市安防相关技术要求文件

三、门禁系统

地铁系统线路长、车站多、管理人员少，控制中心、车辆段及各车站是地铁运行的核心，这些控制管理区域大多无人值班。为确保地铁安全运营，保证授权人员在受控情况下方便地进入设备及管理区域，防止非授权人员进入限制区域，在车站、控制中心、车辆段、车辆段的重要设备房及管理用房设置门禁系统。

1. 主要设计原则及技术标准

（1）主要设计原则。5号线门禁系统设置原则与先期实施的各条线路保持一致。

门禁系统各车站级利用网络系统与控制中心中央级进行信息传输。门禁系统在中央级与综合监控系统互联。

门禁系统为集中式管理系统，分为中央与车站两级管理。

门禁系统统一管理合法持卡人的访问权限。

门禁系统使用地铁员工票作为进入授权区域的门禁卡。

系统软硬件应为模块化设计，通过软件升级及硬件扩展、增加现场设备则可以实现控制点扩展的要求。

（2）设计规范。

《地铁设计规范》（GB 50157—2013）

《安全防范工程程序与要求》（GA/T 75—1994）

《民用建筑电气设计规范》（JGJ 16—2008）

《工业企业通信设计规范》（GBJ 42—81）

《智能建筑设计标准》（GB/T 50314—2000）

《大楼通信综合布线系统》（YD/T 926）

其他相关的规范和标准

（3）主要技术标准。

门禁系统应能适应 7×24h 不间断运作。

系统设备应能满足地铁各场所环境条件要求。

采用工业级控制系统，系统设计、设备配置均应具有较强的抗电磁干扰能力，满足地铁特殊环境条件下正常使用，同时应考虑防尘、防潮、防毒，确保运行安全可靠。

中央计算机与车站计算机的通信采用 10M 以太网进行数据传输。

系统接地电阻≤0.5Ω。

门禁系统可识别的门禁卡包括：公交“一卡通”系统发行再由地铁进行二次编码的员工票，以及由地铁独立发行的专用员工票。

2. 系统构成及功能

（1）系统组成。门禁系统主要由中央计算机系统、车站计算机系统、门禁控制器、读卡器、电子锁以及通信网络等组成。

中央计算机系统和车站计算机系统通过地铁综合监控系统提供的通信网进行数据交换。车站计算机通过门禁控制器连接就地级设备。

（2）系统功能。

① 系统运行模式。系统运行模式分为在线、离线、火灾三种模式。在线模式为读卡器读取门禁卡信息，中央级、车站计算机、门禁控制器根据授权规则向读卡器下达执行命令。离线模式为当车站计算机与中央级的通信发生中断时，或门禁控制器与车站计算机的通信发生中断时，可自行根据授权规则确定执行动作。灾害模式为发生火灾时，对断电释放式的电子锁统一断电，实现防灾联动。

② 中央计算机系统。中央计算机系统可以使用门禁系统的数据库建立授权档案，其主要功能是：对门禁卡的授权处理；授权档案数据库的管理；传递授权信息；系统报表生成；通过网络连接车站计算机系统。

③ 车站计算机系统。主要功能是：监控门禁控制器和就地级设备的运行状态；采集读卡器读取门禁卡及相应动作的数据，并将数据上传到中央计算机；接收中央计算机下载的系统参数，将相关参数下传至门禁控制器和就地级设备；对需要更高安全等级的区域，通过实时显示及打印的方式进行监控；在必要时，授权人员可临时设置本车站内区域及进出权限。

④ 门禁控制器、读卡器及电子锁。门禁控制器作为车站计算机与就地级设备间数据上传与下载的中介设备，其功能是：监控就地级设备的运行状态及动作，有关数据上传到车站计算机；具备在线、离线及灾害三种运行模式。

读卡器及电子锁为具体动作执行单元，安装在限制区域的门外及门上。

读卡器功能是：根据指令或权限规则向电子锁发出动作信号，由电子锁执行门的开启和锁闭操作；检测电子锁及门的开启状态；在处理过程中具有显示或声音提示功能；在高度安全区域，具有密码输入及识别功能；向门禁控制器上传有关的卡识别、控制动作、设备运行及门开闭状态等数据。

（3）系统构成方案。

方案一：利用综合监控系统组网。充分利用综合监控系统的网络资源，全线各站门禁系统在车站级即纳入综合监控系统，门禁系统不单独设置中央级计算机，相关授权和管理功能由综合监控系统中央级完成。

方案二：利用通信系统独立组网。门禁系统由通信专业在通信设备室提供通信接口和逻辑的独立通信通道，形成独立的系统。门禁系统独立设置中央级计算机，全线各车站级计算机通过本系统独立通信信道与中央级互连，由中央级计算机对全线门禁系统进行统一授权和管理。系统构成方案比较见表 12-2。

表 12-2　系统构成方案比较

比较项目	方案一	方案二	比较项目	方案一	方案二
通信协议	综合监控以太网	通信以太网	系统复杂程度	简单	较复杂
网络结构	环网	环网	系统综合投资	较高	高
系统可靠性	高	高	系统调试	较复杂	简单
系统通信能力	强	强			

苏州先期实施的各条线路中，1 号线门禁系统采用通信系统网络，2、4 号线门禁系统采用综合监控系统提供的通信通道实现中央级与车站级的通信。为保持设计标准的统一同

时通过以上方案综合指标比较，推荐采用方案一。

4. 主要设备选型原则及配置

(1) 设备选型原则。系统设备功能满足本工程使用要求，性能可靠、技术先进成熟、操作和维修方便、有成功应用案例，并具有良好的抗电磁干扰能力，造价合理。

系统的软件应采用中文操作界面，能支持通用通信协议，满足系统可靠性、可维护性、可扩展性、通用性和先进性，并具备故障诊断、在线修改的功能，离线编辑功能。

(2) 门禁系统设备配置。在车站、控制中心及停车场对与行车有关、重要的系统设备用房和管理用房(如高低压设备用房、通信和信号的设备用房、车站控制室、站长室、AFC管理用房等)以及进入设备区的通道门等处设置门禁系统，所有需设门禁的设备及管理用房均设一套就地控制器控制两套读卡器。其中门套门的设备管理用房可设一套门禁。

门禁系统采用一控二的就地控制器，换乘站采用一套门禁系统，合用设备用房，换乘各线分摊系统投资，由先运行的线路实行统一管理，后运行线路的相关门禁系统信息与该线门禁系统中央级计算机共享。

四、周界防范

在地铁领域，周界入侵告警系统设置范围一般为车辆基地/停车场需要设置的地点。主要功能是对重要场所周界进行设防，对周界重要位置的非允许进入情况进行报警，还可与闭路电视监控系统实行联动，联动附近设置的摄像机拍摄现场情况。

周界防范技术有多种，包括：激光周界入侵探测、振动传感周界探测、主动红外入侵探测器、高压脉冲电子围栏入侵探测、静电感应周界入侵探测、系张力铁线周界探测、泄漏电缆周界探测、微波入侵探测。其中，激光入侵探测具有探测距离远，误报率低，防范性强，隐蔽性好，抗干扰性强，对其他设备无干扰，检修调试方便，维护简便等特点，成为地铁领域目前主流的周界入侵检测技术之一。

苏州5号线线采用激光入侵探测技术方案，在车辆基地/停车场设置入侵报警系统，对段(场)周界围墙进行监视，在围墙非规则地段采用电子围栏进行补充，当检测到有非法入侵时，能够以声、光信号告警，并在监控管理工作站上以醒目方式(如电子地图)显示入侵位置，系统能够区分小动物或天气原因引起的误报警，并可以根据不同防区的实际情况调整探测灵敏度、布防和撤防区域和时间等。探测器发现入侵信号后应通过报警模块将报警信号传至报警主机，同时能通过报警信号联动所在区域相应的摄像头，对报警信号进行确认以及对入侵现场进行摄像。

五、安检设施

车站安检系统是地铁安全防范系统的重要组成部分，包括行李检查、旅客的检查，主要防范枪支、弹药、刀具、爆炸品、易燃易爆、易腐蚀性、毒品等危险物品，可针对火、爆等威胁起检测防范作用，有力震慑恐怖活动。应结合站型、客流综合考虑。

苏州5号线在车站考虑设置X射线行李安检仪、防爆桶、手持金属探测器、液体安检仪、爆炸物探测仪等安检系统设备。

结　语

在城市不断发展的今天，城市轨道交通也随着经济的发展逐渐与国际接轨，加强轨道交通设计、施工与管理是确保轨道交通能够安全运行的重要保障。轨道交通在建设过程中应当符合前期工程设计要求，在施工中注重施工质量和验收检查。重视在城市轨道设计与施工中所出现的问题以及带来的不利因素，采取有效措施，保证设计与施工有效进行，提高工程进度。

城市轨道交通受到许多部门的监管，在进行轨道设计与施工过程中，应当符合相应的法律法规和工程标准，逐渐让施工设计符合人们的出行发展需要和对轨道交通的实用性检测。轨道交通在管理方面还存在许多不足和隐患，需要更加快速完善轨道交通的管理系统，逐渐在施工中避免不利因素，降低风险系数，逐渐提高轨道交通的使用效率。

参考文献

[1] 陈瑞军. 城市轨道交通供电系统新型无功补偿方法研究[D]. 北京交通大学，2020.

[2] 陈希为. 重庆市轨道交通建设管理机制研究[D]. 重庆交通大学，2009.

[3] 程钢，操杰. 城市轨道交通运营组织[M]. 成都：西南交通大学出版社，2010.

[4] 翟建斌. 兰州市地铁一号线消防系统设计的评价与优化[D]. 兰州大学，2020.

[5] 樊济浩，刘智清. 城市轨道交通消防系统刍议[J]. 山东工业技术，2017(05)：106.

[6] 顾保南，叶霞飞. 城市轨道交通工程[M]. 华中科技大学出版社，2010.

[7] 顾保南，叶霞飞. 城市轨道交通工程[M]. 武汉：华中科技大学出版社，2007.

[8] 何山. 城市轨道交通车站多目标布局研究[D]. 西南交通大学，2015.

[9] 胡绮琳. 地下水对地铁工程影响及防治对策研究[D]. 华南理工大学，2009.

[10] 江苏省建设工程质量监督总站，南京市轨道交通建设工程质量安全监督站. 城市轨道交通工程质量监督实务[M]. 东南大学出版社，2017.

[11] 雷文博. 轨道交通信号设备研发过程的技术风险管理研究[D]. 上海社会科学院，2018.

[12] 李海波. 城市中运量轨道交通系统制式选择研究[D]. 长安大学，2017.

[13] 李瑞勇. 地铁车站深基坑支护结构稳定性分析[D]. 安徽理工大学，2018.

[14] 李天姝. 国家中心城市轨道交通发展周期性特征及影响因素分析[D]. 大连交通大学，2020.

[15] 李义轩. 城市轨道交通环境与设备监控系统的研究与探索[D]. 华南理工大学，2011.

[16] 李振钊. 城市轨道交通建设工程管理策略[J]. 建筑技术开发，2016，43(03)：99+123.

[17] 刘伯鸿，李国宁. 城市轨道交通信号[M]. 成都：西南交通大学出版社，2011.

[18] 刘清文. 地铁工程防水技术研究[D]. 西南交通大学，2005.

[19] 刘育佳. 基于 BIM 的城市轨道交通工程管理应用[J]. 住宅与房地产，2021(09)：183-184.

[20] 陆化普. 城市轨道交通规划的研究与实践[M]. 北京：中国水利水电出版社，2001.

[21] 田弢. 轨道交通建设管理机制研究[J]. 交通世界，2019(22)：166-167.

[22] 王璟. 长春某地铁区间防水处施工及防渗处理[D]. 吉林建筑大学，2015.

[23] 王午生，许玉德，郑其昌. 铁道与城市轨道交通工程[M]. 上海：同济大学出版社，2003.

[24] 温宇平，高日，刘智敏. 城市轨道交通高架车站结构研究[J]. 铁道建筑，2000(03)：12-14.

[25] 许红. 城市轨道交通规划与设计[M]. 北京：北京交通大学出版社，2012.

[26] 许红. 城市轨道交通规划与设计[M]. 北京：北京交通大学出版社，2012.

[27] 严浩毓. 基于城轨云平台的轨道交通自动售检票管理模式研究[D]. 华东交通大学，2021.

[28] 严明珠. 非沥青基反应型防水卷材的应用研究[D]. 湖北工业大学，2017.

[29] 严融. 地铁工程结构渗漏水的治理施工技术[J]. 市政技术，2009，27(05)：495-497.

[30] 杨明. 城市轨道交通建设项目 BIM 技术应用成熟度研究[D]. 南昌大学，2020.

[31] 杨云朝. 自动售检票系统在城市轨道交通中的应用及探讨[D]. 西南交通大学，2015.

[32] 叶霞飞，顾保南. 城市轨道交通规划与设计(BZ)[M]. 北京：中国铁道出版社，2010.

[33] 张存巍. 地铁车站常见渗漏水故障原因分析[J]. 郑州铁路职业技术学院学报，2020，32(03)：36-38.

[34] 张久鹏. 城市高架桥下部结构设计方法研究[J]. 科技创新与应用，2020(15)：90-91.

[35] 张利洋. 软土地基环境下高架桥下部结构沉降变形及开裂损伤机理分析[D]. 北京建筑大学，2019.
[36] 张天铁. 城际轨道交通线网合理规模研究[D]. 西南交通大学，2019.
[37] 张兴强，朱竟争，熊钰冰，胡庆华. 城市轨道交通土建工程[M]. 北京交通大学出版社，2011.
[38] 张振森. 城市轨道交通车辆结构与设计[M]. 上海：上海科学技术出版社，2002.
[39] 章莉莉. 地铁公共空间设计管理研究[D]. 上海大学，2013.
[40] 赵杰. 地铁通风空调系统能耗分析与研究[D]. 武汉理工大学，2014.
[41] 周盛，叶剑伟，周杜科. 高架桥墩柱装配式施工技术[J]. 建筑技艺，2018(S1)：275-279.
[42] 周顺华. 城市轨道交通结构工程[M]. 上海：同济大学出版社，2004.
[43] 朱顺应，郭志勇. 城市轨道交通规划与管理[M]. 南京：东南大学出版社，2008.